教育部高等学校旅游管理类专业教学指导委员会规划教材

旅游伦理学

LÜYOU LUNLIXUE

◎主编 赵书虹 尹松波

重庆大学出版社

内 容 提 要

本书旨在从伦理的高度和层面来审视各种"旅游"问题或"旅游后"现象,试图全面呈现近年来旅游业发展过程中的伦理困境与道德反思,构建系统的旅游伦理学理论框架。在编写过程中,借助伦理学分析工具对个人或集体旅游活动进行考察,并聚焦伦理道德在人类旅游活动实践领域中的具体应用,强调伦理学与旅游学的有机融合,突出其应用伦理学的学科属性。同时,以旅游利益相关者为旅游伦理主体,透析旅游与社会、旅游与人、旅游与生态等的关系,从旅游活动的个人伦理学、生态伦理学、社会伦理学、经济伦理学以及旅游伦理局限五个方面构建旅游伦理的基本构架和分析体系。

本书内容全面,脉络清晰,融入了旅游学、伦理学、经济学、生态学等多学科的理论、方法与原理,并结合国内外前沿动态和案例研究。为了方便理解,在各章增加相关知识链接,以拓展阅读,扩大视野,对于学生进行全方位学习具有较强的引导作用。

本书可以作为高等院校旅游、生态及社会经济等相关专业本科生或研究生的学习用书,还可供旅游企事业单位管理人员及旅游从业人员参考。

图书在版编目(CIP)数据

旅游伦理学/赵书虹,尹松波主编.--重庆:重
庆大学出版社,2017.8
教育部高等学校旅游管理类专业教学指导委员会规划
教材
ISBN 978-7-5689-0776-7

Ⅰ.①旅… Ⅱ.①赵…②尹… Ⅲ.①旅游—伦理学
—高等学校—教材 Ⅳ.①F590-05

中国版本图书馆 CIP 数据核字(2017)第 217488 号

教育部高等学校旅游管理类专业教学指导委员会规划教材

旅游伦理学

赵书虹 尹松波 主编
策划编辑:马 宁

责任编辑:李桂英 版式设计:马 宁
责任校对:刘志刚 责任印制:赵 晟

*

重庆大学出版社出版发行
出版人:易树平
社址:重庆市沙坪坝区大学城西路 21 号
邮编:401331
电话:(023)88617190 88617185(中小学)
传真:(023)88617186 88617166
网址:http://www.cqup.com.cn
邮箱:fxk@ cqup.com.cn(营销中心)
全国新华书店经销
重庆共创印务有限公司印刷

*

开本:787mm×1092mm 1/16 印张:16.25 字数:375千
2017 年 8 月第 1 版 2017 年 8 月第 1 次印刷
印数:1—3 000
ISBN 978-7-5689-0776-7 定价:39.00 元

编委会

总序

一、出版背景

教材出版肩负着吸纳时代精神、传承知识体系、展望发展趋势的重任。本套旅游教材出版依托当今发展的时代背景：

一是世界旅游产业发展强劲。旅游业已经发展成为全球经济中产业规模最大、发展势头最强劲的产业，其产业的关联带动作用受到全球众多国家或地区的高度重视，促使众多国家或地区将旅游业作为当地经济的支柱产业、先导产业、龙头产业，展示出充满活力的发展前景。

二是我国旅游教育日趋成熟。2012年教育部将旅游管理类本科专业列为独立一级专业目录，下设旅游管理、酒店管理、会展经济与管理、旅游管理与服务教育四个二级专业。截至2016年年底，全国开设旅游管理类本科的院校已达604所，其中旅游管理专业526所，酒店管理专业229所，会展经济与管理专业106所，旅游管理与服务教育31所。旅游管理类教育的蓬勃发展，对旅游教材提出了新要求。

三是创新创业成为时代的主旋律。创新创业成为当今社会经济发展的新动力，以思想观念更新、制度体制优化、技术方法创新、管理模式变革、资源重组整合、内外兼收并蓄等为特征的时代发展，需要旅游教材不断体现社会经济发展的轨迹，不断吸纳时代进步的智慧精华。

二、知识体系

本套旅游教材作为教育部高等学校旅游管理类专业教学指导委员会（以下简称"教指委"）的规划教材，体现并反映了本届"教指委"的责任和使命：

一是反映旅游管理知识体系渐趋独立的趋势。经过近30年来的发展积累，旅游管理学科在依托地理学、经济学、管理学、历史学、文化学等学科发展基础上，其知识的宽度与厚度在不断增加，旅游管理知识逐渐摆脱早期依附其他学科而不断显示其知识体系成长的独立性。

二是构筑旅游管理核心知识体系。旅游活动无论其作为空间上的运行体系，还是经济上的产业体系，抑或是社会生活的组成部分，其本质都是旅游者、旅游目的地、旅游接待业三者的交互活动,旅游知识体系应该而且必须反映这种活动的性质与特征,这是建立旅游知识体系的根基。

三是构建旅游管理类专业核心课程。作为高等院校的一个专业类别,旅游管理类专业需要有自身的核心课程,以旅游学概论、旅游目的地管理、旅游消费者行为、旅游接待业作为旅游管理大类专业核心课程,旅游管理、酒店管理、会展经济与管理、旅游管理与服务教育4个专业再确立3门核心课程,由此构成旅游管理类"4+3"的核心课程体系。确定专业核心课程,既是其他管理类专业成功且可行的做法,也是旅游管理类专业走向成熟的标志。

三、教材特点

本套教材由教育部高等学校旅游管理类专业教学指导委员会组织策划和编写出版,自2015年启动至今历时3年,汇聚了全国一批知名旅游院校的专家教授。本套教材体现出以下特点:

一是准确反映国家教学质量标准的要求。《旅游管理类本科专业教学质量国家标准》既是旅游管理类本科专业的设置标准,也是旅游管理类本科专业的建设标准,还是旅游管理类本科专业的评估标准,其重点内容是确立了旅游管理类专业"4+3"核心课程体系。"4"即旅游学概论、旅游目的地管理、旅游消费者行为、旅游接待业;"3"即旅游管理专业(旅游经济学、旅游规划与开发、旅游法)、酒店管理专业(酒店管理概论、酒店运营管理、酒店客户管理)、会展经济与管理专业(会展概论、会展策划与管理、会展营销)的核心课程。

二是汇聚全国知名旅游院校的专家教授。本套教材作者由"教指委"近20名委员牵头,全国旅游教育界知名专家和教授,以及旅游业界专业人士合力编写。作者队伍专业背景深厚,教学经验丰富,研究成果丰硕,教材编写质量可靠,通过邀请优秀知名专家和教授担纲编写,以保证教材的水平和质量。

三是"互联网+"的技术支撑。本套教材依托"互联网+",采用线上线下两个层面,在内容中广泛应用二维码技术关联扩展教学资源,如插入知识拓展、听力音频、视频、案例等内容,以弥补教材固化的缺陷。同时也启动了将各门课程搬到数字资源教学平台的工作,实现网上备课与教学、在线即测即评,以及配套老师上课所需的教学计划书、教学PPT、案例、试题、实训实践题,以及教学串讲视频等,以增强教材的生动性和立体性。

本套教材在组织策划和编写出版过程中,得到了教育部高等学校旅游管理类专业教学指导委员会各位委员、业内专家、业界精英以及重庆大学出版社的广泛支持与积极参与,在此一并表示衷心的感谢!希望本套教材能够满足旅游管理教育发展新形势下的新要求,能够为中国旅游教育及教材建设开拓创新贡献力量。

教育部高等学校旅游管理类专业教学指导委员会

2017年7月28日

前言

第二次世界大战后，尤其是 20 世纪 80 年代以来，全球经济持续快速发展、经济全球化趋势以及大量信息技术的采用，使世界旅游业发生了深刻的变化，旅游活动参加者的范围已扩展到普通的劳动大众。经过 30 多年的发展，中国旅游业取得了空前的成就，已经成为世界旅游大国之一，旅游产业也成为国民经济战略性支柱产业。但是伴随这种发展，旅游对自然、社会和个人带来的影响也日益凸显，其中所涉及的保护与开发、传统与现代、原住民与游客、旅游发展与社区参与等矛盾和问题，引发人们对"大众旅游"影响的全面反思。因而，旅游活动越是深入、广泛地开展，越是需要从新的高度和层面来审视各种"旅游后"问题或者"旅游后"现象。

在此背景下，从伦理学视角切入对旅游问题进行系统深入的研究与探讨就显得十分必要。旅游伦理学是伦理学的应用性分支学科，它基于伦理学理论，借助伦理学分析工具对旅游活动进行考察，是旅游学和伦理学的有机结合。旅游伦理研究有助于我们更为理性地思考旅游活动"后"现象及旅游活动与社会、人和自然环境的关系。

本书在学习和借鉴前人研究成果基础上，从伦理学基本分析框架入手，对旅游活动进行了符合其本质特征的研究，按照旅游伦理学分析研究的逻辑，全面考察旅游与社会、旅游与人、旅游与生态等的关系；在内容体系上，全书共分 5 编，16 章。导论部分从现存旅游伦理问题切入，概述了全书论证框架：第 1 编是基础理论，包括对旅游及旅游行为的界定，旅游活动参与各方的介绍，旅游与个人、社会的关系分析以及旅游伦理研究对象、研究视角的探讨；第 2 编是旅游活动的个人伦理学和生态伦理学，系统地归纳和研究了旅游活动对个人生活和生态环境带来的影响；第 3 编是旅游活动的社会伦理学，阐述了正义和慈善两个方面的内容，并对旅游活动的国际正义、国内正义、代际正义以及旅游慈善进行了探析；第 4 编是旅游活动的经济伦理学，运用经济伦理学的基本框架，对旅游活动进行分析，涉及旅游市场伦理、旅游企业伦理、旅游从业人员职业伦理、旅游统计伦理以及旅游营销伦理；第 5 编是旅游伦理局限，阐述了旅游伦理作用有限的现实，并在此基础上探讨目前面临的伦理难题，并对如何解决这种难题进行展望。另外，在章节内容安排上，全书遵循循序渐进的原则，强调基础的同时，注重与旅游发展实际相结合，引导学生思考和提升。各章节均设置相关案例分析、知识链接和习题集，并将撰写过程中收集整理的大量国内外文献资料附于书后，便于使用者拓展学习。

本书融入了编写者的大量心血。从有出版的想法到大纲的拟订，再细化为今天的教材，期间，收集了大量资料，历经了无数次思想碰撞，终于得以在此呈现出来与大家分享。本书编写框架和书稿的主要撰写工作由云南大学工商管理与旅游管理学院赵书虹与云南财经大学哲学与伦理研究所尹松波二人共同研讨完成。云南大学工商管理与旅游管理学院李佩燊博士、云南财经大学哲学与伦理研究所郑咏梅老师、刘啟燕老师也参与了部分撰写工作。参与本教材资料收集、案例编写和习题整理的还有云南大学工商管理与旅游管理学院旅游管理专业的研究生阮佳飞、邹一婧、刘欢、李显和黄娜。

在编写过程中，作者付出很多心血，作出很大努力，但由于旅游伦理问题较为复杂，且作者的水平和能力有限，不足之处在所难免，敬请读者批评指正。

作 者

2017 年 5 月于昆明

目 录

第3编　旅游活动的社会伦理学

第 4 编　旅游活动的经济伦理学

第 5 编　旅游伦理局限

导论:旅游伦理研究论纲

随着社会经济的发展,旅游已成为人类的重要活动之一,给个人和社会带来诸多或好或坏的影响。对个人而言,好的影响可能是身心的健康、新知识和新体验的获得,坏的影响则可能是健康或生命的失去、道德的败坏、过度的开销等;而对社会而言,好的影响可能是经济的发展、陈规陋习的改变、新科学和新技术的研发,坏的影响则可能是生态的破坏、公民权益的侵犯、风俗的败坏等。而这些问题似乎很难从法律与行政管理的角度进行探讨,只能从行为主体的伦理道德角度切入。这就给旅游行为的伦理学研究提出了重要的课题:如何调整我们的旅游行为,强化其良好的影响,弱化甚至规避其不良影响? 然而,要解决上述问题,我们必须先找寻以下问题的答案:对于旅游行为所产生的影响,评判好坏的标准是什么? 正确的旅游行为的准则又是什么? 在不同的旅游场景中,个人或集体如何将这些准则灵活应用,作出正确的行为选择? 以上问题的解答对旅游活动的顺利开展和旅游业的健康发展至关重要。遗憾的是,迄今为止,学者们对它们的回答仍然是零星和不系统的。本书试图对这些问题作出较为全面而系统的解答,期望从伦理的角度增进人们对旅游行为的理解,从而更好地调整自身行为。本书论证框架如下:

1.旅游行为是一种有意识、有目的的行为,并且其所包含的目的是多样的,它们可能因人、因时、因地而异,并且人们追求它们的方式也可能是相异的。各种各样的旅游伦理问题也因此而生。归纳起来,我们认为与旅游行为相关的个人目的主要有:活动、休闲、宗教朝圣或礼拜、审美、求知、商务、医疗保健、怀古、美食、博彩和性等。结合这些目的,在本书第1编第1章中,将对旅游行为进行分类,并对旅游与个人、旅游与社会的关系进行简要的描述。

2.个人或集体在追求各自的旅游目的时,首先一定会产生的伦理问题是:如何合理安排或进行自身的旅游活动,使通过旅行要去达到的目的与个人生活所包含的其他目的相协调。我们把这个问题的研究称为旅游行为的个人伦理学,本书将在第2编第3章中探讨这个问题。

3.个人或集体在追求各自的旅游目的时,必定会产生的伦理问题还有自我和他人的问题:在不同的旅游场景中,自我的权益和他人的权益如何分配或平衡才是合理的? 或者,换句话说,利己和利他之间如何平衡? 在伦理学上,这个问题主要涉及正义的问题。可分为两个方面:第一个是代内正义,亦即同代人之间的权益分配和平衡问题;第二个是代际正义,即不同代人之间的权益分配和平衡问题。另外,在伦理学上,这个问题在一定程度上还涉及慈善的问题,亦即个人或集体牺牲自我的权益以促进他人或集体权益的问题。有两种类型的慈善:消极的和积极的。消极的慈善是指人们不求回报地主动约束自己,不以行为或语言伤害他人。积极的慈善是指人们不求回报,主动做出或发出有利于他人的行为或语言。与正义的伦理不同,慈善的伦理并非伦理造成的,也就是说施惠者对受惠者的行为不是他律的,做不做取决于施惠者自身的同情心以及对自己的要求。正义和慈善构成旅游活动社会伦理的两个方面。本书将在第3编,即第5、6、7、8章中,对旅游活动的代内正义、代际正义和慈善问题分别进行探讨。

4.个人或集体在追求自身的旅游目的时,还包含人和环境的伦理问题。这个问题可分为两个小问题:一是为什么要保护环境? 第二是如何保护? 对第一个问题,我们可以从人自身的生存和发展的角度来论证,同时也可以从生态伦理或土地共同体伦理的角度进行论证。第二个问题更多地属于生态学或文化学的问题,针对这个问题,在本书中我们只在常识性的水准上进行回答。在具体的写作中,本书将在第2编第4章中讨论这一问题。

5.鉴于旅游活动在今天的经济生活中的重要性,在第4编中,还将从经济伦理学的角度对旅游活动进行单独的探讨,它包含5个问题:一是伦理对旅游市场或产业的影响的问题;二是旅游企业在进行经济活动的时候如何考虑各相关者的利益和自身应负的社会责任,并对之作出合理安排的问题;三是旅游从业人员,特别是导游应有什么样的职业伦理的问题;四是旅游统计单位如何取舍指标经济与统计数据真实性的问题;五是旅游企业在对旅游消费者进行宣传营销过程中如何处理企业自身与消费者的利益关系,并做出合乎信用的营销行为的问题。

此外,由于道德与利益诉求的非一致性以及目前伦理建设的滞后性,旅游伦理作用具有极大局限性。然而,也正是因为这种局限,设想仅通过旅游伦理建设解决贯穿旅游业发展始终的伦理难题——保护与开发的矛盾关系是行不通的。在具体的写作中,本书将在第5编第14、15章中讨论旅游伦理作用现实和旅游伦理难题,并在第16章中对如何解决这种难题进行展望。

第1编
旅游与旅游伦理

本编导读

　　旅游活动作为一种复杂的综合性活动,其中所涉及的伦理问题与旅游活动相伴而生,并随着旅游活动的纵深发展,越来越成为社会关注的焦点。本编作为开篇内容,将从旅游行为和旅游伦理两个角度,对旅游伦理基础理论进行介绍。旅游行为部分主要是对旅游基础理论进行梳理和回顾,界定了旅游和旅游行为类型,介绍了旅游行为中的各参与方,并阐述了旅游与个人、旅游与社会的关系,为旅游和伦理学研究的结合提供理论基础;而旅游伦理部分则阐述了旅游伦理研究对象及研究视角。基于人们对伦理学理解的模糊、差异,甚至是大相径庭的现实,这一部分还简要介绍了旅游活动涉及的一些重要伦理问题。

第 1 章
旅游行为

【学习目标】

正确理解旅游的相关概念是研究旅游伦理学的基础,因此本章以旅游的基本知识为切入点。通过对本章节的学习,学生应熟悉并掌握旅游的基本概念、类型,了解旅游行为中的参与方及相互间的关系,明确旅游与个人、旅游与社会的关系,从而为更好地理解、掌握后续内容奠定基础。

【重点难点】

- 旅游的概念和内容。
- 旅游的类型。
- 旅游行为各参与方。
- 旅游与社会发展的关系。

【关键词】

旅游　旅游行为参与方

1.1　旅游的定义

在英文中,人们常用"tourism"一词来翻译中文里的"旅游"。据旅游史学家们的考证,"tourism"一词出现于 19 世纪初,那时人们更多地用于"以休闲、消遣、度假"[①]为目的的旅行。在中文中,我们可以将"旅游"这个词分解成"旅"和"游"两个独立的字来理解,"旅者,客寄之名,羁旅之称;失其本居,而寄他方,谓之为旅"。而"游"有着"玩物适情"之意。简单

[①] 于光远先生认为:"休闲是人们对可以不劳动的时间的一种利用,它是人的行为,是可以自我作主的。人们可以选择这种或那种的休闲方式。"马勇、周青将休闲定义为:"是人们在个人自由时间内,自发的选择和参与有利于身体的休息和体能的恢复并能产生内心愉悦感的体验性活动过程及其所引起的一切现象和关系的总和。"参见《修养学概论》第27-28 页。

地说,旅游就是在异地达到一种悠然自适的精神境界。结合两者和旅游活动的发展,从旅游者的角度,研究者通常将旅游界定为以休闲、消遣、度假、观看、求知、探险为主要目的的旅行(从居住地到异地的迁移活动),时间可长可短。(在这个定义中,我们对"时间可长可短"六个字加了着重号,是因为我们发现一些旅游研究者认为旅游必须是在一年之内发生的行为,我们认为这种看法是武断的。因为时间并非旅游的本质规定性,旅游的本质应由旅行的目的来规定。在现实中,无论是在古代还是现代,我们都能找到离家一年以上以求知、探险或游览观光为主要目的的旅行,将它们归在旅游行为之内并非不合适。古代如徐霞客的旅行,现代如库克船长的三次旅行。前者的旅行耗时 35 年,后者的每一次旅行都在一年以上。)这一定义的确有助于我们从旅游者的角度理解旅游,但同时也是偏颇的,因为从社会合作的角度看,旅游活动是围绕着各种"人"展开的,旅游活动的参与者不仅仅有旅游者,除旅游者之外,旅游企业(tourism enterprise)、旅游接待地政府(host government)、旅游接待社区(host community)也是重要的参与者。谢彦君将旅游看成一种个人行为,是个人利用其自由时间并以寻求愉悦为目的而在异地获得的一种短暂的休闲体验,但单纯地从旅游者的角度界定旅游,无法解释现实旅游活动中各种利益主体的冲突,特别是旅游者与上述旅游参与者之间的矛盾①。因为从旅游者的旅游目的来看,既然旅游活动是为了寻求愉悦,那么旅游者除"悦己"之外,无须也没有必要特别去"悦人",似乎考虑其他参与者的利益诉求并不是旅游者的责任,如果只将旅游定义为旅游者的活动,旅游者将很难自觉保持在远离自己惯常生活环境的异地,以同样严格的道德行为准则要求自己,解决旅游活动的负面影响只能依赖旅游者自身道德水平的提升。很显然,这种旅游的定义是值得商榷的,它将存在着的不少问题隐化了,旅游不只是旅游者这个群体的活动,旅游企业、旅游接待地政府、旅游接待地社区甚至是过去被认为不具有利益诉求的环境都是旅游活动中重要的参与者。

因此一种关于旅游相对全面的定义,应将旅游活动有关的参与者全部纳入考虑范围。在此意义上,我们可以这样来界定旅游:旅游是由旅游者、旅游企业、旅游接待地政府、旅游接待地社区及当地环境等所有各方关系与互动所引发的各种过程、各种活动及其结果②。

在本书中,我们将更多地使用后一定义研究"旅游",这个定义揭示了在旅游活动开展过程中利益诉求的各方会出现矛盾、冲突的必然性。而旅游伦理学便是为了阐述这些问题产生的深层次原因并从中提出相应的伦理规范避免矛盾冲突的恶化。而且上述定义中所指的所有各方关系与互动所引发的各种过程、各种活动及其结果,其表达的是这种关系并不是单纯指旅游者与其他参与者的因果联系,正如在现实中我们可以看到政府与社区的冲突、企业与政府的矛盾、社区与企业的矛盾、企业与企业的竞争等,都是在该定义下本书所要研究的问题。我们在研究旅游者相关伦理时,主要针对旅游行为中的伦理问题进行多方面的了解,从而发现和解决旅游者在旅游行为中容易产生的伦理问题。同时,除了研究与旅游者的行

① 谢彦君.基础旅游学[M].4 版.北京:商务印书馆,2015.
② 查尔斯·R.格德纳,J.R.布伦特·里奇.旅游学[M].李天元,徐虹,黄晶,译,10 版.北京:中国人民大学出版社,2008.

为相关的伦理问题外,本书还将研究与旅游企业、旅游接待地政府、旅游接待地社区行为相关的伦理问题。

1.2　旅游行为类型

1.2.1　旅游行为界定

旅游行为被视为人类的基本活动之一。简单地说,旅游行为是指旅游者在一次完整的旅游过程期间所发生的活动,包括"食、住、行、游、购、娱"旅游六要素在内的所有游乐行为以及生活行为。更广义地讲,旅游行为可以扩展到旅游活动开展前的对旅游目的地、旅游季节、旅游目的和旅游方式的选择上,这类决策行为也被纳入旅游行为。旅游行为是旅游者的最基本标志,具有不同的层次和类型。对旅游行为的研究不仅可以发现游客的流动及行为规律,找出行为发生的影响机制,而且可以丰富旅游学的研究内容,是研究旅游伦理问题的基础。

从第一种定义中的主要目的(休闲、消遣、度假、观看、求知、探险)出发,根据具体的旅游行为接近这些目的中的一个或多个的程度,我们可将旅游行为划分为完全型旅游行为(或纯粹型旅游行为)、接近型旅游行为和依存型旅游行为。完全型旅游行为指其旅游完全围绕着旅游目的(一个或多个)出发,其旅游行为较为纯粹,仅仅是为了完成既定的旅游目的;接近型旅游行为反映在旅游者以旅游目的(一个或多个)为主,以非旅游目的(比如购物、朝圣等)为辅的出游行为方式和对旅游目的地的选择方式上;依存型旅游行为指以非旅游目的为主要目的的旅游活动,在此意义上,我们也可以将宗教朝圣、商务出差纳入旅游行为的考察范围。我们以旅游的目的划分旅游行为是出于不同的旅游目的会带来不同的旅游行为的考虑,不同的目的折射出旅游者追寻的旅游意义不同,在旅游的过程中,他选择处理接触到的旅游活动的参与者的方式也是不同的,由此产生的对参与者"合理行为的研究"便是旅游伦理学考量的主要范围。

1.2.2　旅游行为的分类

根据旅游组织的方式,我们可将旅游分为散客旅游和团体包价旅游(Group Inclusive Tour,简称 GIT)。基于这种分法,我们形成了散客旅游行为和团队旅游行为。散客旅游行为,又称独立旅游行为(independent tourism behaviour),即由旅行者自行安排旅游行程的旅游,其旅游行为彰显出"自由、自主、自为"的特征。当然,旅行社有时也会介入散客的旅游行为中,比如帮助旅游者购买机票、预订旅馆、聘请导游等,但作用是辅助性的。团队旅游行为则要求旅游团中旅游者的旅游行为要服从一定的规范,所有的旅游者同属于一个团队,其旅游行为具有同一性、约束性,团队中旅游者在旅游日程、线路、住处、参观项目等方面均有预定的计划,其旅游行为自由度较低。散客和团队一直是最常见的两种传统出行方式,特别是散客旅游。可以说目前我国正日益迈入"散客时代"，但散客因其自由度大，也给我们的旅游管理活动带来了诸多困难，如何保证散客的旅游行为是合乎伦理的，保障旅游者行为和当地社区的和谐共生是我们旅游伦理研究的意义所在。旅行社、旅游景区等旅游企业都必须从这个角度对旅游行为进行关注，这也是旅游伦理学赋予其的职业使命。

根据旅游的政治地理，我们可以将旅游行为分为国际旅游行为、国内旅游行为、出境旅游行为和入境旅游行为等。国际旅游行为指旅游者在不同国家间进行的旅游活动；国内旅游行为指本国居民在自己的国家内进行旅游时的活动；出境旅游行为指本国居民到国境以外发生的旅游行为；入境旅游行为指国外居民在本国内的旅游活动。旅游不只是经济活动或文化活动那样简单。国家旅游局自2015年以来，提出了"旅游外交"的概念，坚持"以旅游合作充实和丰富外交关系，以外交关系保障和推动旅游合作"的指导思想，从这个层面上来讲，旅游接待地政府要优先考虑根据旅游的政治地理划分旅游行为，进而考虑如何保障我国出境旅游者的旅游行为合乎文明要求，因为这直接关系到中国的大国形象。旅游不文明现象归根结底都是由于不尊重他人、不顾及他人感受所致。同样，在招徕国外游客入境旅游方面，如何在文化差异的背景下约束这些游客的旅游行为，也是值得关注的旅游伦理问题。

旅游业很大程度上是资源依托型产业，根据旅游资源的类型，我们还可以将旅游行为分为文化探索型、生态体验型、伦理纪念型等。旅游资源是旅游业可持续发展的物质基础和旅游生产力增长的潜力所在，基于旅游资源的赋存状况，我们将以寻访、体验、参与文化为目的的旅游行为称之为文化探索型；将在观赏自然风光的同时又能对自然环境进行保护的旅游行为称为生态体验型；将前往悲剧发生地进行哀悼纪念的旅游行为（黑色旅游）称之为伦理纪念型。从资源的角度划分，旅游行为能够为开发旅游新项目提供理性的指导，避免开发出的产品与旅游者的消费预期不符。目前国内旅游行为以文化探索型、生态体验型为主，伦理纪念型的旅游行为还处于起步阶段。

根据旅游者对旅游的态度，我们可以将旅游行为分为"积极型""保守型""冷漠型""冲动型"。积极型的旅游行为表现为经常作出出游决策，参加旅游活动，且其行为比较理性；保守型的旅游行为表现为自主出游决策比较少，选择产品相对保守，对新产品接受意愿低；冷漠型的旅游行为对旅游活动持冷漠的态度，其旅游行为较少；冲动型的旅游行为表现为出游决策和旅游消费的冲动化和情绪化。旅游者的态度会直接投射于其旅游行为，如果旅游者对旅游抱抵触情绪，那么他在旅游过程中必然对其他参与者同样持冷漠的态度，而冲动型的旅游行为也同样有可能干扰当地社区居民的正常生活，引发社区居民对旅游的反感。旅游者的态度对旅游行为的完成及其结果影响至关重要，因而，其他参与者必须充分考虑从旅游者态度来细分旅游行为，尽可能规避各种不良的旅游行为，为消费者营造良好旅游体验的同时，不破坏旅游接待地正常的生产生活。

根据不同的分类标准，我们还可以将旅游行为划分成其他类型，如根据旅行的交通工具，将旅游行为分为自驾车旅游者旅游行为、背包旅游者旅游行为、骑行旅游者旅游行为等。根据旅游者的年龄，我们可以将其分为老年旅游行为、青年旅游行为。上述分类只是最基本、最常见的划分方法。旅游极强的综合性决定了旅游行为类型的多样，由于很难统一其分类的维度,给旅游研究带来了一定的困难,特别是由于人们看待旅游行为的维度差异,容易形成"主客矛盾",带来大量的旅游伦理问题。

对旅游行为相关知识的了解与学习,为旅游行为主体、客体的伦理问题研究打下基础,有助于我们更好地理解旅游行为中各参与方及其在旅游行为中的角色,明确各方的作用。

1.3 旅游行为中的参与方

1.3.1 现代旅游行为参与各方

旅游活动本身的复杂性使得旅游行为也同样具有复杂性,这也造成了一项旅游行为的发生总会涉及很多的参与方。虽然旅游者是旅游活动的核心,但是光有旅游者是不够的,旅游者在进行旅游活动的时候,需要面对和处理一系列复杂的关系,如与旅游要素供给商的关系、旅伴之间的关系、与当地人的关系、人与自然的关系、人与文物古迹的关系等,这一系列的关系中所涉及的人与物,都是整个旅游行为的参与方,在进行旅游伦理研究时,这些参与方不能被忽视。

1)旅游行为的参与主体

一项旅游行为的产生离不开旅游者,从旅游行为的发端到结束这一全过程,始终都有旅游者的参与,并且居于主导地位。与此同时,直接或者间接参与到旅游者旅游行为中的一些利益相关者,包括旅游客源地和旅游目的地国家和地区的政府组织及非政府组织、旅游开发商、旅游相关企业、旅游企业员工、旅游目的地居民和社区、旅游媒体,也都属于旅游行为的主体。

(1)旅游者

自20世纪70年代以来,国际上对于旅游者的分类研究开始流行。根据旅游者的旅游行为,史密斯把旅游者分为7种类型:探索者、社会名流、非常规游客、特殊游客、小团体游客、大批量游客和包机游客[1];基于旅游者与当地人交往的程度和方式,科恩把旅游者分为4种类型,即有组织的大众旅游者、个体大众旅游者、探险者以及流浪者[2];利用多层面分析尺度,皮尔斯对旅游者群体的普遍性行为进行了归纳和分类,并且将旅游者分为5种类型:环境旅游群集、高密度接触旅游群集、追求精神满足的旅游群集、追求快乐的旅游群集、开发性旅游群集[3],这种分类方法与前述旅游行为的类型划分比较类似;运用主成分分析法,Yiannakis 归纳得出休闲旅游者的14种特殊角色形态[4];洛克尔-墨菲对澳大利亚背包旅游者

---

① Smith V L. Host and guests[M]. Oxford:Blackwell,1978.

② Cohen E. Rethinking the sociology of tourism[J]. Annals of tourismresearch, 1979,6(1):18-35.

③ Pearce P. The social psychology of tourist behaviour[M]. Oxford:Pergamon,1982.

④ Yiannakis A, H Gibson. Roles tourists play[J]. Annals of tourism research,1992,19(3):157-174.

动机进行了细分研究,发现这些旅游者表现出 4 种旅游动机和行为群聚:摆脱工作压力并追求身心放松的群聚、追求社会交往和刺激的群聚、追求旅游实现个人发展的群聚以及追求旅游成就感的群聚①。20 世纪 80 年代后期,我国开始重视旅游市场研究,研究学者也对旅游者的分类进行了一些研究,从不同的角度对旅游者进行了分类。纵观国内研究,多集中于对旅游者地理、人口特征的单项分类及游客的时空分布方面②。目前国内大多采用联合国和世界旅游组织的统计栏目,即根据旅游目的来划分旅游者的类型:休闲、娱乐、度假,探亲访友,商务、专业访问,健康医疗,宗教朝拜,其他。

除此之外,常见的划分旅游者的方法标准还有很多③,根据旅游者年龄划分:青年旅游者、中年旅游者、老年旅游者;根据旅游者的消费水平划分:豪华型旅游者、经济型旅游者;根据旅游者的旅游活动内容划分:观光旅游者、度假旅游者、会议旅游者、疗养旅游者、体育旅游者、探险旅游者、文化交流旅游者;根据旅游者的组织形式划分:团体旅游者、散客旅游者、包价旅游者;根据旅游者乘坐的交通工具划分:航空旅游者、铁路旅游者、汽车旅游者、游船旅游者;根据旅游者费用来源划分:自费旅游者、公费旅游者、奖励旅游者;根据旅游者地域范围划分:国内旅游者、国际旅游者、洲际旅游者、环球旅游者。无论是哪一种标准,基本是与前述对旅游行为类型的划分相对应的。

对于旅游者分类这一问题,尚未形成统一的划分标准。上述分类方法有基于旅游目的的,有基于旅游方式的,也有基于旅游者与环境接触程度的,但无论怎么划分,旅游者主导旅游行为及其全过程的地位是肯定的。

(2)旅游行为参与者

旅游行为的发生往往涉及很多参与者,除了旅游者以外,政府、企业、社区等次要主体也囊括其中,它们的参与对于旅游行为具有重要意义。

从政府角度来看,我国旅游业的发展坚持以政府为主导的原则,为了充分发挥旅游业在促进经济增长、增加就业、消除贫困等方面的作用,政府为旅游者的旅游行为提供了一系列的政策支持。政府在制定相关法律、法规规范旅游市场的同时,也为旅游者的旅游行为活动提供了稳定的旅游环境。这主要体现在旅游目的地整体规划、公共基础设施及旅游基础设施建设的投入、旅游目的地形象的宣传、旅游从业人员的规范等方面。

从旅游企业角度来看,旅游业作为一种综合性服务产业,旅游行为本质上来说也是一种对于旅游目的地所提供的各种服务的消费活动,而在整个旅游行为消费过程中,旅游企业从食、住、行、游、购、娱等方面为旅游者的旅游行为提供了各式各样的服务和产品,正是基于此,旅游者的旅游消费才得以满足,旅游行为才得以圆满。

从旅游目的地社区角度来看,旅游者的旅游行为参与还会涉及旅游目的地社区。旅游目的地社区作为旅游活动重要的参与者,为旅游者提供了接待服务,同时社区特有的文化也为到访的旅游者提供了独特的文化体验,丰富了到访旅游者的旅游体验。

---

① Loker-Murphy L. Backpackers in Australia: A Motivation based segmentation study[J]. Journal of travel and tourism marketing,1996,5(4):23-45.

② 苏勤,曹有挥,张宏霞,等.旅游者动机与行为类型研究——以世界遗产地西递为例[J].人文地理,2005,20(4).

③ 李洁,李云霞.旅游学理论与实务[M].北京:清华大学出版社,2008:70-71.

2) 旅游行为的客体

旅游业是否能够持续健康发展,会受到一个关键性因素的影响,即旅游客体。旅游客体作为旅游活动中的三大要素之一,对于旅游伦理学的研究意义也是深远的。但是,随着社会经济的发展和人民生活水平的提升,人们对于旅游的需求层次不断提升,旅游方式也更加趋于多样化,这就使得旅游客体成为旅游三要素中最难定义的。

在旅游研究发展初期,旅游资源是学界对旅游客体认知的主要内容,普遍认为旅游资源就是旅游客体。经过研究的不断深入,旅游客体的界定也不再局限于旅游资源。事实上,旅游资源与旅游客体并不是完全等同的,因为只有成为旅游主体参观、游览、体验的对象才能被纳入旅游客体范畴,而那些潜在的、没有被开发或还没有被人们认知的旅游资源,只有经旅游开发后,才能成为供旅游者进行旅游活动的对象,因此可以认为,尚未被开发的旅游资源不属于旅游活动中的旅游客体。

(1) 自然旅游客体和人文旅游客体

目前常用的对于旅游客体的分类主要是依据"两分法",按其存在形式将旅游客体分为自然旅游客体和人文旅游客体。自然旅游客体主要是指那些用于旅游的自然景观,如五岳等山岳景观、漓江等水体景观等;人文旅游客体是指那些旅游业开发的、具有人文烙印的旅游资源,如历史文物古迹、主题公园等。但是这种方法并没有脱离将旅游客体看作旅游资源这一观念。

(2) 旅游素材和旅游设施

高苏从逻辑关系上对"旅游客体"进行了解释,认为"旅游客体"一词是一种相对于旅游主体的表述,并将其与旅游对象视为同一事物。另外,他更是将旅游客体定义为"旅游者直接用于审美娱乐享受和旅游生活消费的诸旅游产品的总和"[①]。从这个定义可以看出,高苏所描述的旅游客体实际上是一种旅游产品,基于"产品"本身的特质,体现出了旅游客体具有"被开发"的特性;而"直接"则强调了旅游客体具有"即时享受"的特性,这些特性也恰恰证明了旅游资源实际上是指那些"尚未被人们认定其旅游利用价值,有待开发的潜在旅游资财的总和",这与我们所要论述的旅游客体的概念是相契合的。

基于此概念,高苏将旅游客体分为旅游素材和旅游设施两大类别。首先,他从文化艺术的审美角度来看待旅游行为,认为旅游者凭借各自的审美情趣,在旅游目的地随时筛选、鉴赏、直接感受不同类型的生活素材。对于旅游素材的理解,他给出这样的解释:"旅游素材是指因借原有功能的基础上,经过人为开发,使之成为旅游审美对象,可供旅游者即时享用的一切自然与社会因素的组合。"这一类旅游客体通常是指那些经过开发、利用后的旅游资源,与旅游资源具有直接关系。其次,那些同样为满足旅游者需求,"从无到有、特意投资营造出来的建筑或设施"则区别于旅游素材,因此,他将它们归入旅游设施的范畴,其中又包含了旅游娱乐设施和旅游服务设施。这一类具有娱乐和服务功能的旅游客体,对于旅游者来说同样具有旅游审美功能,在宣传作用下也可以被视为旅游吸引源。

---

① 高苏.走出旅游客体概念中的误区[J].北京联合大学学报,2001,15(2).

这种站在宏观角度上对旅游客体所进行的分类,对于我们进行旅游客体分类具有较大的指导意义。

（3）直接旅游客体和间接旅游客体

基于宏观角度对旅游客体的分类进行综合思考后,我们还可以将旅游客体分为直接旅游客体和间接旅游客体两大类别。其中,直接旅游客体指那些能够供旅游者进行旅游行为的对象的总和。这一类旅游客体要依托旅游资源,能够直接为旅游者所用,并且在开发利用旅游资源的基础上,作为旅游客体满足旅游者需求。例如,大、小石林风景区的喀斯特地质地貌旅游资源,在经过旅游经营者的开发与利用后,形成了旅游客体,这种旅游客体就属于直接旅游客体。

间接旅游客体指那些具有满足旅游者需求的特性,但不以原有旅游资源为依托所创造出来的设施、服务的总和。这一类旅游客体在开发前并不存在,并且与旅游资源没有直接关系,主要包括各类旅游经营者投资建造的旅游设施,是对那些不以旅游资源为依托的旅游客体的概括。例如,上海迪士尼度假区,度假区内的娱乐设施、服务设施都经历了从无到有的过程,通过经营者的投资与建设,形成的这种旅游客体,我们称其为间接旅游客体。

由于本书中定义的旅游客体范围较广,基于宏观角度,并且考虑到严谨性,我们只对旅游客体以两大类进行区分,而不对其再进行细分。这种分类方法主要以旅游客体是否与旅游资源具有直接关系为判断依据,那些与旅游资源具有直接依托关系的旅游客体归属于直接旅游客体。反之,那些与旅游资源不具有直接依托关系的旅游客体属于间接旅游客体。

1.3.2　旅游行为参与各方的角色及作用

1）旅游行为主体的角色及作用

旅游行为主体是旅游行为的主要参与者,一项旅游行为发生,会涉及一个或一个以上的旅游主体,由此可见,旅游行为主体对于旅游行为来说是不可或缺的。主体中的旅游者既是旅游行为的发起者,也是旅游过程的体验者,还是旅游结果的承受者。由于贯穿旅游活动的全过程,其角色与作用的重要性无法取代。旅游者作为最重要的旅游主体,其作用主要体现在以下几方面。

首先,通过旅游消费推动旅游目的地经济发展。到访旅游者的旅游行为对于旅游目的地来说,也是一种对于旅游目的地服务的综合消费活动。旅游作为国民经济新的增长点,旅游者在旅游目的地所进行的服务、产品、文化等各种形式的消费,能够推动旅游目的地经济的发展。国内旅游者的消费能够激发旅游乘数效应及关联带动作用,提高旅游目的地区域经济水平,缩小地区之间的差距;入境旅游者在发生旅游行为的时候,能够增加旅游目的地的外汇收入,同时有利于旅游目的地国家平衡国际收支。除此之外,旅游主体的旅游行为消费也有助于旅游目的地增加就业机会,提高旅游地资源综合利用水平,实现社会经济可持续发展。

其次,通过旅游交往促进旅游目的地社会文化发展。旅游目的地的文化在一定程度上是相对稳定的,旅游者的到来,对于东道主的社会文化来说既有积极作用也有消极作用,但是我们不能因噎废食,要充分认识其中的积极作用。旅游者的一切对于东道主来说都是新奇的,旅游者在旅游目的地进行旅游活动的同时,也将外来文化带入旅游目的地,使得外来文化与东道主文化形成了强烈的对比。外来文化开拓了东道主的眼界,并且也能够促使东道主对主体文化重新审视,在增加认同感和自豪感的同时,发展自身民族文化。因此,旅游交往一定程度上培养了旅游目的地居民礼貌待客的文明习惯,提升了文明素养,增强了各国各地之间的文化交流,促进了旅游目的地社会文化的保护与发展。

除此之外,其他的旅游次要主体在整个旅游行为过程中也扮演着不容忽视的角色,没有他们的参与,旅游活动不可能顺利完成。旅游客源地和旅游目的地国家和地区的政府组织制定旅游政策,推动旅游发展;为旅游行为提供稳定、安全的旅游环境,确保旅游者的利益;旅游开发商、旅游相关企业、旅游企业员工等为旅游者提供旅游产品和服务,满足旅游全过程的主体需求;旅游目的地居民和社区扮演的是东道主角色,直接或间接地与旅游者发生经济、文化交流;旅游媒体为旅游行为提供了旅游信息服务等。

2)旅游行为客体的角色及作用

旅游行为客体作为旅游行为的对象,为旅游主体提供了旅游感知和体验,没有旅游行为客体,旅游主体的旅游行为也就无法完成。

旅游行为客体的作用主要体现在其形式与内涵对旅游者旅游需求的满足上,无论是自然禀赋、历史遗存还是人造客体,旅游行为客体都保障旅游者有各种行为场所和体验内容,使旅游者能够在旅游行为活动中各得其所。同时,随着旅游行为客体的演变,旅游客体的类型及开发方式的变化都为旅游者提供了更多的旅游行为选择,既丰富了旅游者的旅游行为,也为旅游开发者提供了更多获取经济利益的渠道,促进了对于旅游行为客体的开发和保护。

从直接旅游客体的角度来看,直接旅游客体为旅游者提供的体验主要是精神上的审美体验,开发利用旅游资源促进了旅游目的地经济的发展,在合理开发和适度利用旅游资源的同时,也起到了对旅游资源的保护作用,尤其是文化旅游资源的保护。

从间接旅游客体的角度来看,间接旅游客体为旅游者提供了感官上的刺激与享受,拓展了当地资源增值的途径,有利于当地社会经济的发展。

1.3.3　旅游行为各方相关关系

旅游者等作为旅游行为的主体,是旅游行为的发起者和主要参与者,离开了旅游行为主体,旅游行为就不可能发生;旅游客体是旅游行为的对象,是旅游行为的目的所在。旅游行为主体在旅游行为客体中发起旅游行为,对旅游行为客体产生积极或消极影响;旅游行为客体又在旅游行为过程中反作用于旅游行为主体,二者及其互动关系共同构成了旅游行为。旅游行为主客体双方及其行为互动的过程都属于旅游伦理学研究的对象,笔者期待通过旅游伦理学研究,从旅游主体和客体本身挖掘行为规范主动性,挖掘更多更早对行为后果的认知,以强化互动过程的积极影响,有效规避直至消除消极影响。

1.4　旅游与社会发展

就像许多其他人类社会活动一样,旅游活动经历了从无到有、从小范围到大众化、从不重要到重要的发展过程。受社会生产力发展制约,在很长的一段历史时期内,人类所进行的旅游活动是依存性的。也就是说,休闲、娱乐、度假、游览观光等旅游目的不是人类旅行的主要目的。原始社会末期至19世纪中期是旅游产生、发展的时期,这一时期的旅游方式主要以商务旅行和宗教旅行为主。旅行交通工具较为简单,主要为畜力,如马、牛、驴等。旅行中介组织尚不存在。旅游的范围主要限于短距离旅游。从参与的人数来看,数量不多,主要限于上层阶级,旅游活动没有普遍的社会意义。19世纪中叶以后,由于社会生产力的发展(以英国工业革命为标志)①,越来越多的人从生存劳动中解放出来,旅游活动亦随之迅速发展。休养、消遣、娱乐、游览观光越来越多地成为人们出行的目的。旅游越来越多地占据个人生活的时间,在个人生活中的地位越来越重要。同时以托马斯·库克1841年7月5日举行的团体火车旅游为标志,现代旅游中介组织逐渐发展起来,越来越多的人以旅游服务的提供为业,最终成为重要的经济行业。以美国为例,旅游业是位居汽车销售和视频销售之后的第三大零售业,据统计,2009年美国旅游收入达7 312亿美元,其为美国民众创造了740万个就业岗位,并为美国联邦政府、州政府和地方政府带来共计1 130亿美元的税收。以中国为例,2015年中国参与国内外旅游的人次达41亿(其中国内游约40亿人次),对中国经济的贡献率达10%以上,帮助1 200万贫困人口脱贫,占中国贫困人口的17%。此外,根据联合国世界旅游组织于2016年1月18日发布的报告,2015年全球国际旅行者人数达到了创纪录的11.8亿人次。

从以上旅游与社会发展的表述中,我们可以看出,最初旅游的兴起受益于社会的发展,社会的发展产生了社会阶层的分化,出现了一批掌握足够的可支配收入和可支配时间的群体。在今天看来,这个社会阶层的分化对现代意义上的旅游至关重要,他们这批人可以被称为第一代真正的旅游者。随后的社会发展,特别是交通技术的发展,更是极大地推动了旅游,从小区域旅游到全球旅游这一旅游发展演进的过程中,社会的发展在其中始终是最重要的推手。另外,科学技术、文化创意,对推动旅游业发展的作用日益增大,云计算、物联网、大数据等现代信息技术在旅游业的应用更加广泛。

旅游的产生源自社会阶层的发展,但到今天,旅游是人人所享有的基本权利,成了消灭特权的"武器"。1985年,《旅游权利法案和旅游者守则》出台,第一条就明确主张:"人人享有休息和休闲、对工作时间的合理限制、周期性带薪休假和在法律范围内无限制地自由往来的权利。"从某种程度上讲,旅游开始成为反哺社会发展的重要力量。从社会就业的角度看,

---

① 在《共产党宣言》中,马克思说:"资产阶级在它的不到一百年的阶级统治中所创造的生产力,比过去一切时代创造的全部生产力还要多、还要大。"

旅游在增进就业方面也发挥着重要作用。我国"十二五"期间,旅游业对社会就业综合贡献度为10.2%。旅游通常被认为是劳动密集型产业,特别是"旅游+"战略的实施,旅游与城镇化、新型工业化、农业现代化和现代服务业的融合发展,创造出一大批就业岗位,为保持社会的稳定作出巨大贡献。从基础设施建设的角度看,旅游的发展推动着社会基础设施的建设,随着旅游经济效应的日益凸显,旅游目的地政府往往通过加快基础设施建设来支持旅游业的发展,我国《"十三五"旅游业发展规划》明确提出:"根据旅游业发展实际需求,优化配置旅游城市、旅游目的地列车班次。"旅游对促进社会发展的另一个重要体现就是旅游扶贫。贫困问题是世界性难题,对发展中国家来说尤为突出。如何有效扶贫是制约社会发展的一大难题,旅游扶贫在我国扶贫开发中发挥着日益显著的作用。旅游扶贫摆脱了过去"输血式扶贫"容易再次"返贫"的困境,通过发展旅游,贫困地区从较低附加值的农业转变为中高附加值的服务业,从第一产业调整到第三产业,因而可以从根本上解决贫困的问题。

当前,旅游与社会发展的关系是一个互动共生的过程,社会发展推动着旅游的进一步发展,旅游的层次和水平在社会发展的同步过程中实现了提升。同样,旅游作为一个综合性的产业,涉及国民经济运行的方方面面,以其独特的功能作用于社会发展。当然,不可忽视的是一些旅游中的不符合伦理的问题也是当今社会发展的缩影,研究旅游必须对这些不道德的旅游行为加以重视。

思考题

1. 我们为什么将旅游者、旅游企业、旅游接待地政府、旅游接待社区纳入旅游的定义之中?

2. 怎么界定旅游?

3. 常见的旅游行为分类方法有哪些?

4. 为什么旅游行为会产生如此繁杂的分类,这对我们的研究和现实中旅游业的发展产生了什么影响,请结合实际进行阐述。

5. 旅游行为中的参与方有哪些? 各方在旅游行为中扮演着什么样的角色?

6. 试从旅游与社会发展的角度,论述为什么旅游扶贫能成为中国扶贫攻坚新主力军。

7. 反思目前旅游业繁荣景象背后暗涌的危机,有哪些需要纳入未来旅游发展必须考虑的问题?

8. 结合实际,试说明新形势下加强旅游伦理道德建设的意义以及在社会主义道德建设中的作用和积极影响。

【综合案例分析】

旅游行为是否还只是一张行程单、景点观光和疯狂血拼？

自由行成为"80 后""90 后"的首选

国家旅游局早在 2014 年就发布了一组数据：由旅行社组织的国内游人数只占全年国内出游总人数的 3.6%，出境游中 65% 的客源不是由旅行社提供服务。这意味着，中国旅游市场的"散客化"趋势明显，个性化的"自由行"已成为中国人最主要的旅游方式。

"跟团游太糙，背包游太累，自由行刚刚好。"引领这场旅游观念变革的，是逐渐掌握话语权的"80 后"和"90 后"，大数据也证明了这样的观点——去哪儿网 2015 年发布国内旅行者出行习惯行为报告显示：在消费者年龄段中，22～30 岁年龄段出行占比最高，说明当下有一定经济基础的"80 后""90 后"已经成为出行主力。

休闲旅游成热门

在大众旅游时代，人们的出游诉求更多地停留在"表面经历"阶段。这一阶段的旅游者追求的是"到此一游"的效果，对旅游目的地的要求是"可看、好看"。如今，那种可看、好看，却人挤人，"花钱买罪受"的旅游方式显然已经不能满足"80 后""90 后"的需要。当他们更多地追求高品质的服务和"花钱买享受"的时候，旅游已然开始成为人们改善生活质量、提升生活品质的重要方式。

全球高端旅游生活平台 Travelzoo 旅游族发布的 2016 年中国旅游趋势报告显示，海岛休闲游、美食之旅、历史遗迹探寻成为时下最热的三大出游主题。温泉、自驾、运动、养生等主题游也不再小众。仅有 3.4% 的受访者表示，尽旅程时间去最多的景点，而这一数字与去年同期相比，下降了 16%，这标志着走马观花逛景点的时代一去不复返。

境外游：追求深度体验

一大群头戴红帽子的国人组成的旅游团，跟着一面小旗子，不管到哪里都要疯狂购物，下车拍照上车睡觉，这是西方人眼中的标准中国游客形象。然而，近两年来各旅行网站发布的旅游趋势调研表明，中国大陆游客的境外游形象正在发生改变，一个鲜明的迹象是中国游客正在放慢节奏，开始追求休息和放松的度假休闲，并且开始愿意在住宿和美食方面花更多的钱。

Travel zoo 旅游族发布的调研发现，中国大陆旅游者对于境外游的观念正在发生转变，表现出对高品质度假体验的极大热情。75% 的大陆用户希望以休息和放松为目的安排自己的旅行，以自己的节奏探索旅程。64% 的大陆用户希望能进一步提高海外旅游的质量，愿意在酒店、美食和娱乐上花更多的钱。

"互联网+"旅行

根据 Analysys 易观产业数据库发布的《中国在线旅游移动端市场季度监测报告 2016 年第 1 季度》研究显示，中国在线旅游市场移动端交易规模达到 1 155.6 亿元，在线旅游市场移动端渗透率达到 74.2%；而途牛旅游网监测数据也显示，2015 年出境自由行移动订单占在线总订单量超过 75%，而 2014 年同期这一数据为 45%。

旅行移动端的使用人群中,25~35岁的"80后"占比超过50%,18~24岁的"90后"占比接近20%。此外,习惯用移动端"定制"旅游的人群集中在北上广深等一线城市,他们大多提前一周或者提前一天预订机票和酒店。而他们购买最多的旅游产品为酒店(42.8%)、景区门票(38.8%)与度假产品(35.5%)。

"边走边订"如在移动端购买交通接驳、移动WiFi、当地玩乐产品等,其中交通接驳产品的预订比例最高。2015年出境自由行中有48.6%的用户选择预订;移动WiFi位居第二,有36%的用户预订,移动WiFi一般用于查找交通、景点、餐厅,以及社交发朋友圈和微博分享出游体验,在自由行中使用率极高。

(和讯网.旅游行为是否还只是一张行程单、景点观光和疯狂血拼? 2016-06-27.)

案例分析思考:

1.与传统旅游方式相比,重新定义后的旅游方式对旅游行业产生了哪些影响?

2.结合案例及你所学的知识,试分析在这种被重新定义后的旅游方式下,旅游行为各方所扮演的角色有什么变化,他们该如何应对这种改变。

第 2 章 旅游伦理

【学习目标】

旅游伦理是从伦理学角度研究旅游活动中的各种问题,通过本章的学习,应了解什么是伦理学,掌握旅游伦理学的各种研究对象和研究视角,初步了解旅游与伦理的关系,从而帮助学生在未来的旅游活动中以更加理性的思维去分析及处理相关伦理问题。

【重点难点】

- 旅游伦理学的研究对象。
- 旅游伦理学的研究视角。
- 旅游与伦理的关系。

【关键词】

旅游伦理　研究对象　研究视角

2.1　旅游伦理学的研究对象

2.1.1　旅游伦理的主体

随着应用伦理学的不断发展,在研究某一个特定领域时,伦理主体、客体的设定越来越成为一个需要首先确定的问题。

就伦理主体而言,伦理的主体并不包括所有的人。确定旅游伦理的主体时亦是如此,虽然旅游活动已经深深地渗入大众的生活当中,但旅游生成的客观条件决定了不可能每个人都能实际享受这种权利;另一方面,旅游的时间特点和空间属性也决定了"旅游者"只是一种暂时的身份,并不时时处处与旅游相关。基于旅游活动的实际情况,我们把与旅游的相关度作为旅游伦理主体设定的一个重要依据,这种相关性可以用于判断旅游伦理中的直接相关者、间接相关者和不相关者。直接相关者为旅游伦理主体,不相关者不是旅游伦理主体,对于这两者的界定也相对容易。而对于间接相关者，由于设定对于间接相关主体的量化标准较为困难，因此我们需要一个对于间接相关主体的定性标准。为了方便判断，我们用"旅游利益"作为定性因素来识别间接相关者，其中既包括旅游经济利益，也包括非经济利益；既包括现实利益，也包括长远利益。这样既避免了旅游伦理主体的无限扩大，也突出旅游伦理的针对性。因此，我们将旅游伦理主体限定为"旅游者和旅游利益相关者"①。

1）旅游者

随着旅游活动在个人生活中的比重的提高和范围的扩大，各种各样因旅游而产生的好坏问题、善恶问题、正确与错误的问题出现了，其中一些涉及的是旅游者层面，也就是说旅游活动所造成的影响直接涉及个人或家庭。

基于旅游者在旅游活动中的核心地位，使旅游者在旅游伦理中也占据着主体地位，虽然旅游者也是旅游利益相关者，是最重要的直接相关者，但是与其他旅游利益相关者不同的是，如果缺少了旅游者就没有旅游活动的存在。旅游者是一切旅游活动和现象的核心，这使得旅游者区别于一般意义的利益相关者。

2）旅游利益相关者

旅游利益相关者是指任何能够影响旅游行为或被旅游行为影响的群体或个人。在旅游行为研究中，有关旅游利益相关者的研究也是不可忽视的一部分。

1999年10月1日，世界旅游组织大会在其第十三届会议通过的《全球旅游伦理规范》中，就明确使用了"利益相关者"一词，既为旅游业发展中不同利益相关者行为提供了参照标准，也标志着"旅游利益相关者"概念已正式得到官方认可②。20世纪90年代中后期，国外有关旅游利益相关者的研究出现明显增多的趋势。然而，由于旅游行业与生俱来的复杂性，相比其他大部分行业，旅游行业所涉及的利益相关者就会更加复杂多样，因此界定旅游利益相关者非常困难，很难统一。从不同角度出发，对利益相关者的界定就可能存在多种答案，而且当行为主体不相同的时候，就可能会涉及不同的利益相关者。例如，当以旅游经营商为中心时，简·罗伯森列举出12个利益相关者，而以当地政府旅游市场营销者为中心时，他则列举出了18个利益相关者；当以旅游规划者为中心时，桑特和雷森根据弗里曼（Freeman）的利益相关者图谱，勾勒出了一幅由8个利益相关者组成的图谱；当以澳洲野狗为中心时，彭斯针对野生动物旅游，列举出了10个利益相关者③。

国内对于旅游利益相关者的研究始于21世纪初，与国外研究相比，国内在旅游领域内引入利益相关者理论及其研究稍晚，大多学者都在研究中给出了旅游利益相关者的概念，同时，也从不同的角度对旅游利益相关者进行了界定。例如，当以旅行社为核心时，可以将利益相关者分为投资者、职工、旅游者、供应商、代理商、旅游局6类④；对生态旅游利益相关者

① 夏赞才.旅游伦理概念及理论架构引论[J].旅游学刊,2003,18(2).
② 郭华.国外旅游利益相关者研究综述与启示[J].人文地理,2008(2).
③ 李正欢,郑向敏.国外旅游研究领域利益相关者的研究综述[J].旅游学刊,2006,21(10).
④ 夏赞才.利益相关者理论及旅行社利益相关者基本图谱[J].湖南师范大学社会科学学报,2003,32(3):72-77.

进行分类时,可以认为旅游利益相关者包括政府、当地社区、旅游企业、旅游者、非政府组织、学术界及相关机构、媒体、其他国际组织及其在华机构等①;当以旅游景区为核心时,旅游利益相关者有旅游景区经营者、旅游景区管理委员会、当地居民、旅游者、旅行社、其他供应商、景区员工、竞争者等。

当我们以旅游者为核心时,旅游利益相关者则包括旅游发端地和旅游目的地国家和地区的政府组织及非政府组织、旅游开发商、旅游及相关企业、旅游企业员工、旅游目的地居民和社区、旅游媒体等旅游次要主体。

旅游活动中所产生的部分伦理问题是涉及整个旅游社会的,也就是说旅游活动所造成的影响在直接涉及个人或家庭的同时还直接涉及他人。

2.1.2　旅游伦理问题对于旅游伦理各方的影响

旅游伦理问题对旅游伦理主体的影响重大,就个人来说可能是快乐的获得或家庭情感的增进,但也有可能是生命的丧失和家庭的瓦解;对社会来说有可能是新观念、新知识的引进和经济增长的促进,但也有可能是优良的传统道德破坏和社会秩序的动摇。这些问题要求我们调整旅游行为,使之尽可能地避免坏、恶、错误,同时尽可能地趋近于好、善、正确。

旅游伦理问题对旅游伦理客体来说也是不容忽视的。就自然环境而言,旅游主体的旅游行为带来的可能是经济利益和保护投资,但也有可能是无止境的摄取和破坏;就文化环境而言,旅游主体的文化介入可能为东道主文化带来新的理念和符合时代发展的文化,但也有可能是无法逆转的毁灭和消亡。

本书对于旅游伦理学的研究始终围绕着旅游伦理研究对象的种种伦理行为进行。通过对旅游伦理学研究对象的认识,了解目前旅游伦理学研究对象在旅游伦理方面的表现,以及发现一些存在的问题,便于我们学会用旅游伦理学的研究视角来分析问题,规范行为。

2.2　旅游伦理学的研究视角

由于人们对伦理学的理解存在模糊和不一致的问题,在进入旅游伦理的研究之前,我们有必要对即将应用的伦理学作简要的介绍。

第一,我们即将应用的这种伦理学以"行为对目的的调整"作为研究对象。行为,即人的各种各样的活动方式。目的,即人在心理上有意追求的各种东西。本书中的"行为"主要涉及的是旅游活动这一行为,根据对旅游活动这一行为的分析,解释旅游活动中所涉及的旅游者个人伦理、生态伦理以及社会伦理问题。

第二,伦理学中,关于行为的伦理的评价,具体说来,对于"正确行为"的说明是:"一个

---

① 宋瑞.我国生态旅游利益相关者分析[J].中国人口·资源与环境,2005,15(1):36-41.

行为是正确的,当且仅当,它符合正确的道德规则或原则。"①因此,我们认为在目的既定的情况下,那些促进了相关目的达到的行为是好的,或善的,或正确的,那些阻碍了相关目的达到的行为是坏的,或恶的,或错误的;那些没有促进但也没有妨碍相关目的达到的行为是中性的,或无所谓的。

第三,在行为直接涉及个人的时候,这种伦理学把个人生活的幸福作为行为所追求的最高目的,其中包含身心的健康和家庭的和谐等次级目的,并把行为与个人幸福的关系研究称为个人生活的伦理学。在当下,旅游活动中日益突出的旅游伦理问题越来越成为学术界的关注焦点,因此,本书所涉及的对于那些焦虑、无助,并希冀借助旅游休闲活动重获身心平衡,因而在旅游行为实施过程中,出现叛离基本伦理、有失道德水准行为的人们的伦理行为的研究,无论是对旅游者还是对旅游利益相关者的伦理行为研究都具有重要意义。

第四,在行为不仅直接涉及行为者本人,而且还直接涉及他人的时候,这种伦理学把公共生活的幸福作为行为的最高目的,并认为人们可以通过两种道德的方式来达到或贴近该目的。一种方式为正义,亦即人与人之间的权利和利益(简称"权益")的合理分配,另一种为慈善,亦即个人牺牲对自身有利或将会有利的东西以成全他人的举动;并把正义和慈善问题的研究称为社会生活的伦理学。在这种伦理学中,认为旅游者不应独立于旅游活动中,旅游者在旅游活动中的一举一动都会对旅游地的人、物产生影响,因此,旅游者在进行旅游活动的同时,应权衡好旅游者与旅游利益相关者之间的旅游利益;对于旅游地来说,旅游者的任何行为都会对旅游地产生影响,问题在于,当这种行为对旅游地产生了一些消极影响时,就会有悖这种伦理学,判别、修正这种有悖伦理学的行为是这种研究的主要目的;对于旅游社区原住民来说,旅游者的旅游活动不仅会给他们带来一定的旅游利益,同时,旅游者的旅游活动也会对他们的生活造成一种"侵入",这种研究的目的在于平衡旅游者的旅游活动对于旅游社区原住民所会产生的影响,使旅游活动中的各方利益能够最大限度地协调好。

第五,在行为不仅涉及人,而且还涉及环境的时候,这种伦理学还把人和环境的和谐作为行为的最高目的,并因此主张在一种利奥波德式的土地伦理(视人为土地共同中的一员)之下对环境加以保护②。基于旅游活动的复杂性,旅游开发对旅游地的影响也涉及方方面面。对旅游生态环境的研究发现,旅游活动的环境影响几乎是不可避免的。国内早期的旅游开发建设因规划介入力度不够及规划保护执行力不强,导致环境污染和破坏程度相对较为严重。近年来,随着各项环保法规的逐步完善及环保意识的增强,旅游开发中的环境影响逐渐降低,但仍然存在着一些有待协调的问题;同时还发现,旅游活动对生态环境的影响包括正面影响和负面影响。正面影响是指有利影响,如通过旅游开发促进了部分景点、景物的

---

① 李义天.正确行为与道德困境——赫斯特豪斯论美德伦理学的行为理论[J].吉首大学学报:社会科学版,2014(5).

② 利奥波德(Aldo Leopold),1887年出生于美国衣阿华州伯灵顿的一个法国家庭,20岁时获美国耶鲁大学林业专业硕士学位,之后先后从事亚利桑那和新墨西哥州的林业管理、林业局资源监督、野生动物管理和研究等工作,卒于1948年,著有《猎物管理》《沙乡的沉思》《沙郡年鉴》等书。其所提出的土地伦理对后世影响甚大,其核心原则为:一种行为,若倾向于促进土地共同体的稳定性与美,便是对的;若不是这样,便是错的。

修缮和保护。负面影响是指不利影响,这是旅游开发影响的主要方面,包括对空气、水体、土壤、动植物、景观等的不利影响[①]。趋于利益,旅游开发方在进行旅游地开发规划时,会存在过度地追求经济效益,而忽视社会效益的情况,这不利于旅游开发与环境和资源可持续利用,有悖旅游生态伦理。

第六,唯物辩证法认为,事物是不断运动、变化和发展的。任何理论随着时间的变化、实践的检验,都会向合理方向变化发展,与我国对于旅游学相关理论的研究发展趋势一样,这种伦理学类属于一种进化论的伦理学,它认为,伦理与别的事物一样,也是变化发展的。

在表明我们持有的这种伦理观之后,本书第 2 编中,将对旅游活动进行个人伦理学和生态伦理学的考察。前者包含两个问题:①一般地看,旅游对个人生活幸福有什么好处和坏处? ②以个人幸福的追求为目标,在旅游活动中,个人应该注意些什么? 后者包括 4 个方面的问题:①什么是生态? ②旅游活动对生态的影响。③伦理与生态保护。④旅游活动中的生态保护常识。

在本书第 3 编中,将从正义和慈善的角度对旅游活动进行考察。前者包含两个方面的问题:①代内正义的问题,亦即同代人之间的权益的分配和平衡问题。②代际正义的问题,即不同代人之间权益的分配和平衡问题。后者也有两个问题:①消极的慈善问题。消极的慈善是指人们不求回报地主动约束自己不以行为或语言伤害别人。②积极的慈善。积极的慈善是指人们不求回报地主动做出有利于他人的行为或语言。

此外,在本书第 4 编中,还将从经济伦理的角度,对旅游活动涉及的一些重要伦理问题进行考察。主要包括 3 个问题:①伦理道德对旅游市场有什么影响? ②在旅游经济的经营中,旅游企业应有什么样的道德行为? ③旅游从业人员,特别是导游应有什么样的职业伦理? ④目前旅游统计数据工作存在什么样的伦理问题? ⑤对于旅游行业来说,在进行市场营销时会面临什么样的伦理问题?

最后,以第 5 编来对整本书进行回顾与总览,这部分的内容主要是针对一些我们在进行旅游伦理学研究的时候所发现的问题进行阐述,主要内容为 3 部分:①旅游伦理学的作用范围有何局限? ②目前旅游伦理面临哪些难以解决的问题? ③如何突破目前旅游伦理存在的局限?

思考题

1.在日常生活中,人们通常根据什么标准去调整自身的行为?

2.本章应用的这种伦理学包含哪些内容?

3.如何从旅游伦理学角度去看待旅游行为各参与方?

4.结合所学知识谈谈你对旅游伦理学研究对象的界定有何看法。

5.目前,国内对旅游伦理的主体还是停留在理论研究的框架,以及

---

① 石强,高文举.国内旅游生态环境研究进展及趋势[J].旅游学刊,2007,22(8).

旅游伦理主体的道德行为分析与伦理教育上,对旅游伦理的研究视角缺乏宽度。结合本章内容及相关知识,试说明还可以拓宽出哪些旅游伦理学研究视角。

【综合案例分析】

案例 1　行动与行为的伦理思考

行动是一个整体,而且,在某种意义上,是一个有机的整体——一个由有机体实施的诸多互相依赖的行为组成的集合体。伦理学所处理的行动的那个部分或方面正是这个有机整体的一个部分——一个其自身构成与其余部分密不可分的部分。正如时下认为的,读报或吃饭,是些与道德无关的行为。开窗换气,天冷戴帽,被认为不具有伦理的意义。然而,这些都是行动的构成部分。被我们称为好的行为举止和坏的行为举止,与被我们称为中性的行为举止一道,同列于一般性的行为举止的概念之下。伦理学构成其一部分的那个整体,是由关于一般性的行动的理论构成的;在伦理学的这个部分被理解之前,这个整体必须先得到理解。现在让我们对这个问题进行比较详细的考察。

首先,我们该如何界定行动呢? 它与行为组成的集合体具有不同的外延,虽然十分近似。癫痫病人发作时的那些行为不在我们的行动之列:这个概念排除了漫无目的的行为。在认识到这个排除的同时,我们对所有包含在它之内的东西也就有了认识。根据我们单独考虑的是行为构成的总体抑或行为的形式,显现出来的行动的定义,不是根据目的调整的行为,就是行为对目的的调整。从最简单的到最复杂的行动,不管它们的特殊性质如何,以及是否对它们作分别的或总体的考量,我们必须视完整意义上的行动为行为对目的的一切调整。

一般性的行动因此与比它要大一些的一般性的行为构成的整体有所区别,接下来让我们去问:在伦理判断加于其上的行动与其余的行动之间,人们习惯做什么样的区别。如已经说过的,日常的行为很大部分是中性的。我今天要去看瀑布吗? 或者沿着海岸漫步吗? 这些目的在伦理上是中性的。如果我去看瀑布,我是越过荒野还是选择穿过森林? 在这里,手段是中性的。我们日常所做的多数事情,无论就目的还是手段而言,都不需要将其判断为好的或坏的。同样明显的是,从中性的行为到好的或坏的行为的变换是渐进的。如果一个朋友已经和我一起探看过海岸,但没有见过瀑布,选择其中一个目的或另外的目的就不再是中性的。并且,如果把瀑布确立为我们的目标,经过荒野的路径对他的体力来说太长,而穿过森林的路径却不,手段的选择在伦理上就不再是中性的。再有,如果做某个而非别的短途旅行的一个可能的后果是我们不能及时回去赴约,或者选取较长的路线会招致这种风险,选取较短的却不,偏爱一种(或另一种)目的(或手段)的决定就会以另外的方式取得伦理的特性。并且,如果这个约会是一个具有某些重要性的约会,或者是一个非常重要的约会,或者是一个对自己或他人生死攸关的约会,它的伦理特性就会变得非常明显。这些例子足以表明这样一个道理:与道德无关的行动,逐渐以不同的程度和无数的方式过渡到道德的和不道德的行动。

案例分析思考:

1.行为与行动的区别是什么?

2.为什么与道德无关的行动逐渐过渡到道德的和不道德的行动?

案例2　当决定涉及伦理

6个人遇困,营救人员为了拯救其余5个人就必须炸掉洞口和堵住洞口的那个人。按照结果最优的营救方针,应该选择炸掉洞口,牺牲1人拯救5人。但事后道德伦理势必会谴责这一行为,实施此方案的人也会因此而内疚。除此之外,生活中有很多这样鱼和熊掌不可兼得的状况,它们也涉及伦理选择,道德伦理并不赞同由个别人去决定其他人的生死,但有时候还是必须得作出这种决定。

自然界中的旅游伦理亦是如此。人类只是自然界的一分子,由于与其他物种的沟通障碍,人们只能小心翼翼地观察自己的行为对周围的影响和反应。按照已有的生物知识推测和揣摩什么行为是道德的,什么行为是不道德的。而通过这样的方式方法由人单方面约定的自然道德,必定是片面的自然道德。

其他动物什么时候开心,什么时候沮丧,什么时候需要其他生物陪伴,什么时候又希望独处?植物有没有性格之分,合群或者不合群?可能动物园里生活的动物有些会比进园之前生活得快乐也说不定。

旅游伦理还有一个层面,就是旅行者和当地居民之间的行为道德。由于人贪婪的本性,使得旅行者为了极度享受和放松,会肆意地浪费、破坏,影响当地居民的正常生活,而当地居民也会有欺骗陌生人、过客的行为发生。

案例分析思考:

1.结合案例及你所学的知识,试分析一项旅游伦理事件的出现一般会涉及哪些对象。

2.旅游伦理问题会在哪些情况下产生?

第 2 编
旅游活动的个人伦理学
和生态伦理学

本编导读

　　随着社会经济的发展,旅游活动越来越成为人们在空暇时间的首选活动,旅游者作为旅游活动中的行为主体,其一举一动都值得我们去研究。旅游者在发生旅游行为的过程中,对旅游者个人和旅游地的生态环境都会产生不可忽视的影响。本篇从旅游活动的个人伦理学和生态伦理学两个角度进行研究。旅游活动个人伦理学部分以旅游者个人伦理行为研究为主,从旅游对个人生活的正面影响和负面影响两个方面进行分析;旅游活动的生态伦理学部分首先对生态进行界定,明确了生态的定义——是生命和其存在环境的一种联系状态,或生物在一定的环境下的生存和发展状态,继而阐述了旅游活动对生态的影响,借此引出了伦理与生态保护之间的联系与冲突,最后根据旅游伦理要求,对旅游地接待政府、旅游接待社区、旅游企业、旅游者提出了在旅游活动中的生态保护要求。

第3章
旅游活动的个人伦理学

【学习目标】

游客在进行旅游活动时会对自身产生各种影响,由此引发对旅游活动中的个人伦理的思考,文明旅游则是目前由政府对旅游者提出的要求,在旅游活动中践行旅游文明,自觉抵制不文明行为。通过本章的学习,学生应能清楚地掌握在伦理的视角下,旅游活动对游客个人带来的好处与坏处,并在权衡利弊的基础上对旅游作出相应的选择或调整,规范和约束旅游者的旅游行为,对于文明旅游的伦理基础以也应予以了解,掌握政府对文明旅游的基本要求,为现实中开展游客管理指明方向。

【重点难点】

- 旅游活动对个人生活带来的好处与坏处。
- 规范和约束旅游者的旅游行为。
- 文明旅游的伦理基础和基本要求。

【关键词】

旅游　旅游行为　个人伦理　文明旅游

今天,外出旅游已经在个人的生活中占据着重要的位置,但遗憾的是,学者们对旅游活动可能给个人生活带来的好的和坏的影响的问题鲜有系统的讨论,在他们的心目中仿佛这个问题不重要或人们对其答案早已心知肚明因而不需要讨论似的。但是众多的旅游案例表明情况并非如此。例如,这个人因旅游累坏了身体,那个人因不合理的旅行安排丧失了性命;这个人因旅游而与丈夫(妻子)离了婚,那个人因过高的旅游花费而经济拮据;这位旅客因贪图便宜而挨了宰,那位旅客因不讲卫生而挨了罚……在游客享受旅游带来快乐的同时也衍生出上述种种问题。因此,在本章中,我们首先较系统地从伦理的角度对旅游活动给旅游者带来的好处和坏处进行归纳。

旅游伦理学旨在通过伦理规范和伦理教育对旅游者的不合理行为进行约束,逐渐消除旅游行为对个人生活的负面影响。进行旅游合理行为研究,"趋利避害"进而真正实现"旅游是有效提升全社会精神文明途径"的美好愿景。针对旅游活动中的不合理行为,政府提出了"文明旅游"的概念,作为一种新型的旅游方式和旅游理念,它有着极广的市场需求,但是旅游活动中的各种不文明行为已经严重影响到旅游者的出游满意度,此时提出"文明旅游"、制订"文明公约"是政府部门顺应民意和发挥维持社会秩序的职能的表现。文明旅游作为践行旅游文明的主要方式,其作用不仅涉及对个体家庭的幸福,还将扩展到社区乃至国家层面。

3.1 旅游对个人生活的好处

3.1.1 提供有益的刺激

长期在一种熟悉的环境中生活,往往会让人感觉生活单调,甚至陷入倦怠之中,身处这种状态中,适当的刺激是必要的,缺少刺激,各种生命器官就会衰退。通常,人们会以抽烟、喝酒、饮茶、喝咖啡及服用其他刺激物等方式作出调整,与其中的一些方式(如抽烟、喝酒)相比,旅游活动提供的刺激明显要健康得多,不仅提供人们离开惯常居住地的时空机会,更利用这种机会让人们感受、了解异地自然环境与人文社会,增长见识,缓解日常工作生活带来的身心疲惫。因而,相对于上述刺激,旅游活动提供的刺激是一种对生活有益和普适性的补充。

3.1.2 提供有益的活动形式

某种意义上,生命就是活动,活动的停止就是死亡。作为一种较为自由的人类活动(至少在暂时摆脱了经济和工作压力的意义上),旅游明显为生命提供了一种较为健康的活动方式。关于活动以及自由活动对生命的重要性,英国著名哲学家斯宾塞曾有过描绘:

"婴儿最初柔弱地四处活动他小小的肢体,渐渐地他在地板上爬来爬去,不久之后他走路,过一段时间后则奔跑。随着接近于成年的存在状态,他的步履范围渐渐扩大。成年带来远行和探险的能力,包括从一个大陆到另一个大陆的旅程,有时是环游世界的旅程。当中年过去,精力开始下降,活动的极端表现就会变少。旅程缩短,不久他们就不再进行超出这个国家或海边的旅行。当年事渐高,走动就会局限在乡村和周围的田野,之后局限于花园,再后局限于房子,不久是房间,最后是床。最终,当运动的力量减弱、停止,心脏和肺部的跳动就会结束。总而言之,生命以各种运动的形态呈现自己:它们柔弱地开始,逐渐增至成熟,然后达到顶点,下降,直至像开始时一样柔弱地结束。"

"摁住一只动物的鼻孔,它就会发疯似的努力将它的头挣脱。将它的肢体捆在一起,它试图让它们获得自由的挣扎就会是猛烈的。拴住它的脖子或腿,要好一阵,它才会停止摆脱的努力。将它关在一个笼子里面,它会长期烦躁不安。……人类,在以相同的方式展示着种种相同的情感的同时,还以别的更为广泛的方式展示着它们。他对看得见的和看不见的约束都感到恼火……"

3.1.3　提供有益的休息

由于生命活动的周期性,同时也由于体力和精神劳动的繁重性,一种健康的生活要求我们进行各种类型的休息:晚间休息、工间休息、节假日休息、周末休息、间隔期更长的休息等。休息之好处,大致有这样一些:让血液得到新鲜的补给,让劳累的肌肉或神经得到放松,让精力得到恢复,让生命过程得到反思,让各种各样的个人兴趣得到实践,让亲情、友谊和各种有益的社会情感得到培养。作为一种积极的休息方式,旅游活动给人们带来的好处是明显的:在此,这个人放松了身心,在彼,那个人增长了见识;在此,这个人亲近了自然,在彼,那个人结交了新朋友;在此,这个人反思了人生,在彼,那个人增进了亲情……

3.1.4　提供各种愉快的体验

首先是从高山、大海、荒漠、森林等美丽的自然景色中获得的愉快体验,当人拨开钢筋水泥为自己铸就的藩篱,重归自然,定能不同程度地从自然山水、优美风景及引发的人生感悟中获得身心的放松、心情的愉悦,甚至启迪智慧、鼓舞斗志。其次是从观赏建筑、雕塑、绘画、歌舞等中获得的愉快体验。这种体验明显不同于山水体验带给人们的愉悦,前者更为直接,而后者更倾向与主观感受相结合,更依赖于主体自身过往经历与知识积累,并可能在此基础上进行再创造的精神体验,除了愉悦,还会让旅游者获益。再次是从人际交往中获得的愉快体验。旅游活动中的人际交往打破了空间的限制,对旅游目的地原住民的认知,对其他来源旅游者的认知,都可能最终促使旅游者反观自身,反思言行,从而获得对未来自己定位与发展的更清晰的思考。最后是从对未知形式的人类生活及其成就的探索中获得的愉快体验。人对自身以及所生活的世界的探索是较高层次的需要,这种对未知的好奇与探索隐藏在旅游的含义之中,对旅游目的地的熟知意味着"知见障",造就的是"快乐的枷锁",而从未知到已知的探索过程能够给主体带来新鲜、愉悦的体验。

3.1.5　增长见识

"读万卷书,行万里路",无论在古代还是现代,旅游都是人们增长见识的主要方式之一。进入这个世界并在几乎完全不知道它是何种类型的世界的情况下就离开了它——这样的人何其多,有时候一想到这就会令人悲哀。因此,旅游,在因满足的缘故而获得伦理的许可的同时,还将因增加人们对这个世界的认知的缘故得到伦理进一步的许可,因为旅游从发生那天开始,就在帮助人们拓展生活空间,拓展认知可能,也正因为如此,早期旅游活动更类似于今天的"研学""访学",尽管艰辛,但参与者往往收获良多。

3.1.6　增进家庭的情感

由于在不同地方生活或忙于各种事情,一些家庭的成员平时在一起生活或交流的时间并不多,家庭式的集体旅游为这样的家庭提供了短期、集中的情感交流的机会。尤其是现代社会的家族成员,旅游是最能保证其远离惯常生活环境,抛开琐事并全情投入以增进情感的一种生活方式。因而,旅游越来越成为现代家庭生活不可或缺的组成部分。

家庭成员间的情感因旅游而得到增进的案例比比皆是:

案例1:对于家庭旅游度假的计划,王太太一家是执行得到位的那种。孩子进入幼儿园后,便开始策划一些主题旅游,从短途来说,每周全家爬白云山是主要的度假活动,"爸爸出差很多,但周末基本不会缺席家庭出游活动"。中短途旅游基本按时间节点,比如黄金周自驾到阳朔漓江边搭帐篷,让孩子体验没有水洗澡但可以玩水的野性生活。比如去年寒假,"因为答应孩子会带他去看雪,所以选择了距离广州比较近、下雪的庐山"。长途旅游度假,一年一次,去年是美国自由行15天,今年去了以色列,因为爸爸一家是基督教徒,所以还带上了爷爷奶奶,一家5口浩浩荡荡到以色列朝圣去了。旅游对婆媳关系是最好的一次"调和",她们在旅途中相互欣赏和影响。王太太也感慨,自从结婚之后,就一门心思扑在自己的小家庭上,对自己的父母多少有点"疏离",所以跟先生商量,在家庭旅游度假的事情上,年度计划中也要兼顾双方父母的感受。从婆媳关系到翁婿关系,在旅途中都得到最好的"和谐"处理。

案例2:"80后"的年轻爸爸何先生在观赏香港迪士尼乐园广州的路演活动时告诉记者,自己从小就喜欢看动画片,当时中央电视台播的《米老鼠和唐老鸭》是一直追着看的。长大后恋爱了,带着女朋友一起去了香港迪士尼乐园,两个人都非常兴奋,确定了终身幸福。结婚之后,他们又一起去了,仿佛那里就是一个幸福的见证地一样。女儿诞生后,又带着女儿一起到迪士尼,所以确定一个家庭旅游度假的地方,都是有特殊含义的,也都能给家庭重新书写新的怀念和记忆。每当说起旅途,说起彼此的趣事,都是幸福感超强的甜蜜回忆。

案例3:小郭大学毕业,工作也落实了,家里为她在广州安家的新房子也安置好了,于是赶在暑期旅游旺季来临之前,也赶在小郭正式上班之前,一家三口完成了一趟长达15天的甘肃自由行。以前,小郭一家每年的度假旅游是雷打不动的,一家三口非常热衷旅游,国内是自驾游或自由行,春节假期出境长线游,暑期国内长线游,其他黄金周是零散出游。他们对人文、自然景观非常向往,已涉足的有埃及、希腊等相对冷门的地方。郭妈妈认为:"孩子终于大学毕业了,以前每逢假期都可以出去旅游,以后参加工作了,要三口人都凑出同样的假期,就很难了,所以这次度假非常尽兴;更重要的是,在孩子开始新生活之前,这趟旅程对我们仨都意义重大。"

旅游是建构在人本基础上的活动,是人们追求幸福生活不可或缺的方式之一,旅游与个体的互动是一个螺旋上升的过程,以上谈及的6个方面揭示了旅游能带给个人生活的好处,并由此而诠释了旅游的意义。大众旅游时代,旅游更为贴近生活,那种"将旅游现象从日常生活世界中剥离出来"的旅游研究需要"回归"生活,研究旅游对个人生活的好处,将使我们更为深刻地理解旅游的意义,更有效地组织旅游活动。

3.2　旅游对个人生活的坏处

3.2.1　过度劳累或身体的损伤

由于不合理的旅程安排以及对旅游目的地的基本情况和对自己的身体状况缺乏足够了解,旅游导致很多人身体劳累、感染疾病,甚至损伤身体的情况并不鲜见。

3.2.2　生命的丧失

由于自然的或非自然的原因或两者皆有,在一些案例中,特别是时下流行的自助游接近于探险的形式,发生危险的系数也因此大大增加,我们非常遗憾地看到或听到旅游过程中生命丧失的消息。那种置自己的生命安全于不顾的旅游,对正常生活的破坏将是不可逆的,旅游将走向负面的极端。2010 年 12 月 10 日,上海"驴友"探险黄山被困,为救援,一名 24 岁的民警牺牲[①]。然而目前对这类行为没有足够的事前教育,更缺乏有效的事后惩戒,悲剧一再重演,由此引发的道德争论值得深思。旅游活动是对自身的丰富拓展,对生命意义的追寻,而前提是旅游必须敬畏生命,旅游活动必须保证生命安全。

3.2.3　过度的花销

旅游是一种消费行为,对于大多数的旅游者来说,他在旅游上的费用支出必然与他在其他方面的资金分配形成竞争,合理的旅游必须对旅行花费进行理性控制。但现下的部分旅游者平日里省吃俭用,旅途中穷奢极侈,更有甚者在旅游中倾其毕生积蓄,形成过度消费。这当中尤其以中国旅游者最为典型,在境外旅游时屡屡创造奢侈消费的新闻,引得世人侧目。这一方面是受到中国传统文化中"穷家富路"思想的影响;另一方面是由于大多数中国旅游者还没有真正理解旅游的意义与价值所在,因而大多数的花费都属于享乐型消费,而不是学习型消费、提升型消费,这也使得大量实例中旅游消费的结构存在较大的改进空间。据 2016 年 10 月 9 日挖财和阿里旅行

图 3.1

联合发布的《旅行消费数据报告》揭示,中国的旅行者近一年的旅行消费金额为 9 498 元,是居民人均可支配月收入(1 830 元)的 5.2 倍,因此部分旅行者在潇洒的旅游之后经济拮据。此外,该报告还显示:"近七成出游人群不设置预算或超预算。"[②]（图 3.1）

---

① 赵雯. 搜救违规探险"驴友",该谁买单?［N］.检察日报,2011-10-09.
② 挖财,阿里旅行:旅行消费数据报告,2016.

3.2.4　家庭的疏远

旅游对家庭的好处良多,但也不是没有坏处。在生活中,我们偶尔听到这样的事情:有人沉湎于旅游而忘记家庭责任。有学者将人际关系、社会责任等视为束缚身心的"枷锁",而将旅游视为可以"获得生理和精神上的解脱",出现了旅游的过度自由化倾向。然而萨特指出:"一个人是自由的,而他人是不自由的,这是无法接受和难以想象的。如果自由拒绝了他人,它就不再是一种自由。如果人们不尊重他人的自由,那么自由就会立即被摧毁。"①自由必须是有限制的,疏远家庭而追寻旅游是违反道德的不负责任行为。

3.2.5　道德的松懈或堕落

旅游过程中,旅游者自律意识松弛是产生旅游非道德行为的重要因素,在旅游的过程中,由于脱离惯常居住地的社会压力,甚至完全摆脱了熟人社会对自己的约束,一些旅游者会在旅游过程中从道德层面放松自己,甚至发生道德堕落的现象。前者如参与赌博,后者如性放纵。

显然,旅游行为也会给个人生活带来坏处,这种坏处并不是旅游本身的问题,而是由于人的有限性,个体无论在行为、知识、情操上都是有限的,加之,脱离了原来彼此熟悉的互律环境,诱发了各类失范的旅游行为。因而,在伦理的视角下对旅游行为的规范更显其研究的重要性。

3.3　旅游合理行为

旅游伦理学的问题可以简化为对"合理行为的研究",即对人应当如何行为的系统反思和研究。"知不足然后能自反也,知困然后能自强也。"正如上述分析中旅游行为对个人生活不仅存在好处,也会给个人生活带来坏处,这就要求旅游者在旅游之前对旅程进行谨慎的选择,在旅游的过程中对旅游活动作出适当的调整,以使旅游对个人的害处最小或好处最大,换句话说就是使旅游在利己的意义上合理化。经验告诉我们,要达到这一目标,有必要按照旅游伦理原则去制订一套适当的旅游伦理规范来约束其行为,或者说从教育大众的角度去尽量弱化并逐渐消除旅游行为对个人生活的负面影响。

3.3.1　用伦理规范约束旅游行为的内容

我们以什么方式出行? 我们选择什么时间出行? 怎样才能使旅游效益最大化? 这些都涉及一个核心的问题,就是拿什么去做,参照什么去做。我们的旅游行为需要各种"守则"

---

① 波伏瓦. 萨特传[M]. 黄忠晶,译.南昌: 百花洲文艺出版社,1996.

"公约"和"规范"。有人视旅游为进入了一个"游戏世界",以全新的视角进行审美。然而,旅游的游戏世界对旅游者缺乏约束力,特别是旅游的异地性,更要求我们能在日常"熟人关系"的伦理规范之外提出针对旅游者及其旅游行为的旅游伦理规范。符合旅游伦理规范的要求是旅游者行为合理化的主要内容之一。

首先要建立以"尊重和爱护自然""珍惜和保护文物古迹""相互尊重,相互帮助""尊重自我,提升自我"为主要内容①,以"和谐"为核心的基本旅游伦理规范,规范和引导人们的旅游行为。建立完善的旅游伦理规范,必将成为规避旅游行为带来的坏处的有效举措。

其次要形成完善旅游舆论监督管理机制。伦理规范主张首先通过"他律"来实现旅游行为的"自律",并最终达到"他律"与"自律"统一,伦理规范通过发挥社会舆论监督来约束旅游者的旅游行为,鼓励负责任旅游。旅游行为给个人生活带来的坏处应引起旅游主管部门的高度重视,通过社会舆论对于旅游伦理规范的宣传,促进旅游伦理规范成为旅游伦理主体"他律"的标杆,内化为"自律"的指南。

最后还可以借助旅游伦理法律约束机制,探索将旅游行为纳入法制化轨道。法律是维系一项社会合作正常存在的最低要求,是底线伦理。每个旅游地都可以有针对性地根据有关法规和政策制订一系列行为准则,要求旅游者严格遵守。只有把制约与引导结合起来,才可能规避旅游行为带来的各种坏处。通过赋予伦理规范以法律效力,强制性地对旅游行为进行规范。例如,我们可以通过将伦理规范写进旅游合同,若旅游者出现不合理的旅游行为,将接受法律的制裁。

3.3.2 以伦理教育培育旅游行为的主体

当下在旅游伦理教育方面,存在着只注重对旅游从业人员的教育,忽略对旅游者的伦理教育的情况。旅游者的非道德行为虽然表现在旅游活动过程中,但其实质上却是该公民社会道德修养不足在旅游中的表现。因而,规范旅游行为需要加强旅游伦理教育。其关键在于如何教育旅游者在旅游消费时越来越成熟,不仅考虑个人兴趣、个人支付能力和个人旅行常识的积累,更要从伦理和道德的角度出发做到安全和文明,努力尊重文化、遵守法规,以使自己的行为置于伦理框架下,获得真正的愉悦体验。旅游消费伦理教育重点在于使旅游行为对个人生活的负面影响弱化和消除。

树立理性的消费观。旅游虽有很多好处,但是我们不要忘记多数的旅游是要付出时间、体力和金钱的代价的。因此,对旅游者而言,一种合理的旅游安排必须考虑时间、体力和金钱的支出。就像透支体力的旅游是不合理的一样,透支经济收入或旅行消费在个人或家庭之总收入中占比过大的旅游也是不合理的。所谓"占比过大",就是旅游花费过多,侵占了个人或家庭在其他生活项目的支出。

---

① 旅游伦理规范主要内容根据王凤琴《旅游伦理规范问题探讨》一文提炼,原文从人与自然、人与历史、人与人以及人类身心4个方面阐述了旅游伦理规范。刘海鸥在《旅游伦理论纲》一文中亦从4个方面对旅游伦理规范的内容进行了类似表述。

树立高尚的消费观。通过旅游伦理教育要弱化旅游者"花钱就要享受"的消费理念,鼓励旅游者以不同的方式——而不仅仅是消费的方式——去追求各个领域不同的"善"。

树立负责任的消费观。旅游不仅仅是对自身的终极关怀,旅游者还要承担对家庭、社会、环境的责任。要通过伦理教育将旅游行为限定在有限的自由里,将旅游者培育成负责任的旅游者,最终实现旅游规范所主张的"和谐"。

因个体的不同,不同的旅游者组织旅游行为会存在较大的差异,特别是合理的旅游行为不仅需要考虑自身需求因素,还要综合考虑旅游活动对个人生活的影响。对旅游者从旅游伦理规范和旅游伦理教育两个方面进行约束,并在行为上作出相应的选择或调整,有助于弱化旅游活动带来的坏处,使旅游活动成为追求幸福的行为。只有这样基于自身、他人和社会的伦理考量,才能保证旅游行为既满足自身需求,同时又不会影响他人正常生活,更不会给社会带来麻烦造成资源浪费。

3.4　文明旅游

针对旅游过程中的旅游者不合理行为,政府及时提出了"文明旅游",相关部门直接出台文明旅游公约,发挥维持社会秩序的职能,有效地减少不文明行为的出现,这对个体家庭、社区,乃至国家,都有积极作用。

3.4.1　文明旅游的伦理基础

文明旅游是相对于"庸游""俗游""陋游",甚至"恶游"等违背旅游真正目的而提出的一种新型的旅游方式和旅游理念。文明不是宣扬如何极度自我地生活,而是我们如何更好地一起生活。文明旅游作为旅游文明的主要践行方式,其"文明"自有其深刻的伦理基础,主要表现在公平和正义两方面。

1)公平

公平是建构合理和谐的各类旅游主客关系的价值准则。公平所彰显的伦理关怀,是追求幸福生活进而取得幸福感的过程中,最为核心的社会价值维度。公平是维护人的尊严的伦理基础,旅游活动中的公平所适用的范围不仅仅包括传统的人际伦理,还延伸至旅游者与自然、旅游者与历史以及旅游者身心。

倡导文明旅游是对自身的关怀,也是对社会和谐的一种追求。旅游是提升人们精神文明素质的重要途径,旅游的大众化意味着生活方式和生活境界的提高,但旅游更需要高素质的旅游者,文明旅游主要是针对旅游者提出的。近年来在社会引起关注的旅游不文明现象实际上便是旅游者公平观念缺失的反映,在旅游活动中各方的利益诉求都必须得到旅游者的尊重,旅游活动只有坚持公平,才能有效地避免旅游者破坏旅游目的地社区的人文自然环境资源、影响与其他旅游利益相关者的利益诉求。文明旅游就是要调整好和摆正旅游者与其他旅游利益的关系,特别是与东道主保持相对和谐的"主客交流",最终真正实现对旅游者的终极关怀。

2) 正义

在伦理学的意义上,我们把那些得到大多数旅游者合理认同并被自愿遵守的规则称为"正义的"。文明旅游并不单纯是政府运用行政手段提出来的一种规范性的行为指导意见,它是顺应大多数旅游者意愿的旅游理念和旅游方式。时下各类不文明的旅游行为严重影响了旅游者出游的完整度和幸福感,文明旅游便成为"正义的"。

从代内正义而言,旅游活动的和谐发展有赖于各种利益相关者和权利相关者的利益的处理。从代际正义而言,文明旅游打破了"本代中心主义"价值观,反对本代利己主义,倡导构建一种和谐的代际伦理关系和合理的代际道德规范。不文明的旅游行为对旅游资源的破坏,对当地社区人文环境的侵扰所造成的后果对后代旅游者的影响是深远的,文明旅游倡导本代旅游者做文明出行的榜样,对后代旅游者有好的示范作用。当我们觉得每一代人都必须为下一代人在权益上做点什么的时候,代与代之间就有正义可言了。

3.4.2　文明旅游的基本要求

文明旅游成为越来越多人的共识,但这种共识是模糊的、非条理化、非书面的,加之即使多数旅游者都持有符合社会规范的道德态度,但不一定能时刻表现出与态度相符的道德行为,这种自发形成的共识缺乏约束效力,而国家倡导的文明旅游就是将这种共识更加的书面化和规范化。《中华人民共和国旅游法》(下称《旅游法》)对旅游者提出了文明旅游的义务,第十三条规定:"旅游者在旅游活动中应当遵守社会公共秩序和社会公德,尊重当地的风俗习惯、文化传统和宗教信仰,爱护旅游资源,保护生态环境,遵守旅游文明行为规范。"旅游法所规定的文明出游的义务是文明旅游的底线伦理,底线伦理不能随着某些情况的变动而降低或提高,也是我们文明出游所要遵循的基本要求。"重安全,讲礼仪;不喧哗,杜陋习;守良俗,明事理;爱环境,护古迹;文明行,最得体。"这是 2016 年国家旅游局开展的"中国公民文明旅游公约大家定"活动最终征集到的文明旅游公约,可以看到公约内容仍然是旅游法所规定的文明旅游的基本要求。

任何一种伦理对行为的要求都必须以行为主体及其所处环境对该伦理的认可为前提,文明旅游的基本要求想要得到贯彻落实还需从文明旅游的伦理基础更加深入人心开始。要深入贯彻落实习近平总书记文明旅游"宣传教育,约束规范,深化社会监督"的重要指示。只有从根本上被视为是合乎伦理道德的,得到人们普遍由衷的尊重,文明旅游的基本要求才能被普遍有效地履行。

3.4.3　文明旅游的实践意义

文明旅游是一种有意义的旅游方式和出游理念,我们看到践行文明旅游的基本要求对个体层面、社区层面以及国家层面都有着极其重要的作用。

文明旅游首先对旅游者个体及其家庭有着积极作用。文明旅游的伦理基础是公平正义,追求的是一种和谐,在旅游活动的开展过程,我们始终保持以一种高素质的态度和言行应对各方关系与互动所引发的各种过程、各种活动及其结果,其对旅游者而言是一种精神文明境界的锻炼和提升。文明旅游已经成为提升个体和群体道德伦理水平的一种途径。特别是当下流行的家庭游和亲子游更会从文明旅游中获益匪浅,旅游中的言传身教将转化成整个家庭的精神财富,"家风+旅游"是旅游者对优秀传统美德最深切的回归。

文明旅游对旅游目的地社区的发展也有积极影响。文明旅游重视对旅游目的地社区的尊重,不文明的旅游行为通常表现为对旅游目的地社区及其居民的正常生活的干扰甚至破坏,这种干扰和破坏反映在当地社区居民对旅游的态度上,他们对旅游者的态度会从冷漠、烦恼,到最后明显地改变。唯有文明旅游才会使得当地社区能够以友善的态度接待外来旅游者,并积极参与旅游开发和经营,在旅游业发展中给当地社区带来有益的经济效益和社会文化效益。

文明旅游主张出境旅游者要维护良好对外形象,做中华文明传播的大使。正所谓"礼义廉耻,国之四维,四维不张,国乃灭亡","旅游外交"已成为中国与国际合作的重要内容,出境游的旅游者在境外的旅游行为在很大程度上体现我国国家形象和文化软实力,出境旅游开启了国家形象一种非官方的传播渠道,每一位中国出境游旅游者都代表着中国的形象。自2013年起,中国连续4年成为世界第一大出境旅游消费国,对全球旅游收入贡献平均超过13%①。文明旅游将提升世界各国对中国的形象认知水平,展现文明大国的形象,这也将促进文化强国的"中国梦"的实现。

思考题

1. 结合自己的旅游活动,谈谈旅游活动是如何对个人生活产生积极正面的影响的。
2. 旅游的意义是什么?
3. 你是否经历过上述旅游活动带来的不良后果,如何避免个人旅游活动中出现的种种负面性影响?
4. 结合实际,试辨析旅游活动弊大于利还是利大于弊。
5. 思考对未来旅游活动的态度,怎么对旅游作出合理安排?
6. 结合自身经历,试述你在出游前会考虑哪些方面的问题。

---

① 王珂.中国连续四年成为世界第一大出境旅游消费国[N].人民日报,2016-11-13.

【综合案例分析】

案例1:黄石国家公园

在美国西部的4个国家公园中,黄石国家公园远远大于其他3个,是其中最大的一个。这是一片广袤而洁净的原始自然区,分布在洛基山脉辽阔的最高峰,丰沛的雨水和降雪,使这里成为美国众多大河的发源地。公园的中部是一片覆盖着茂密森林、相对平坦的火山高原,其平均高度约有海拔8 000英尺,周围环绕着壮丽的加勒廷山支脉、温德河、提顿、阿布萨罗卡以及一些白雪皑皑的山峦。无数的湖泊在其间闪烁,将它们彼此串连在一起的著名的溪流群,有的在灼热的熔岩上流淌,有的从冰封的山巅奔泻而下。河道有的危岩嶙峋,有的光秃平坦,有的苔痕遍布,有的林木丛生,一直汇入主要的大河,一路欢唱着克服艰难险阻,自然地分为两脉,向东向西,奔往两个遥远的海洋。

绵延的冰川草原和河狸草原使溪流两岸充满了迷人的魅力,森林中有公园般的空地,崎岖幽深的大山之中有无数神秘的花园,很多花园中的花朵要多于枝叶,与此同时,欢快的动物使整个大自然充满了勃勃生机。

公园中除了拥有大部分山地所共有的由温和的气候所赋予的原始宝藏外,还充满了神奇的景观。在公园成千上万的沸泉之间,世界上最为猛烈的间歇泉,成群结队,得意扬扬,闪亮登场,它们载歌载舞,既美丽又可怕,它们的泉眼仿佛巨型花朵,五光十色,异彩纷呈。灼热的彩泥泉、泥泉、泥火山以及泥糊泉中充满了各种夜色的黏稠泥浆,在一齐翻滚、沸腾着,发出"咕嘟咕嘟""噼啪噼啪"的巨响。在附近的山中,活着的标本,在它们生长的地方层层覆压,它们在数千个世纪之前曾随风摇曳,如今却寂然无语,化作坚硬的晶体,向人们展示着昔日气候与生活的壮观景象,美不胜收。这里也有遍布着光芒四射的石英的山峦,有硫黄山,有石英山,有熔岩山,山峦形态各异,有的覆盖着积雪,有的披挂森林,有的山上身披像喜米图斯一样开满了芬芳的花朵,有的山体则像土豆一样被煮得稀烂,并染成漫天落霞的颜色。造物主在黄石公园展示着众所周知的一切以及超出众人所知一倍的新景观。因此,它被叫作"神奇的山地",每年夏天,成千上万的游客蜂拥而至,流连其间,陶醉其中。

值得庆幸的是,黄石公园几乎一经发现,就立即被划分出来,奉献给人类,在公共领域那普遍充斥着烟尘与灰烬的历史中,一段立法的故事闪烁着温和的光芒。为此,全世界都应首先感谢海登教授。正是他带领着第一支科学考察队进入了黄石地区,将黄石地区描述出来,并以极大的热忱督促国会对其进行保护。按照1872年的描述,黄石地区的面积约有3 344平方英里。1891年,依照全体意愿,将其扩大为黄石国家公园林木保护区。1897年12月,公园再度扩大,将提顿森林保护区并入其中。这样,它的面积已经将近其最初面积的两倍了,而向南延伸的边界足以将巨大的提顿山脉和洛基山著名的大型动物草场划入其中。而从公共领地中划出这样一大片土地却没有使任何人受到损害,因为它的海拔达6 000以上,到处都是厚厚的火山岩,这些使其失去了进行农业生产和开采矿石的可能;另一方面,它的地理位置、令人焕然一新的气候以及神奇的景观加在一起,使之成为一个巨大的疗养、休闲和研究的胜地,一个全世界旅游者的聚会点。

(约翰·缪尔.我们的国家公园[M].郭名倞,译.南京:江苏人民出版社,2012:27-29.)

案例分析思考:

1.黄石国家公园作为旅游吸引物的特征有哪些?

2.我国有多少个国家公园,有些什么类型?

案例2:2016年"十一"不文明旅游行为

第一例:游客殴打导游案。北京游客卢某在随团旅游过程中,与导游杨某某发生争执,卢某殴打导游,并将前来劝阻的何某某咬伤。依据《中华人民共和国治安管理处罚法》第四十三条第一款规定,腾冲市公安局给予卢某行政拘留3日的处罚。根据《国家旅游局关于旅游不文明行为记录管理暂行办法》第二条、第九条的规定,经旅游不文明行为记录评审委员会审定,将卢某列入旅游不文明行为记录名单,信息保存期限自2016年10月9日至2018年10月8日。

第二例:游客违反当地法律案。黑龙江游客侯某某赴越南旅游过程中,在岘港市一家酒吧火烧越南盾,因违反当地法律,被越南警方驱逐出境。根据《国家旅游局关于旅游不文明行为记录管理暂行办法》第二条、第九条的规定,经旅游不文明行为记录评审委员会审定,将侯某某列入旅游不文明行为记录名单,信息保存期限自2016年10月9日至2019年10月8日。

(新华网:2016年"十一"不文明行为,2016-10-09.)

案例分析思考:

1.你认为个人的旅游伦理观念与什么有关?

2.结合实例,谈谈你自己的旅游伦理观。

第 4 章
旅游活动的生态伦理学

【学习目标】

　　旅游活动依赖于一定的生态环境,并对其产生各种影响。通过对本章的学习,学生应了解什么是生态,明确生态环境除了自然生态还应有文化生态,并掌握旅游活动对生态的积极影响和消极影响,能够从生态学法则和3种伦理观的角度来思考伦理与自然生态保护、文化生态保护的关系,掌握旅游活动中的生态保护要求,从而使学生进一步树立生态环境可持续发展的观念。

【重点难点】

- 生态的概念及内容。
- 旅游对自然生态的影响。
- 旅游对文化生态的影响。
- 旅游活动中的生态保护要求。

【关键词】

　　自然生态　　文化生态　　生态伦理

　　旅游活动不仅对人造成各种影响,而且还对生态环境有着积极和消极影响,因此,如果我们把生态的保持或促进视为目的或重要的工具,那么以何种法则为依据与如何调整和规范我们的旅游行为使环境朝有利于生命的方向发展就是伦理学的重要课题。

4.1　什么是生态

　　"生态"是从"生态学(Ecology)"一词而来,而英文"Ecology"一词来自于拉丁文 oeco 和 logia,而拉丁文 oeco 和 logia 又是渊源于古希腊文 oikos 和 logos,oikos 表示住所和栖息地,logos 表示知识、学问,连起来讲,生态学就是关于生物生存环境研究的知识和学问。现在它常作为形容词和名词来使用,作为形容词使用的"生态",指的是一种行为方式或状态比另外一种行为方式更有利于生命存在;而作为名词来使用的"生态"是指生命和其存在环境的一种联系状态,或生物在一定的环境下的生存和发展状态,在本章中我们将从这一层面来理解"生态"。它主要包含以下两层意思:①生态是一个系统的概念,是生态学从单个生物体与环境的生态学尺度,扩大到生态系统。1935年,英国生态学家坦斯利里提出"生态系统(Ecosystem)"这一科学概念用来概括生物群落和环境共同组成的有机体。②生态是一种关系。生态学是研究生物体与生成环境之间相互关系的一门学科,是关于生物生存条件的关系学,其中包括生物间关系、非生物间关系、生物与非生物之间的关系,这些关系是在一定时空范围内进行,即时间关系、空间关系与时空组合关系。

旅游活动依赖于一定的环境,其中自然生态环境是重要的组成部分,两者相互影响。一方面,旅游区自然生态环境的好坏直接影响旅游者的旅游体验,对当地旅游业的可持续发展起到至关重要的作用,因为自然生态环境作为经济活动的物质基础,为经济发展提供了丰富的物质资源,作为重要的生态旅游资源,其更是旅游业赖以生存和发展的前提条件和重要保障,因此必须充分认识到保护旅游区生态环境的必要性与重要性;另一方面,在旅游活动的开展过程中,游客的不同行为也会对自然生态环境造成或好或坏的影响,因此必须充分认识到规范游客行为的必要性与重要性,强化合乎伦理的旅游活动对环境保护与资源利用的作用。

在旅游活动中,除了自然生态环境是其重要组成部分以外,文化生态环境也是其不可或缺的组成部分,两者息息相关,互动共生。一方面,文化生态作为旅游地文化存在的根基,逐步发展成为吸引游客的重要因素以及旅游经济发展的基础条件,深入挖掘、整合和开发利用当地文化资源对旅游业可持续发展有着十分重要的作用;另一方面,旅游活动的开展,尤其是非物质文化遗产逐步融入旅游活动,成为传统文化保护与复兴的一个绝佳契机,通过将当地文化特色和文化传统转换成更直接的经济利益,唤起当地居民对本民族、本地区的传统文化的认同感与自豪感。可以说,旅游活动的经济利益是旅游目的地社区居民重新树立文化自觉、文化自信的动力。

4.2　旅游活动对自然生态的影响

旅游区的自然生态环境是旅游区地貌、空气、水和动植物等生态因子的总称,这些生态的有机结合形成了旅游区环境的优美与愉悦。与人类的很多消费行为相比,旅游消费行为对当地自然生态环境较为友好,主要体现在以下3个方面。

第一,为旅游目的地生态保护提供资金支持。旅游业具备经济带动性强等特征,通过带动本地餐饮、住宿、交通、娱乐、商业等产业发展,有利于提高当地居民的经济收入水平,促进区域经济发展,为改善生态环境、提高环境质量积累资金与社会支持,并进一步推动基础设施建设,提高对环境污染治理与环境保护利用的支付能力,从而实现旅游发展与生态环境保护协调发展。

第二,对于生态脆弱的贫困山区的环境保护可产生积极作用。在一些环境好的贫困地区,如果没有其他有效的发展途径,当地人为了生存和发展往往比较容易采取砍伐林木、过度开垦、过度放牧等破坏生态环境的行为,但通过发展生态旅游产业,有利于转变发展方式,培育新发展热点,既有利于增加当地农民收入,改善当地农民的生活水平,又有利于保护当地脆弱的生态环境与珍稀的资源。

第三,可以增强当地政府和当地群众的生态环境保护意识。旅游产业的发展,有利于引领和倒逼当地政府与民众树立生态环境保护意识,认识到生态环境即城市发展的竞争优势,保护环境即保护生产力。

旅游产业在国外曾经被称作"无烟工业",因为在旅游业开展初期,其具备投资少、见效快、利润高等产业特征。但是随着旅游业的快速发展,一些地区由于盲目追求经济效益,对旅游资源进行了无序、过度的开发,加上政策不完善、环境保护意识薄弱、深度治理技术水平低下等因素影响,导致区域旅游资源品质下降,环境污染恶化,生态失衡严重,具体影响主要包括以下4个方面。

4.2.1 对植物的影响

旅游活动对旅游地环境的影响几乎是不可避免的,尤以对植物的影响最为显著。植物不仅能够增加旅游的吸引力,满足游客的审美与科学教育需求,也直接影响到气候、水体、土壤、生物资源等方面。而旅游开发对自然资源的不合理利用已经使许多景点的植物遭到了破坏,严重影响了自然生态环境的稳定性,因此,旅游活动与植物的关系已成为当前旅游环境研究的焦点。人类的旅游活动对地表植被和植物的影响可分为直接影响和间接影响两大类,直接影响行为包括移除、踩踏、火灾、作为营火材料采集和对水生植物的危害;间接影响包括外来物种引入、车辆废气、土壤流失等问题,这些都会间接地影响植物的生长和健康。具体包括:①游客踩踏。游客踩踏是造成植被景观破坏最为普遍的行为,踩踏行为往往使植物的生理形态发生变化,可能引起植被的退化,进而引起一系列的相关反应。如会影响到植物种子发芽,因土壤被踩实而导致幼苗无法顺利成长,对于已成长的植物,则可能因踩踏而导致其生理、形态等发生改变。②大面积移除。这是人类旅游活动对植物的最直接伤害,如为兴建宾馆、停车场或其他旅游设施,大面积的地表植被被移除。③采摘。采摘也是对植物的一种伤害行为,最常见的是由于植物的美好形态和独特性而被游客采摘,从而导致对植物本身和整体环境的破坏。

4.2.2 对野生动物的影响

很多自然保护区是一些珍稀野生动物的重要分布区,近年来由于旅游活动的影响,野生动物的生理习性、繁殖及种群多样性等方面都受到了干扰,因此旅游活动对野生动物的影响是不言而喻的,主要包括:①对野生动物的干扰。游客从事户外旅游活动时,不可避免地会对生存其中的动物尤其是较为敏感的鸟类和哺乳动物造成干扰,如使用水上摩托车、汽艇等各种旅游设施时所产生的噪声对动物的影响相当大。同时,水上各种船舶还可能产生油污污染,从而影响水中生物的生存。②对野生动物的消费。由于人们追求美食的理念,各种珍禽异兽都有可能成为游客猎食的目标,从而造成某些族群数量的下降。除了食用之外,游客还喜欢购买野生动物的相关工艺制品,如动物毛皮、象牙等。诸如此类的行为影响了自然生态环境中的重要主体的生命生活,造成生物链的破坏,易引发整个自然生态的失衡。

4.2.3　对水体的影响

旅游活动产生的污水将对地表和地下水环境造成影响,污水的排放减少了水体中的溶解氧,并加速了水体的富营养化,导致物种的多样性明显降低,进而造成整个自然环境的退化。同时,旅游活动的开展需要大量的饮用水、生产用水和景观用水,大量游客的涌入可能使旅游地的水资源短缺,影响旅游的可持续发展。主要体现在以下几个方面:①水体污染。旅游水体污染的重要原因之一是旅游船只所排放的垃圾、油污,在船舶排放的污物大大超过水域的自净能力时,就容易造成水体污染,同时很多水边地区,如海滨、泉点、河边等地为发展旅游业而修建度假村、休闲中心,其餐厅、宾馆等排放的污水和垃圾也是水体的污染源。②水体破坏。随着度假旅游活动的日益兴盛,依托湖畔、河边、海洋等水体开展的水上运动项目,如水上摩托艇、划船、游泳、垂钓、跳水、潜水、驾驶帆船等,一方面极大地丰富了人们的旅游度假生活;另一方面也给水体环境带来了巨大的冲击。如水上摩托车活动加速了海水对沙滩及海岸线的侵蚀,而且其产生的涡流也会影响该水域内生物的正常生活生态,如珊瑚礁内的浮游生物和鱼类等,泄漏的油污所散发的有害化学物质也会威胁水体生物的健康。

4.2.4　对大气的影响

大量游客的涌入必然会促进景区交通设施的建立,机动车辆的频繁往来不仅会带来噪声和尘埃,而且车辆尾气中含有硫化物、氮化物、炭化物和铅等污染物质,长期滞留在大气中形成持续性污染。同时,会加剧景区的固体废弃物污染与生活设施废气污染。其主要体现在以下几个方面:①交通工具污染。旅游业的发展以交通为依托,随着生活水平的提高和自驾游的快速发展,越来越多的游客使用私人交通工具,因此排放出更多的大气污染物。②垃圾等固体废弃物。垃圾等固体废弃物如处理不当,会滋生细菌和有害气体而散发至大气中。③封闭环境中的大气污染。如溶洞、餐厅、娱乐场所等,除受外界大气影响外,还受内部污染物排放影响,如旅游者呼吸释放的二氧化碳、吸烟增加的烟雾、使用电子设备释放出的大量正离子、装修释放的有害物质等,由于空气流动差,容易污染一定空间的空气环境。④旅游设施对大气环境的污染。旅游宾馆、饭店等接待设施对大气的污染源主要是供水、供热、供能的锅炉烟囱、煤灶等排放的废气等。

旅游业的发展需要一个稳定的、相对合适的环境,但是不同旅游群体的各种不文明行为使生态环境处于危险之中。这种危险的避免,首先有赖于人们对一些基本的生态法则的认识与掌握。在《封闭的循环:自然、人和技术》一书中,著名的学者巴里·康芒纳通俗地把生态学的法则归结为以下4条。

第一条:每种事物都与别的事物相关。即生态系统的稳定有赖于组成该生态系统的各种物质处在一种近乎封闭的循环之中,突然使得该生态系统的某种或某些要素增加和减少,就会使之失去平衡,甚至崩溃。旅游也是如此,以旅游环境承载力来说,只有在某一旅游地环境(指旅游环境系统)的现存状态和结构组合不发生对当代人(包括旅游者和当地居民)

及未来人有害变化(如环境美学价值的损减、生态系统的破坏、环境污染、舒适度减弱等过程)的前提下,在一定时期内旅游地(或景点、景区)所能承受的旅游者人数才符合旅游的可持续发展,而当旅游人数增加时,对环境的负影响也随之逐渐增大。

第二条:一切事物必有其去向,即自然界中并无"废物"这种东西,一切东西都会在生态系统中的某处存在。例如,国家旅游局倡导的旅游厕所革命的原因之一就是旅游厕所"脏、乱、差",这不仅严重影响旅游业的发展,也容易滋生有害细菌,有害物质从一种分子形式转化为另一种,通过空气传播寄生在有机体中,并不断累积起来。不断地探究旅游活动对生态系统中相关事物"向何处去"的问题,是一个非常有效的追踪生态途径的方法。

第三条:自然界所懂得的是最好的。这条法则认为任何在自然界中主要因人为而引起的变化对生态系统都有可能是有害的。以旅游酒店为例,酒店接待用品的洗涤涉及大量化学药品,如氯漂剂等,这些残留的有害物质若处理不当,则会流向其他水域,从而导致水生植物和动物的死亡,威胁整个生态环境的健康发展。

第四条:天下没有免费的午餐。这条法则告诉我们,每一次获得都要付出代价,特别是有害生态环境的行为,现今的旅游环境危机就是人们对生态索取过多造成的,主要体现在前一节中所述的旅游活动对生态环境的消极影响。

除了对生态规律具备一定的认识以外,上述危险的避免还有赖于人类持有的与生态相关的伦理意识。我们可以把现有的生态伦理归纳为3类。

第一类是人类中心论,也就是说这类意识的持有者主要是从"利己的"的角度去考虑环境保护的。例如,现代环保运动的先驱、《寂静的春天》的作者瑞切尔·卡逊在下面这段话里所表明的:

"保护行动和一个国家所有的人民的利益直接相关。对一些人来说,如商业性捕鱼者和打猎者的兴趣在经济方面。对另一些人来说,保护生物成功意味着保存令人喜爱的娱乐方式——打猎、钓鱼、研究和观察野生动物或者是自然摄影。还有一些人,生命世界各种形式的美、色彩和动作使他们产生像音乐、绘画一样的审美享受。但对所有的人来说,保护野生动物及其栖息地意味着对地球基本资源的保护,这些资源是人类和动物生存所必需的。野生动物、水、森林和草原——所有这些都是人类基本环境的组成部分;除非所有的组成部分得到了很好的保护,否则不可能很好地保护和有效利用其中的一个部分。"[①]

第二类主要是从生命重要的角度去主张保护环境的,我们可称其为"生命中心论"。他们的伦理主张很好地体现在生命哲学家史怀特在《敬畏生命》一书的这段话里:

"善是保存和促进生命,恶是阻碍和毁坏生命。如果我们摆脱自己的偏见,抛弃我们对其他生命的疏远性。与我们周围的生命休戚与共,那么我们就是道德的。只有这样,我们才是真正的人;只有这样,我们才会有一种特殊的、不会失去的、不断发展的和方向明确的德性。"[②]

第三类是奥波德的土地伦理,认为土壤、水、植物、动物构成一个共同体,与构成它的个

---

① 保罗·布鲁克斯.生命之家:蕾切尔·卡逊传[M].叶凡,译.南昌:江西教育出版社,1999:92.
② 阿尔贝特·施韦泽.敬畏生命[M].陈泽环,译.上海:上海人民出版社,2013:19.

别成员的利益的获得相比,该共同体的健康的保持更重要。在他看来,"土地伦理扩大了生物共同体的界限,它包括土壤、植物和动物,或者把它们概括起来:土地。……土地伦理是要把人类在共同体中以征服者的面目出现的角色,变成这个共同体中平等的一员和公民。它暗含着对每个成员的尊敬,也包括对这个共同体本身的尊敬。"①

通过这3种类型伦理观的比较,显然第三种类型的伦理观在生态保护上更为彻底:第一种认为人的生命的保存和促进最重要;第二种认为生命的保存和促进最重要;第三种认为包括生命之物和非生命之物在内的土地共同体的保存和促进最重要,它是前两者的延伸。因此,地球生态的保护最终取决于大多数的人是否能从土地伦理的角度去行事。

4.3　旅游活动对文化生态的影响

文化是一个地区、一个民族在特定的时空背景下,经过历史发展所创造的物质财富与精神财富的总和。而文化生态理论则来源于文化人类学(cultural anthropology),其研究对象是人类不同民族的文化,以及人类文化的起源与发展问题。在人类文化的影响因素方面,博厄斯学派的代表人物克罗伯提出地理区域相比时间要素而言,对人类文化的影响更大。基于此,其学生斯图尔德于1955年首次提出文化生态学(cultural ecology)概念:"人类文化与其植根发展的自然、社会环境之间相互作用与影响,这种相互关系不断推动人类文化向前发展。"②这被作为文化生态学产生的标志,同时也解释了文化生态在不同地区不同时期各异的原因。在斯图尔德关于文化生态学的观点基础上,国内学者司马云杰在《文化社会学》一书中指出:文化生态系统是指影响文化产生、发展的自然环境、科学技术、经济体制、社会组织及价值观念等变量所构成的完整体系。它不只包括自然生态,而且还包括文化与上述各种变量的共存关系③。文化生态概念经过多年发展,外延范围不断扩大,尤其是近年来,文化生态空间概念作为文化遗产保护的新举措、新提法逐步兴起。

文化生态学的学科交叉性较强,国外学者通常将文化生态学与人类学、社会学、生态学等学科进行交叉研究,而基于国内文化遗产旅游开发实践活动的兴起,国内学者逐步将旅游与文化生态学进行结合,其中以旅游活动对当地文化生态的影响研究为重点。学界普遍认为,文化生态是文化可持续发展的根基所在,其蕴含的特性是文化旅游活动兴起的主要吸引力。文化生态机制主要包括文化的传承机制、与外来文化的交流机制、应对外来文化冲击的适应机制④。并明确了旅游活动会对文化生态造成一定的影响,尤其是负面影响,提出旅游活动可能对文化生态带来的负面影响⑤,其主要包括:忽视文化生态植根土壤造成文化生境

---

① 奥尔多·利奥波德.沙郡年鉴[M].王铁铭,译.桂林:广西师范大学出版社,2014:193-194.

② Kroeber A L, Kluckhohn C. Culture: a critical review of concepts and definitions[M].New York:Vintage, 1963.

③ Steward J H. Theory of culture change: The methodology of multilinear evolution[M]. Illinois:University of Illinois Press,1972.

④ 司马云杰.文化社会学[M].济南:山东人民出版社,1987.

⑤ 段超.再论民族文化生态的保护和建设[J].中南民族大学学报:人文社会科学版,2005,25(4).

的退化、低层次开发造成的文化特性缺失、过度商业化导致的文化生态系统失衡①。指出树立文化生态保护的理念是解决旅游开发对文化生态造成负面影响的必由之路②,由此可进一步形成文化生态的保育机制,以及促进旅游的可持续发展③。

旅游活动的开展在一定程度上有利于文化生态的保护与合理利用,但在另一方面也会造成一系列负面影响,旅游活动对文化生态的影响主要体现在以下几个方面。

4.3.1　唤起社会各界对传统文化的关注

在当今非物质文化遗产旅游活动开发与兴起的同时,传统文化的复兴逐渐成为人们讨论的热点,旅游活动的开展无疑成为传统文化复兴的一个绝佳契机。传统文化是由当地人在一定的时空背景与文化生境下所共同创造并认可而不断传承的,一旦受到外界的冲击,可能会面临衰落甚至消亡的趋势。但是随着旅游活动的兴起与迅猛发展,日渐走向衰亡的部分传统文化也会不断被激活,当下正出现传统文化复兴的趋势。从旅游开发的市场需求来看,为了满足客源市场对"古老""淳朴""神秘"等各异的"凝视",旅游开发商与当地政府部门必然对当地传统文化资源越发地关注,那些正走向消亡的物质文化被搬上旅游的大舞台而焕发生机,就此,合理的旅游开发活动有利于传统文化的保护与适度、合理利用。同时,旅游产业的发展,在一定程度上也能够推动当地年轻群体主动学习并传承传统文化,年轻群体从与旅游者互动的过程中认识到地域传统文化的价值,最直接的便是因提高经济收入开始对文化产生一种思考,将文化关注点从一味的"潮流现代"重新回归"地域传统"。

4.3.2　提高当地居民对传统文化的认同感

文化是一个民族共同认可并遵从的文化,在其民族内部具有特殊的自我规范作用,但是由于缺乏市场经济价值,处于此文化生境中的居民对自身文化价值没有较强的认知与思考,而旅游开发使文化成为可供游客消费的符号,其带来的社会价值与经济价值,让当地居民的文化主体角色价值在旅游开发中得到体现和提升,促使当地居民对传统文化重新看待、认识,甚至更加认同本民族的传统文化。在旅游开发中,当地的特色文化和传统文化成为稀有文化资源,逐步被市场所认可,成为可被开发、能带来市场价值的资源,并实现了经济价值的转化,这就使得当地主体民族重新发现和认识到了本民族传统文化的价值,进而开始极力挖掘和展现其有价值的部分,这是发展文化旅游的一个普遍规律。有学者指出:"文化资本的某些特殊形式,如地方性的民俗文化、富有历史韵味的传统文化等,从原先的民族国家现代化话语的边缘开始上升为一种能够转化为经济资本的文化资本,并且日益商品化,正是在这一商品化的过程中,民俗文化以及其他传统文化才有可能在现代性话语中获得合法地位,进而获得广泛的社会声誉,提高民俗文化在社会符号等级体系中的位置。"④

---

① 刘韬. 新疆体育旅游对民族文化生态影响因素探析[J]. 体育科学研究,2006,10(2).

② 俞万源,邱国锋,曾志军,等.基于文化生态的客家文化旅游开发研究[J].经济地理,2012,32(7).

③ 俞万源,李海山,刘远清. 名城文化旅游开发的文化生态思考——以梅州市为例[J]. 热带地理,2006,26(1).

④ 张松.文化生态的区域性保护策略探讨——以徽州文化生态保护实验区为例[J].同济大学学报:社会科学版,2009,20(3).

4.3.3　导致传统文化的变异与消亡

旅游开发带来的外来文化造成地方文化和民族文化及传统文化的冲击而引发变异。社会学学者王宁曾说,现代旅游令人好恶交织,就像现代性本质是一把"双刃剑"一样①,旅游开发也具有双刃剑的利与害,在旅游带来文化多样性展示的同时,旅游也使当地的社会文化形态受到不同程度、不同层次的冲击,进而发生多方面的变化。其主要体现在:首先,在旅游的经营中,一些旅游开发商为迎合某些旅游消费者的需要,实现经济利益的增长,对传统文化及其构成要素去进行不切实际和违背历史的加工,使之丧失本来面目,充斥商业气息,逐渐在商业化进程中褪色、变质直至消失。其次,现代旅游的发展使得大量旅游者及旅游产品进入当地社区和原住居民的生活,一些旅游者的不良行为和高消费倾向对当地社区特别是青少年形成不良的示范效应,加之当地社区和原住居民对旅游经济发展认识有限,使得他们在利益和别的生活方式的诱使下,不愿意继承和学习传统文化,甚至会促使更有能力的年轻人为寻求其他生活方式而从乡村移居城市,致使传统文化后继无人,逐渐消失。比如越来越多的少数民族为了参与现代生活而放弃本民族的语言学习与习俗习得,致使能讲、能听该民族语言的人越来越少,民族语言面临着消亡的威胁。还有些原住居民为了提高生产力水平,逐步放弃传统的生产方式而采用现代化的生产方式,使得大批带有"活态文化"性质的生产劳作方式走向消亡。再次,旅游者渴望了解原生文化,这也产生了真实性的问题。在很多景区景点,传统文化被当作旅游产品和旅游演艺产品,从幕后搬到前台,历经上台、进城进而上线,逐渐失去文化的真实性,呈现舞台性效果。而这种非真实的文化演艺节目对于旅游者来说会逐渐失去其吸引力,尤其是随着成熟的旅游者对当地文化了解越来越深入之后,这种商业化的文化将不再能够吸引他们;同时,也会使得当地原住居民可能因为长期的商业化的文化表演而逐渐淡忘真实的文化要素,这种旅游产品也可能失去其原有的意义和价值。

总之,旅游活动的开展就像一把"双刃剑",在推动文化多样性展示的同时,不可避免地也对文化生态造成了一定的威胁甚至损害。因此,对于文化生态状态的变化,需要旅游地政府、旅游接待社区、旅游企业、旅游者等不同利益群体进行关注并针对性地予以回应,以避免文化生态遭到破坏性开发。

4.4　旅游活动中的生态保护要求

旅游活动对生态存在危害,而要避免这些危害,一方面取决于旅游活动参与者的一般性质的伦理意识,这在前一节已有阐述;另一方面取决于他们对各种具体的生态保护要求的制订和执行,本节从不同利益群体角度出发,列举其开展旅游活动应该注意的一些事项。

---

① 刘晓春. 民俗旅游的意识形态[J]. 旅游学刊,2002, 17(1):73-76.

4.4.1　旅游地政府

1) 完善法律体系

目前我国与生态保护相关的法律法规不断完善,相关法律法规的制定或执行虽然会对开发活动产生一定程度的限制作用,但恰恰是这些环境方面的限制保护了旅游环境,保证了旅游资源的质量,有利于旅游的可持续发展。

2) 加强旅游生态环境保护规划

在编制旅游规划过程中,将生态环境保护作为旅游规划的重要组成部分,严格按照国家和市的有关规定进行规划环境影响评价,编写环境影响篇章(说明)或环境影响报告书,并将环境影响篇章(说明)报环境保护行政主管部门审批。

3) 加强旅游景区生态环境保护监管

将保护好旅游景区的生态环境作为一项重要的日常工作来抓,积极协同所在地环境保护主管部门加强对旅游景区和旅游建设项目生态环境的监督管理,有效防止旅游开发项目和旅游经营活动破坏生态环境。

4) 加强文化生态的活态保护

政府部门是文化生态保护的主导力量,在进行旅游开发的过程中,应当明确文化的独特性与本真性是旅游开发的基础,应该运用博物馆静态保护与构建文化生态保护区活态保护相结合的手段,强调对文化生态的保护与以传承人为基础的传承体系的保护,营造文化生态保护的氛围。

4.4.2　旅游接待社区

1) 成立社区共管组织,加强社区居民参与

和当地政府、村社、旅游管理部门,成立社区共管委员会,鼓励社区、企业等相关利益群体参与生态旅游、社区开发、资源保护工作,增强当地居民的文化自豪感、归属感,使其提高对文化生态的认识,自觉保护当地传统文化,最终实现旅游经济和社区发展统筹兼顾、共同发展。

2) 加强社区居民旅游知识培训

对社区居民进行必要的培训是构成社区参与旅游的重要内容,也是社区参与的基础条件。当地政府或旅游企业应该为社区居民提供教育培训机会,提高居民对生态以及自身在旅游发展中的地位和作用的认识,培训他们的旅游从业技能,提高参与能力。

3) 优先为社区居民提供就业岗位

对大多数社区居民来说,参与旅游业给他们的最深切感受就是旅游业带来的经济利益,为社区居民创造与旅游业相关的就业岗位,能有效提高居民收入,使其有更高热情参与生态环境保护。

4.4.3 旅游企业

1) 倡导绿色发展

以绿色发展提升旅游生态文明价值为指导,牢固树立"绿水青山就是金山银山"的理念,推动旅游产品"绿色化"开发。开发绿色农业旅游产品,建设颇具地域特色的新农村,将绿色农业、休闲农业、文化农业三者相结合,带动农村旅游业的不断发展;开发绿色工业产品,在工业旅游开发的基础上,选择"绿色工业"加以重点开发,推广环保工业旅游线路、环保工业旅游产品体验等。绿色发展的前途是一片光明的,然而在旅游者的素质水平普遍还不够高,环保意识还不够强的当前,其发展道路还是曲折的。

2) 落实旅游企业环保责任

虽然大部分旅游企业在生产经营中已经开始注意到环境责任的重要意义,然而仍有相当数量的旅游企业为了自身利益而以种种方式来掩盖他们对环境所造成的损害。因此首先必须制定与完善旅游资源保护、开发、管理与监督的政策法规,使法律细化,实行"谁污染谁治理"的措施,为旅游企业规范地履行环境责任提供有针对性的、可操作性强的法律依据。

3) 强调可持续发展

旅游企业作为市场力量,是文化生态平衡的另一决定性主体。由于旅游企业的逐利性,在旅游开发过程中不免发生一系列过度商业化、舞台化甚至扭曲文化的现象,因此需要旅游企业提高自身社会责任感,强调可持续发展,避免对旅游地的文化生态造成破坏性开发的局面,将自然保护与文化保护有机结合,推进旅游产业的可持续发展。

4.4.4 旅游者

1) 准备阶段

旅游者在进行一段旅行时,应明确对旅游目的地生态环境保护所负有的责任和义务,因此在出发之前要在有关信息册和宣传材料中学习关于该地的自然知识,如该地的生态系统特点、珍稀濒危物种名单等,并为自己的旅游准备好必要的环保工具。同时,还应转变自身的利益观念,在旅游前通过查阅相关资料,加深对旅游目的地文化的理解,杜绝因"猎奇"而导致脱离文化生境的舞台化表演。

2) 旅行途中

在旅行中所涉及的食、住、行、游、购、娱 6 个环节都有保护的内涵要求,如不吃娃娃鱼、穿山甲等用珍稀动物烹饪的食品,以免加速该物种的灭绝;尽可能徒步或使用对环境无害的交通工具,沿设定的旅游通道走,不打扰动物,不踩踏珍稀植物群落;娱乐活动时要保持"干扰距离",不喂投、不恐吓参与娱乐的动物;不购买被保护物种的制品。同时,在旅行中,应转变旅游者的身份,不纯粹以旅游者的身份去旅游地观光,而是作为当地社区的一分子,去深入体验当地的文化生态,增强旅游体验度。

3) 旅行结束

在旅游活动结束时,该带走的东西一定要带走,不该拿的东西一定要留下来,如将杂物或垃圾带走,以免留下来污染环境,非法纪念品不允许携带。同时,应从自身出发,力所能及地传播旅游地的传统文化,呼吁更多的旅游者去保护旅游地的文化生态。

【相关链接】

2016 年 9 月 6 日,国家发展改革委和国家旅游局联合印发《全国生态旅游发展规划(2016—2025 年)》。以下截取了规划中的第五章内容,看未来我国是如何在生态旅游中从配套体系方面来实现生态旅游在推动生态文明建设中作用的全面发挥。

第五章　配套体系

一、资源保护体系

加强对生态旅游资源的分级分类保护。根据地文景观、生物景观、水文景观、气象气候景观、人文生态景观的不同特点制定相应保护措施,做好与相关规划的协调衔接,优化旅游项目的建设地点,合理确定建设规模。在自然保护区的核心区和缓冲区、风景名胜区的核心景区、重要自然生态系统严重退化的区域(如水土流失和石漠化脆弱区)、具有重要科学价值的自然遗迹和濒危物种分布区、水源地保护区等重要和敏感的生态区域,严守生态红线,禁止旅游项目开发和服务设施建设。

景区建设要因地制宜、方便简洁,鼓励采用节能、轻型、可回收利用的材料设备,实施绿色旅游引导工程,在旅游景区、宾馆饭店、民宿客栈等各类生态旅游企业开展绿色发展示范。落实生态旅游相关企业的环保责任,实施能源、水资源、建设用地总量和强度双控行动,完善市场调节、标准控制、考核监管和奖惩机制。

建立游客容量调控制度,科学合理确定游客承载量,重点生态旅游目的地特别是大江大河源头区、高山峡谷区、生态极度脆弱区等地区,按照《景区最大承载量核定导则》,严格限定游客数量、开放时段和活动规模,健全资源管理、环境监测等其他保护管理制度,严格评估游客活动对景区环境的影响,规范景区工作人员和游客行为。

二、公共服务体系

大力推进生态旅游交通服务设施建设,加快建设重点生态旅游目的地到中心城市、干线公路、机场、车站、码头的支线公路,以及重点生态旅游目的地间专线公路,构建重点生态旅游目的地与主干线之间的便捷交通网络体系,鼓励推行绿色交通,建立便捷的换乘系统。围绕精品生态旅游线路,支持有条件的地方依据相关规划,结合实际需要新建或改建一批支线机场,增加至主要客源地城市航线,实施交通配套服务工程。依托重点生态旅游目的地、精品生态旅游线路和国家生态风景道,建设1 000个自驾车、房车停靠式营地和综合型营地。鼓励生态旅游宣教中心、生态停车场、生态厕所、绿色饭店、生态绿道等生态设施建设。实施公共服务保障工程,支持重点生态旅游目的地游客聚集区域的旅游咨询中心建设,支持区域性的旅游应急救援基地、游客集散中心、集散分中心及集散点建设。健全旅游信息发布和安全警示功能,完善生态旅游保险体系和应急救援机制,提高突发事件应急处理能力。

三、环境教育体系

将生态旅游作为生态文明理念的传播途径,把生态旅游环境价值观和道德观教育纳入社会主义精神文明建设体系,提升环境教育质量,培养生态旅游者尊重自然、顺应自然、保护自然的意识。

完善生态旅游环境教育载体,有序建设自导式教育体系和向导式教育体系。加强解说牌、专题折页、路边展示、解说步道、体验设施、小型教育场馆、新媒体等载体建设,强化从业人员岗前培训和技能培训,提高解说水平和活动策划能力,开展形式多样的环境教育活动,编写具有地方特色的解说词,鼓励提供多语种服务,满足国际游客需求,提高环境教育的科学性、体验性和实用性。

推进环境教育社会参与。实施环境教育示范工程,鼓励企业、公益机构等在重点生态旅游目的地建设环境教育基地。鼓励通过志愿者服务等公益性活动推动环境教育。支持结合当地社区发展开发乡土环境教育教材,开设自然学校,为中小学生提供认知自然的第二课堂。通过开展生态教育,加深游客环境认知,提高环境保护意识。

四、社区参与体系

完善生态旅游社区参与机制,细化社区参与主体、途径、方式、程序和保障,明确外来企业在生态旅游发展过程中对当地生态环境和社区居民的责任,企业收益以一定形式返还当地居民。景区内经营性设施的特许经营,在同等条件下优先考虑当地居民和企业,聘用管护人员等职工时,在同等条件下优先安排当地居民。支持社区居民组织利益共同体,建立投资风险共担、投资收益共享的良性发展机制。

重视生态旅游的扶贫带动作用,依托乡村旅游富民工程,探索符合地方实际的生态旅游扶贫模式。大力发展生态旅游职业教育,提升社区居民素质和从业技能,增强参与生态旅游发展的能力,重点在生态环境建设、生态资源保护、生态解说与环境教育、生态旅游开发运营等环节扩大就业。

五、营销推广体系

塑造全国生态旅游整体形象,推出国家生态旅游形象宣传口号、宣传片和形象标识,鼓励各地进行独具地域特色的生态旅游形象。完善品牌管理体系,促进中国生态旅游国际知名度和美誉度的提升。

加强生态旅游市场的差别化营销推广,着力开发京津冀、长三角、珠三角等国内生态旅游主体市场,适度开发东部中小城市、中西部城市群、中东部经济发展较快的农村等国内生态旅游新兴市场。培育生态旅游市场，引导开发野生动植物观光、生态养生、户外探险、深海体验等生态旅游，积极发展入境旅游，加强市场秩序维护和舆论监督。

六、科技创新体系

推广有助于生态旅游发展的先进技术，加强虚拟现实技术等新技术在生态旅游中的应用，探索重要和敏感的生态区域的虚拟现实技术展现，优化旅游体验。促进移动互联网与生态旅游融合，通过移动终端、门户网站、计算机应用程序促进旅游供给与需求的有效对接，提升生态旅游产品服务质量。

把生态旅游装备纳入相关行业发展规划，制定完善安全性技术标准体系，支持企业开展生态旅游装备自主研发，按规定享受国家鼓励科技创新政策，鼓励企业自建或与高校院所联合共建生态旅游创新研发平台。

加强生态旅游基础理论研究，指导发展实践。探索建立生态旅游产业统计体系，明确生态旅游统计指标口径和测算方法。建立全国生态旅游数据库，及时掌握生态旅游市场、生态旅游影响等相关数据。

思考题

1. 用"无烟工业""绿色工业"等来称呼旅游行业是否合理？旅游行业是否真是一种能够可持续发展的产业？

2. 试举例说明旅游活动的开展对生态环境的影响。

3. 结合 3 种类型的伦理观的比较，思考什么样的旅游行为才能和生态环境和谐共处。

4. 目前我国是否出台了相关注重旅游和生态保护的文件和法律法规，如果有，请列举出来。试讨论我国对于旅游与生态保护的态度与作为。

5. 结合实际谈一下我国旅游生态保护面临的阻碍。

【综合案例分析】

案例1:碧塔海景区旅游活动对湿地生态环境影响研究

自 1997 年云南省政府向世界宣布"香格里拉就在云南迪庆藏族自治州"以来，寻找香格里拉的热潮尘埃落定，随之而来的是该地旅游热的兴起。其中以碧塔海湿地为中心的生态旅游景区是最能体现"香格里拉"天人合一意境的主要景区之一。碧塔海湿地位于滇西北香格里拉县城以东 25 千米处，介于 99°54′~100°03′E，27°46′~27°55′N。1984 年 4 月，经云南省政府批准为省级自然保护区,面积1 418公顷,以保护亚高山针叶林、高原湖泊水生生物、越冬黑颈鹤、自然景观及其生态系统为目的。景区生态旅游景观可划分为山地、洼地和水体三类,各景观类又可细分成不同的景观亚类和景观型。该景区以秀丽的湖光山色、湖心小岛、五花草甸等构成典型的"香格里拉"意境,强烈地吸引着国内外游客。但由于地处高原,气候高寒,土壤贫瘠,生态系统脆弱,尤其是在不合理的人类经济活动作用下,容易引起景观结构演化和功能退化。因此,深入分析旅游活动类型、空间分布及其对湿地生态环境影响,具有重要的现实意义。

1.碧塔海湿地景区的旅游活动类型

碧塔海湿地景区是横断山脉上部山原区的一个典型代表地段,具有重要的科考、科普教育和游览观赏价值。碧塔海湿地景区历史上曾经是藏传佛教白教(葛举派)的主要活动地,至今仍残存有寺庙遗迹,宗教色彩很神秘。根据该地的传说,景区内的自然景点、壁画、寺庙中都可见设计有藏传佛教"吉祥八宝"的图案,游客置身于融文化内涵与自然山水为一体的环境中,寻找"吉祥八宝",既有宗教的神秘色彩,又有旅游之乐。目前,碧塔海湿地景区的旅游活动主要有科考旅游、观光旅游、骑马旅游和宗教探秘旅游。碧塔海湿地景区科考旅游资源丰富,主要有从古地中海到迪庆高原的海陆巨变、古夷平面保存较好的山原地形、多成因的高原湖泊碧塔海、独特的高原气候气象特点、具横断山脉山原典型代表的动植物区系、完整的系列高原自然生态系统(碧塔海高原湖泊生态系统、沼泽化草甸生态系统和山地森林生态系统)、优美的景观空间格局及和谐的生态过程、积极的宗教生态观。科考旅游的目的在于研究和保护该景区典型的自然遗迹和完整的生态系统,是一种高品位的生态旅游活动;观光旅游是以观赏自然风光为主,体验"天人合一"意境的生态旅游形式;骑马旅游是一种集娱乐、观光和区内特色交通为一体的旅游活动类型,游客在行进中可以观赏极佳的自然风光,体验骑马经历,同时具有较强的社区参与性,调动了当地居民自觉保护环境的积极性。

2.碧塔海湿地景区的旅游线路及旅游活动的空间分布

进入碧塔海湿地景区的线路主要有南线和西线两条,两线途中都可以观赏到以山地森林景观为主的优美的自然生态环境,到达湖滨和湖面,游客在6—7月可观赏到十分艳丽的"五花草甸",9—10月可观赏到来此觅食栖息的黑颈鹤等多种候鸟。但在一般情况下,选择南线进入景区的游客远多于西线的游客。据统计,2001年1—10月,南线游客量为123 937人次,占碧塔海湿地景区总游客数的96%,西线只有4 059人次,仅占总游客数的约4%。2002年,西线和南线的游客数量差距也很大,4—9月西线游客数仅占总游客数的2%,南线则占98%。主要是因为自1998年通往碧塔海湿地景区南线的公路修通后,从南线进入至湖滨水面的距离(大约2千米)远小于从西线入口至湖面的距离(约8千米),选择南线的游览时间和疲劳程度都比西线低得多。

3.碧塔海湿地景区的旅游活动的时间分布

碧塔海湿地景区旅游流的高峰期出现在4—10月,11月、12月、1月、2月、3月游客极少。一是气候适宜性的影响,据研究,香格里拉旅游气候适宜度8月最高,5月、6月、7月、9月为较舒适期,4月、10月为不舒适期,11月、12月、1月、2月、3月为极不舒适期。二是由于4—10月有特殊的自然生态景观吸引游客,如6—7月的"五花草甸"和9—10月有越冬珍禽黑颈鹤可供游客观赏。三是4—10月中有"五一""十一"两个旅游黄金假日和暑假。

（王金亮，王平，鲁芬，等.碧塔海景区旅游活动对湿地生态环境影响研究[J].地理科学进展，2004（5）：101-108.）

案例分析思考：

1.试谈碧塔海景区旅游活动对湿地生态环境将会造成何种影响。

2.结合碧塔海景区湿地的生态保护，试论如何把握旅游活动与生态伦理两者的关系。

3.结合我国旅游发展特点谈谈生态环境破坏问题为何屡禁不止。

案例2:基于文化生态旅游视角的古村落旅游开发
——以后沟古村为例

后沟古村位于山西省晋中市榆次区，是山西中心腹地，背依太行山支脉要罗山脉，早在唐朝这里已有先民定居。后沟古村保存了千百年来黄土旱塬农耕文明的传统经典。古村落的民居建筑不同于宫殿、寺庙建筑会因政治与宗教的兴衰而交替变更，其主要受地理环境、气候条件、建筑材料及生产、生活习俗等因素的影响，为典型的黄土高原土穴窑居，风格较为稳定。其特点是依崖就势、随形生变、参差别致，形成了后沟村浑然天成的独特风景。其所在地形属于丘陵沟壑型，以沟、坡、垣、滩等纵横交错的独特风貌为特征，属于典型的黄土高原地貌特征。后沟古村以村东、村西两个黄土墚为衬托，以龙门河为背景，以人工景点为补充，形成多层次画面感。后沟古村的选址极为讲究。当地流传着这样一句话:四十里龙门不断流，曲曲弯弯过后沟。纵观后沟古村的全貌，东西两道墚把村庄抱在怀中，村东的黄土墚"黑龙"，村西的黄土墚"黄龙"，构成二龙戏珠的格局;从魁星楼往下看，两个黄土墚环抱形成一个圆形，使得后沟形成了太极图的形状。古村地下排水系统完善，从村东北、西北的高处起，穿村过院，勾连各家各户，形成黄龙、黑龙两个体系。古村"东有文昌庙，西有关帝庙，南有魁星庙，北有真武庙"，从而形成完备的神庙系统。

文化是人类改造客观世界的成果，分为物质、制度、精神3个层面。在一定的环境条件下，古村落文化通过与周围环境相适应而形成独特的文化生态系统。这种文化具有地域性、传承性、创造性。后沟古村承载着中国传统的农耕生产文化以及特定的地域文化和民族文化。后沟古村的特定地域"文化内核"造就了特定的地域文化生态。优越的自然环境、合理的空间布局、典型的民居建筑、完善的风水体系以及浓郁的民俗风情构成了后沟古村特有的文化生态。

1.优越的自然环境。后沟古村是"黄土旱塬农耕文明的传统经典"。古村依山而建，最高海拔974米，最低海拔907米，相对高差67米，从而形成了后沟古村的沟、坡、垣、滩等纵横交错的独特地形地貌。古村属于大陆性季风气候，春季干旱多风，夏季炎热多雨，秋季天高气爽，冬季寒冷干燥。夏、秋两季深受湿润季风的影响，整个地区降水充沛，温暖多雨。这些优越自然环境为古村的发展提供了有利条件。

2.合理的空间布局。后沟古村四面环山，地势起伏，错落有致，一条龙门河贯穿整个村庄，村民居住地及庙宇祠堂主要位于北侧傍山一带。纵观整个村落布局，选址考究，"依山造物，傍水结村""以山水为血脉，以草木为毛发，以烟云为神采"，充分体现了"因地制宜，依山就势,天人合一,顺应自然"这一中国传统建筑特色。

3.典型的民居建筑。就地取材,因地制宜,是乡村聚落中民居建筑的普遍形式,由于自然地理环境的千差万别,造就了风格迥异的山西传统聚落民居建筑。后沟古村民居建筑是典型的黄土高原土穴窑居。窑洞和砖木结构是后沟古村民居建筑的主要形式。古村建筑在选址上因地制宜,在取向、高低等方面都不对自然做过多、过大的破坏性改造。古村落中几乎所有的院落正屋都是窑洞,但都要建筑出厢房,再下又盖倒座的南房,形成四合院,这种院落在北方村镇民居中属于比较讲究的。后沟古村的民居建筑以窑洞式的合院建筑为主,在继承传统封闭的保守思想时又有所创新。

4.完善的风水体系。出于"天人合一"的中国古代哲学思想,风水学术按照"气""阴阳""五行"等要素,认为人与自然应该取得和谐的关系。追求一种赏心悦目的、优美的环境体现在人们的风水观念之中。风水文化观念浸透在中华传统各种建筑景观中,成为中华建筑文化的有机组分和独特表现。后沟古村选址于山地之上。村庄建筑是典型的黄土高原建筑风格,沿河岸依山势而建,择水而居,背靠要罗山脉,龙门河从村东北流向西南,村落四面皆山,绵延起伏,整体构成"二龙戏珠"的仿生学意境,也体现了喜庆吉祥、红火热闹的村落选址创意。这种村落环境选择与其说是风水行为,不如说是人类通过赋予自然的象征意义,将环境心理学和风景美学不自觉地运用到生存的空间。同时,后沟古村的神庙建筑也极具风水意义,文昌阁、魁星楼能起到振兴文风、昌盛文运的目的,观音堂具有镇煞的作用。

5.浓郁的民俗风情。后沟古村不仅保存了千百年来黄土高原农耕文化的传统,更以此继承了中国北方汉民族自给自足的自然经济发展模式。浓郁的民俗风情和乡土文化通过婚丧嫁娶、庙会戏曲、民间艺术等生产生活方式得以展现。百姓的生活方式也依然保留着浓厚的古风。仅就民间手工艺术而言,种类繁多,形式各异,剪纸、纳鞋底、面塑、布老虎在后沟古村较为多见,充分体现了农耕生活的多姿多彩。这种悠然恬静、丰富多彩的小农生活依旧是后沟村民现在的生活写照。

(张建忠,刘家明,柴达.基于文化生态旅游视角的古村落旅游开发——以后沟古村为例[J].经济地理,2015,35(9):189-194.)

案例分析思考:

1.后沟古村发展文化生态旅游具有哪些优势?

2.如何处理旅游活动与文化生态伦理两者的关系?

案例3:休闲与荒野(节选)

为生计方式而进行的体力上的格斗,在无数个世纪里,都曾经是一个经济问题。每当这样一类斗争消失的时候,一种可靠的本能就会让我们把它以一种美学形式的体育和游戏保留下来。

人和野兽之间的自然斗争,同样也是一个经济上的事实。现在,这种斗争是作为一种为了户外活动而进行的狩猎和钓鱼的形式保留下来了。

首先是公共的荒野区域,它们成了作为户外活动的开创旅行和挖掘生计而永存的较为有力和较为原始的技巧的中介。

某些这样的技巧得到了推广，其细节已经适应了美国的情况，而且，这种技巧是世界范围的。成群结队地打猎、钓鱼和徒步旅行就是例子。

不过，其中有两种就如山核桃一样，是美国式的。它们到处被仿效着，但是，只有在这个大陆才曾经得以发展到尽善尽美的程度。一个是划船旅行，另一个是骑马旅行。这两种形式很快就退化了。你的"哈德逊湾印第安人"号船现在有一个马达，你的爬山运动家有一部福特汽车。如果我必须靠划船或驮马来维持生活，我大概同样也应该有一部马达或福特车，因为前两种都是极其消耗体力的劳动。但是，当我们被迫与机械化了的替代物无竞争的时候，我们这些为户外互动而寻求荒野旅行的人就会彻头彻尾地失败的。要让你的小船像摩托艇一样运载那么多的东西，或者在一个夏季旅馆的草地上遛你的戴铃母猪，是愚蠢的。最好还是待在家里。

在一系列为了进行荒野旅行——尤其是划船和骑马旅行——这种原始艺术的世外桃源中，荒野是第一个。

我猜，有人会希望辩论是否值得保存这些原始艺术。我将不参加辩论。要么你确信自己很了解它，要么就是你已经很老很老了。

欧洲人的打猎和钓鱼多半没有这个大陆上的那种问题，即荒野是一种要保护的财富。欧洲人是不在树林里野营做饭，或做他们的工作的——如果他们能够设法不做。日常零星的杂务是派给狩猎助手和仆人们干的。从而，一次打猎所带来的是野餐的气氛，而并非开拓精神。技巧的鉴定，在很大程度上是由最后所捕获的猎物和鱼所确定的。

还有一些人，他们把荒野活动诋毁为不民主，因为与一个高尔夫球场或一个旅游营地相比，一片荒野的休闲负荷能力是很小的。这种观点的根本错误是，它把集约生产的哲学运用到旨在反对集约生产的事物上去了。休闲的价值并不是一个阿拉伯数字问题。休闲在价值上，是与其经验的程度及其不同于和与工作生活相反的程度成正比的。按照这个标准，机械化的旅游充其量也只是一种像牛奶和水一样淡而无味的事情。

机械化的休闲已经占据了9/10的树林和高山，因此，为了对少数人表示公正的敬意，就应该把另外1/10献给荒野。

（奥尔多·利奥波德.沙郡年鉴[M].王铁铭,译.桂林：广西师范大学出版社,2014.）

案例分析思考：

1.与其他东西相比,荒野作为旅游吸引物的价值何在?

2.中国具有旅游价值的"荒野"都有哪些?

第3编
旅游活动的社会伦理学

本编导读

    和许多其他人类活动一样,旅游活动除了对活动者本身会形成好的或坏的影响之外,还会对他人造成或好或坏的影响,因此在对旅游活动进行个人伦理学的考察之外,我们还需对旅游活动进行社会伦理学的考察。在本编中,我们将探讨正义和慈善两个方面的问题。如前所述,与正义相关的伦理问题主要是权利和利益的分配问题——如果权利和利益的分配对利益相关者各方是合理的,我们就认为该分配方式是正义的;反之亦然。根据权利和利益主体的不同,在这里我们把旅游活动所涉及的正义问题分为旅游国际正义问题、旅游国内正义以及旅游代际正义问题来讨论。其中,国际正义主要涉及国际旅游活动开展中权益分配和平衡问题;国内正义指的是国内旅游活动开展中各利益相关者的权益分配和平衡问题;而代际正义则是从纵向时间跨度考虑的不同代人之间的权益分配和平衡问题。另外,与慈善相关的问题主要是个人和集体牺牲自己的权益以促进他人或别的集体的权益的问题。

第5章
旅游活动的国际正义问题

【学习目标】

　　旅游活动国际正义主要涉及国际旅游活动开展中权益分配和平衡问题。通过对本章的学习,学生应掌握人权的基本知识以及相关的国际规范,明确旅游是人人享有的权利,了解基本的国际旅游人权以及我国作为世界旅游大国在实现旅游国际正义方面应承担的责任。

【重点难点】

- 正确掌握人权及人权规范。
- 理解基本的国际旅游人权。
- 了解我国在实现旅游国际正义方面应承担的责任。

【关键词】

　　人权　旅游人权　国际正义

5.1　人权与相关的国际规范

　　权利就是在社会生活中,人们依据道德、法律或习俗有资格做或不做某些事情,或接受某些利益。我们可以分别称它们为行动权和接受权。如果你具有某种行为权,当某人阻止你去做你有资格去做的某件事情,或用可怕的后果威胁你不能做时,他就是错误的。例如,某人用武力阻止你上学,或用可怕的后果威胁你不能上学。如果你享有某种接受权,当某人拒绝提供你有资格得到的东西或某人不给予你有资格得到的待遇时,你就受到了侵犯。例如,你被拒给予基本的社会保障,或被不礼貌地对待。根据个人在地球上生活和活动范围的大小,从伦理的角度,我们可以把权利分为人权、公民权、家庭权或个人在其他团体中所拥有的权利。所谓人权,一般来说,就是指一个人作为人而具有的权利。那么,具体来说,人权又是什么呢? 也就是说,关于人权,我们能不能列出一个明确的清单? 答案是否定的,人权是一个历史的和社会的问题,谁也无法为人权开出一个明确的清单。不过就目前的情况来看,国际社会已经在一些基本的人权上达成共识。最基本的人权有:生活的权利、发展的权利、生存的权利、工作的权利、休息的权利、发现的权利、同他人生活在一起的权利、结婚的权利和抚养子女的权利等。

目前,最为人们广泛认可的国际性人权规范主要包含在两个文本中。第一是《联合国宪章》。1945 年 6 月 26 日,在旧金山出席会议的 50 个国家签署了该宪章,其旨在呼吁国际社会重视并保护基本人权、人格尊严与价值,即各国的主权平等。自 1945 年 10 月 24 日生效以来,到目前为止,共有 180 多个成员国签约,是目前签约国最多的国际条约。中国是它的创始国之一。

第二是《世界人权宣言》。联合国宪章签署生效后,1946 年 2 月,经济及社会理事会根据联合国宪章的规定,着手建立国际人权宪章体系。1947 年,有人权委员会组成起草委员会在美国举行了第一届会议。起草后,经过反复审议和修改,联合国大会于 1948 年 12 月 10 日以多数票通过《世界人权宣言》。它提出只要生活在这个世界上的所有男女都有权享受各种基本权利和自由。这些权利和自由较为详细地出现在《公民权利和政治权利国际公约》和《经济、社会及文化权利国际公约》这两个文本中。

随着社会的发展,这些权利已越来越多地得到包括中国在内的许多国家的承认。2001 年 2 月 28 日,中华人民共和国全国人民代表大会常务委员会通过《经济、社会及文化权利国际公约》;2004 年 3 月,中国第十届全国人大二次会议通过了《宪法修正案》,第一次将"国家尊重和保障人权"写入国家的根本大法,为保障人权提供了强有力的宪法保障;在 2006 年 11 月 22 日召开的"尊重和促进人权与建设和谐世界"国际人权研讨会上,中国人权研究会会长周觉提出应从 5 个方面促进世界人权发展,首要的方面就是尊重和维护《联合国宪章》《世界人权宣言》宗旨和原则。

经过十多年的积极努力,我国已经在人权的尊重和保障上取得了很大进步。以旅游权为例,20 世纪 80 年代,我国出国旅游的人数甚少,以至于至今难找到当年权威的出国统计数据。1997 年,国家旅游局和公安部联合颁布了《中国公民自费出国旅游管理暂行办法》,并宣布自 1997 年 7 月 1 日正式实施,从此我国公民出国人数逐渐扩大。数据显示,2007 年我国公民出境旅游人数仅 4 095 万人次,到 2015 年我国居民出境旅游总人数高达 1.17 亿人次。旅游是现代社会人的基本权利之一,应为全社会成员所共同享有,政府、企业及其他社会机构应秉着以人为本的原则,竭力为人们实现旅游的权利创造条件和便利。

5.2　国际旅游中的人权问题

国际旅游是指跨国开展的旅游活动,即某一国家的居民跨越本国边界,到其他国家或地区开展的旅游活动,主要分为出境旅游和入境旅游。由上一节的论述可知旅游是现代社会人的基本权利之一。近年,伴随国际旅游市场的蓬勃发展,国际旅游人权问题逐渐成为人们关注的焦点。本节结合旅游发展实际对基本国际旅游人权及其保障措施进行深入探讨。

5.2.1　国际旅游人权

对他人权利的尊重是各种社会合作的基础,因此,作为国际间的一种重要合作,国际旅游的健康发展取决于国际旅游活动的参与者对彼此权利的承认和尊重。

1) 相关文献综述

查阅相关的国际文件,我们发现,早在 1948 年,《世界人权宣言》宣称:"人人有权享有生命、自由与人身安全。""人人在各国境内有权自由迁徙和居住。""人人有权离开任何国家,包括其本国在内,并有权返回他的国家。""人人有享受和休闲的权利,包括工作时间有合理限制和定期带薪休假的权利。"1976 年,《经济、社会及文化权利国际公约》规定:"休息、闲暇和工作时间的合理限制,定期给薪休假以及公共假日报酬。"1980 年,世界旅游组织通过的《马尼拉世界旅游宣言》指出:"休息权,特别是获得度假、自由旅行和旅游的权利,是工作权的一个自然结果,它是世界人权宣言和许多国家法律所确认的人类自我实现的一个重要方面。国家和国家集团应当发现并研究限制旅游发展的障碍因素,采取相应的措施以减少其消极影响。"另外,1985 年,在世界旅游组织支持下在索菲亚又通过了《旅游权利法案》,其规定:"在法律规定范围内人人拥有休息和娱乐、合理的工作时间、带薪假期和不受限制的自由行动权利。""旅游者从一国旅行到另一国或在目的地国内旅行时,他们应能从政府有关措施中受益。""无论在国内或国外,旅游者应该能够容易地抵达景区和景点,在遵守现有的法律和规定前提下,可以在途经地和目的地自由活动。在旅行过程中,赴景区、景点途中及住宿时间里,旅游者有权得到帮助。"1999 年,《全球旅游伦理规范》认为:"期望个人直接地发现和享受地球资源,是世界上所有人都平等享有的权利。""普遍的旅游权利必须视为休息与休闲权利的必然结果……"

诚然,闲暇权、休息权及带薪休假权是旅游权实现的基本保障。由上文梳理的国际文件资料可以看出,国际社会在一定程度上肯定了"旅游是人人应享有的权利"这一基本论断,旅游也已被提到人权的高度来强调。

2) 常见国际旅游人权

旅游者是旅游的核心,一切旅游活动的开展都必须依靠旅游者参与完成。正因为旅游者身份的特殊性和重要性,目前国际旅游人权建设主要以国际旅游者为引线展开。旅游者的基本权利和一系列派生权利都构成了人权的内容①,本书将以呼吁和确立旅游权利的重要国际文献——《全球旅游伦理规范》作为基础,探讨国际旅游人权问题。

①期望个人直接地发现和享受地球资源,是世界上所有人都平等享有的权利;日益广泛地参与国际国内旅游应当视为自由时间持续增加的最好体现之一,不应当对此设置障碍。

随着经济的发展、人们生活水平的不断提高、交通工具的不断改进以及旅游消费观念的逐步升级,人们不再满足于短距离的国内旅游,越来越多的人选择走出国门。另外,近年来,

---

① 郭景婷,张利.论旅游人权的实现途径及其意义[J].人权杂谈,2010(3):49.

我国政府为了鼓励公民出境旅游,不断松动出境旅游限制政策。这在一定程度上激发了居民出境旅游意愿,同时表现出我国政府对公民享受地球资源权利和旅游人权的尊重。由表5.1可以看出,近年,我国出境旅游发展势头迅猛,具有较大发展潜力,其上升速度远远超过入境旅游,2015年我国出境游人数高达到1.17亿,是2005年的近4倍。

表5.1　2005—2015年我国入境和出境旅游市场发展规模及增长率①

年份	入境旅游规模/万人次	增长率/%	出境旅游规模/万人次	增长率/%
2005	12 029.23	10.32	3 102.63	7.54
2006	12 494.21	3.87	3 452.36	11.27
2007	13 187.33	5.55	4 095.4	18.63
2008	13 002.74	−1.4	4 584.44	11.94
2009	12 647.59	−2.73	4 765.62	3.95
2010	13 376.22	5.76	5 738.65	20.42
2011	13 542.35	1.24	7 025.00	22.42
2012	13 240.53	−2.23	8 318.17	18.41
2013	12 907.78	−2.51	9 818.52	18.0
2014	12 849.83	−0.49	10 700.00	8.98
2015	13 382.00	4.14	11 700.00	9.35

②普遍的旅游权利必须视为休息和休闲权利。休闲时间的有无和长短是休闲需求产生的前提和基础,合理的休闲时间能够在一定程度上刺激公民休闲需求,保障公民休闲权利。《世界人权宣言》第二十四条和《经济、社会及文化权利国际公约》第七条均强调了合理限制工作时间和周期性带薪休假。而旅游是休闲的一种重要表现形式。《全球旅游伦理规范》对旅游权利的强调是尊重休息和休闲权利的表现。

为了满足人们不断增强的休闲需求,我国提出一系列保障公民休闲权利的利好政策。继2007年国务院《政府工作报告》首次提出要培育休闲消费热点和2008年修订《职工带薪年休假条例》后,2010年5月,国务院参事室在《加快发展我国休闲农业和乡村旅游的若干建议》中提出发展休闲农业;2013年发布《国民旅游休闲纲要(2013—2020年)》,被誉为中国版的《休闲宪章》,是中国政府对休闲产业发展的又一次积极推动,更是对公民休闲权、旅游权的保护。另外,2016年10月国务院办公厅出台《关于加快发展健身休闲产业的指导意见》,提出加快发展健身休闲产业,建设"健康中国",推动我国休闲产业纵深发展。这一系列休闲条例、法律法规的出台不仅为我国公民休息和休闲权利提供了法律保障,更是推进了旅游人权保护的进程。

③应当在公共机构的支持下发展社会旅游,特别是社团性旅游,有助于更多的人广泛参与休闲、旅行和度假活动。

---

① 数据来源:根据2006—2016年《中国旅游统计年鉴》整理而得。

社会旅游(social tourism),国内部分学者又将其称为"福利旅游",或者"福利(社会)旅游"①。社会旅游是一种特殊的旅游形式,与大众商业旅游具有较大的差异②,在较大程度上满足了普通民众对伦理道德的需求,使得"旅游是全体公民一项社会权利"的基本诉求得以实现;同时,以旅游的形式,实践"公平"的社会观念和"惠众"的道德理念。社会旅游起源于欧洲。目前,欧洲各国已经把旅游当作公民应平等参与的一项社会活动,特别是法国、比利时、西班牙等为代表的福利国家,竭力为所有公民创造公平旅游的机会,尤其是低收入人群和弱势群体。与欧洲社会旅游悠久的发展历史相比,我国社会旅游的发展还处于"萌芽"阶段。2009 年,国家旅游局首次在《国民休闲计划》中从推动国家经济发展的角度提出社会旅游,倡导针对优秀员工的奖励旅游、针对低收入群体的福利旅游、针对学生群体的修学(研学)旅游以及针对离退休人员的银发旅游等。这在一定程度上增加了国民旅游福利,极大地促进了社会旅游的发展。

④旅游活动应当尊重男女之间的平等。应当促进人权,特别是促进大多数易受伤害的群体,尤其是儿童、老人、残疾人、少数民族和原住民族个人权利的实现。

以少数民族和原住民族的个人权利为例,倡议应当遵守各个民族的社会文化传统和习俗,并承认其价值。少数民族地区人民应当与旅游活动相联系,平等地分享这些活动的经济、社会和文化的利益,特别是分享由于这些活动的开展所创造的直接和间接就业、增收等方面的利益。

5.2.2　国际旅游人权保障措施

由于旅游具有复杂性,旅游活动的开展涉及食、住、行、游、购、娱等各方面。在旅游活动过程中,很多环节都较为容易出现旅游人权侵犯问题。目前,国际旅游蓬勃发展,但是国际旅游人权保障机制仍不健全,国际旅游纠纷日渐增多,比如国际旅游者遭受人身侵害,损害其健康权和生命权等。作为世界旅游大国,针对各种国际旅游人权问题,我国政府、企业、社会应从以下方面作出努力。

1) 政府层面

(1) 不断推进国际旅游合作

改革开放以来,中国旅游业实现了由一般性产业向战略性支柱产业转变,从短缺型旅游到初步小康型旅游大国的转变,国际竞争力不断提升③,对世界旅游业的影响和贡献日益突出,在国际旅游大舞台上扮演着越来越重要的角色,备受世界瞩目。据世界旅游组织《2015全球旅游报告》:"中国作为全球第一大旅游客源市场,持续其超常规增长,在 2015 年中国游客海外花费高达 1 045 亿美元,近年连续居于世界第一位。受可支配收入提高、人民币汇率

---

① 李祗辉.福利旅游概念内涵与研究述评[J].江苏商论,2009(3):83-85.

② Diekmann A, Mc Cabe, S. Systems of social tourism in the European Union: A critical review[J]. Current Issues inTourism, 2011, 14(5): 417-430.

③ 2015 年,在世界经济论坛(WEF)发布的年度旅游竞争力报告中,中国在全球参评的 148 个国家和地区中,旅游业竞争力由 2009 年的第 47 位上升到 2015 年的第 17 位,进步了 30 位。

坚挺、旅行设施改善和出境旅游限制减缓等利好因素的影响,中国出境游市场在过去 20 年增速喜人。中国贡献了全球旅游收入的 13%,让全球一批目的地,特别是亚太地区的目的地获益匪浅。"①

近年,通过中国旅游"515 战略""一带一路"旅游合作倡议的实施,中国作为世界旅游大国在国际旅游中主动发声、主动作为,与世界各国开展更多深层次的旅游合作,贡献更多的发展红利,在分享机会的同时,承担了更多的国际责任。特别是"一带一路"旅游合作倡议的推进,不断加强沿线各国"资源互享、客源互送、线路互推、政策互惠、信息互通、节庆互动、交通互联、争议互商",推动航权开放、证照互认、车辆救援、旅游保险等合作。这在一定程度上为沿线国家国际旅游者享受地球资源提供便利,是尊重旅游人权的表现,是对旅游人权的切实保障。另外,随着"一带一路"沿线国家旅游磋商的深入和旅游合作机制不断创新,国际正义和旅游人权在国际旅游合作中受到极大关注和重视。比如跨界治理②国际旅游合作机制的提出,主张通过设立专项发展基金,帮助丝绸之路经济带沿线不发达地区参与国际区域旅游开发③。在未来,为了维护世界旅游大国形象,我国须承担更多的国际责任,必须进一步对接国家"一带一路"倡议,深化与沿线各国的旅游合作,在提供和平国际环境的同时,保护国际旅游人权。

【案例思考】

中俄跨境保险合作为游客撑起"保护伞"

小付是珲春市某旅行社的领队,主要负责带中国团队客人去俄罗斯旅游。过去,因为旅游团里老年人居多,他时不时会因为如何让游客主动购买人身意外险、游客在俄罗斯发生意外后如何解决理赔问题而头疼。从去年起,随着"中国赴俄罗斯免签团体游客紧急救援医疗保险"项目的顺利启动,这些困扰他工作的"麻烦"得到了解决。"保险合作项目的落地减轻了旅行社承担的压力,也让游客提高了风险转移意识,成了双方共同的'保护伞',在业内受到了真心欢迎。"

首个国际合作试点项目

国家旅游局局长李金早在年初的全国旅游工作会议上提出,要强化旅游安全保障,创造安全舒适的旅游环境,完善旅游保险产品,持续推进出境旅游保险保障体系建设。近年来,随着出入境旅游市场的平稳发展,跨境旅游保险合作被提上议程。据了解,我国已尝试和多国合作构建境外旅游保险体系,其中,中俄旅游保险作为我国首次与外国进行的国家层面合作项目,为保障两国游客旅行安全、促进双方旅游往来健康发展发挥了积极作用。

中国旅行社协会秘书长蒋齐康介绍,中俄旅游安全保险是依托两国间合作协议、服务中俄两国旅游人群、提升中俄旅游保险保障水平的政府合作项目。早在 2009 年中俄两国旅游

---

① 世界旅游组织.2015 全球旅游报告[R].马德里:世界旅游组织,2015.

② 新加坡南洋理工大学人文与社会科学院院长、南洋公共管理研究生院院长刘宏于 2016 年 12 月在"一带一路"倡议下的中新人文交流论坛上提出跨界治理是"一带一路"倡议的重要保障。

③ 张广宇,沈兴菊,刘韫.丝绸之路经济带建设背景下的国际区域旅游合作研究[J].四川师范大学学报:社会科学版,2015(3):57.

管理部门召开的旅游安全会议上,国家旅游局就与俄罗斯体育、旅游、青年政策部签署了建立中俄旅游安全合作机制的协议。2011 年 10 月,普京总理访华期间,中俄两国政府正式签署了《两国间旅游合作协定》,要求两国游客赴对方国家旅游时应持有境外紧急救援保险。为了落实协议内容,在 2014 年 8 月举办的中俄人文合作委员会旅游分委会第十一次会议上,中国旅行社协会与俄罗斯世界无国界组织签署了中俄双方对等的《中俄旅游者紧急救援保险合作框架协议》,分别代表两国旅游管理部门牵头开展中俄旅游安全保险合作项目。

中国人寿保险股份有限公司是项目的承保企业之一,公司团体业务部总经理助理何永平说,项目未实施前,中俄游客在旅行中发生意外,往往求助当地政府部门,不仅很难得到及时救助,而且无形中增大了政府的行政管理压力,放大了社会管理风险。同时在两国部分地区出现过双重投保问题,已经购买旅游保险的游客入境后又被强制要求再次购买保险,增加了游客的经济负担。项目启动后,双方游客出境旅游更加便捷、安全,有效降低了政府部门承担救援服务的压力。

四大特点贴心服务游客

据了解,目前项目共实施了两期,第一期是"俄罗斯赴中国免签团体游客紧急救援医疗保险",第二期是"中国赴俄罗斯免签团体游客紧急救援医疗保险"。第一期俄赴中保险在 2011 年 12 月率先启动,5 年来共承保近 200 万来华俄罗斯游客,中国人寿的报警服务平台共提供服务 1 514 次,处理理赔案件 1 094 起,其中重大理赔案件 50 起。第二期中赴俄保险在 2014 年 11 月试点启动,截至 2016 年 6 月,在不到 2 年的时间内,免签赴俄旅游的中国游客共投保 60 余万人。俄罗斯报险服务平台提供服务近 500 次,救援服务 248 起,身故理赔案件 5 起。

蒋齐康介绍,二期项目基于第一期项目经验,通过扩大合作范围、突出产品特点等方式,完善了"本地投保、数据互联、母语援助、国际再保"4 项特点,实现了投保—审批—出境—边检—救援一条龙服务,不仅简化了旅行社的使用流程,也让游客理赔更加快捷。

在项目的实际运行中,根据游客需求和市场特点,对保险产品也进行了调整和完善。何永平举例,比如之前的中赴俄产品规定紧急门诊、紧急牙科门诊单一事件的理赔限额为8 000 元,普通门诊类别 400 元以下的理赔支出由游客自行承担。在具体实施中,公司发现中赴俄免签旅游团队中的中老年游客占比极高,这类游客在出境游中有出险频率高、责任纠纷多等问题,给出团旅行社增加了沟通和物质成本,"旅行社时常就免额赔付问题向我们反馈意见,为了提升被保人的理赔感受、减少旅行社潜在的责任纠纷,产品取消了 400 元免赔额限定,让游客的小额损失也能得到及时理赔"。

山东游客冯先生 2016 年 5 月曾参团去俄罗斯旅游,在圣彼得堡游玩期间,68 岁的冯先生因为水土不服拉肚子,在当地就诊,300 多元的门诊费用得到了全额报销。他说:"旅行团是女儿给报的,我出发的时候并不知道旅行社包含了这一保险服务,还想着在俄罗斯看病得自己出钱,没想到一分钱也没多花。"

未来或可覆盖自由行

据俄罗斯联邦旅游署数据显示,2015 年中国赴俄罗斯旅游人次同比增长了 50%,其中免签团体游客数量近 42 万人次,与此同时,也有越来越多的俄罗斯游客来中国旅游。业内人士认为,未来随着团签限制人数从5人下降至3人、海参崴地区对中国公民免签等利好消息的刺激,中赴俄旅游人数将会持续增长。

专家指出,未来两国旅游保险合作将覆盖免签、签证两种旅游出境模式,这意味着中俄两国公民赴对方国家旅游时都将得到齐备的保险保障。这一合作体系的成功建立对我国完善出境游保险保障体系具有重要意义,未来,我国会与更多国家进行类似的旅游保险合作,为更多游客提供更好的服务保障。

(中国旅游报:中俄跨境保险合作为游客撑起"保护伞",2016-07-20.)

案例问题分析:近年,为了对接"一带一路"倡议,国家旅游局持续不断推进与"一带一路"沿线国家的旅游磋商。案例中,国家旅游局积极推动与俄罗斯开展旅游保险国际合作,是否体现了中国旅游业在维护世界和平与稳定中的作用? 维护了哪些国际旅游人权?

(2)旅游立法保护

切实尊重和保障人权是全面建成小康社会的重要目标。近年来,我国旅游立法意识逐步增强,高度重视旅游人权问题。从国务院加快发展旅游业意见的出台到设立"中国旅游日",从颁布《国民旅游休闲纲要(2013—2020年)》到《旅游法》出台,保障人民旅游权作为保障人民发展权的重要内容,已经进入了有规划、有依据、持续稳健推进的新阶段。为了进一步保护公民国际旅游人权,我国政府应学会积极采用旅游立法的形式保护旅游者合法权益。除基于国情以国内立法手段保护中外旅游者合法权益外,还应创造有利条件缔结或参加有关国际条约、公约或组织,正式承担起保护人权的国际义务。

(3)落实带薪假期制度

目前,经济发达的工业化国家大都规定对就业人员实行带薪休假制度,然而,我国仍有部分地区未落实这一制度,居民休闲权利得不到保障,影响旅游活动的开展,制约旅游人权的实现。因此,当今中国,进一步落实带薪休假制度显得尤为迫切。鼓励企事业单位积极落实带薪休假制度,并出台相应政策鼓励企业将旅游作为表彰优秀职工的福利和奖励。加强对企业带薪休假落实情况的监督检查,根据企业带薪休假制度的落实情况给予适当的优惠和奖励,对休闲权没有保障的企业则在一定范围内通报,甚至给予相应的处罚,进一步倡导健康积极的休闲氛围,保障居民休闲时间,提供休闲场所与设施。

(4)政府补助,推动社会旅游

社会旅游是指通过由国家、地方政府、工作单位、工会或户主所属的其他组织团体提供补助或资助,组织收入低、无力支付度假开支的贫困家庭外出旅游度假的旅游形式。目前,世界各国社会旅游资助或补助的办法不尽相同,有的是由所属单位对员工发放度假津贴或补贴;有的是由国家、地方政府或公司、团体资助兴建度假中心,对收入低的度假者减免收费①。

目前,我国社会旅游得到一定程度的发展,主要得益于政府补助。比如,2010年,为了积极响应《国务院关于加快发展旅游业的意见》"把旅游业培育成人民群众更加满意的现代服务业"的号召、贯彻落实省委省政府经济工作会议"转方式、调结构、抓改革、强基础、惠民生"的精神,

---

① 周敏慧.旅游概论[M].北京:中国纺织出版社,2009.

湖南省旅游局信息中心在省内首次推出惠民旅游消费卡——12301 旅游服务卡。该卡整合了湖南省 150 个经营门票的旅游区(点)、全国 88 条旅游线路,给消费者提供免费或特别优惠的旅游消费机会,使得湖南人率先进入"旅游白菜价时代"。从实践来看,极大地满足了民众对旅游的需要,保障公民旅游人权的实现。但是,为了进一步推动社会旅游的发展,不仅需要政府层面的支持,更需企业、社会等多方发力,创新发展方式,实现长效发展。

2) 企业角度

作为公司奖励员工的重要方式,奖励旅游起源于 20 世纪的美国。如今已有 50% 的美国公司采用该方法来奖励员工;在英国商业组织给员工的资金中,有 2/5 是以奖励旅游的方式支付给员工的;在法国和德国,一半以上资金是通过奖励旅游支付给员工。[①] 世界奖励旅游协会认为奖励旅游是一种现代化的管理工具,目的在于协助企业达到特定的企业目标,并对于达到该目标的参与人员给予一个非同寻常的旅游假期作为奖励。这个定义在一定程度上反映了奖励旅游的经济目的,同时体现了企业伦理上的人文关怀。

我国奖励旅游起步较晚,且由于对奖励旅游认知上存在偏差,导致在我国发展相对缓慢。目前,我国还未出现专门从事奖励旅游业务的顾问公司和旅行社,仅由一些实力较强的旅行社兼营满足市场需求。今后我国企业的奖励旅游发展空间较大,应转变意识,加大市场推广和开发力度,提高我国奖励旅游的影响力和知名度,极大促进旅游人权的实现。

3) 社会层面

针对各种国际旅游人权问题,中国作为世界旅游大国,不仅需要从政府、企业层面作出努力,更需从社会层面给予高度重视,社会中每个个体都应当成为促进旅游人权的主体。

旅游是人民生活水平提高的一个重要指标,更是实现基础人权的重要途径。为了切实保障旅游人权,必须做好旅游人权的宣传教育工作,提高人们对旅游活动是实现人权这一重要内容的认识,让更多的人参与到旅游这样的现代社会文明活动中,形成优良的社会风尚。另外,在旅游活动特别是国际旅游活动开展过程中注重自身基本权益的维护。

思考题

1. 我国出境旅游活动渐热,我国公民出境旅游中出现了哪些与人权伦理有关的事件?

2. 结合所学知识说明国际旅游中常见的人权伦理问题以及目前旅游伦理建设需着重加强的方面。

3. 结合所学知识说明主要有哪些国际旅游合作形式。试列举我国通过国际旅游合作保障国际旅游人权的相关事件。

---

① 郭景婷,张利.论旅游人权的实现途径及其意义[J].人权杂谈,2010(3):51.

4.根据所学知识说明,针对复杂的国际旅游人权问题,中国作为世界旅游大国应承担哪些国际责任进一步维护国际正义和旅游人权。

【综合案例分析】

案例:中国女游客在泰国机场遭辱骂

据泰国《星暹日报》报道,6日,中国微博网友"活着稳稳地 fighting"主动联系该报记者表示,1月5日晚19时,她与同伴计划搭乘 CZ8324 航班从曼谷素万那普国际机场飞回深圳,在填写出境卡过程中,遭遇机场工作人员不耐烦后,并被一直追着用不雅词汇进行辱骂。据游客称,当时周围还有其他国家的游客,在场时居然大笑。

她表示:"2017年1月5日晚19时,我与同伴搭乘曼谷素万那普国际机场的飞机飞回深圳,换了机票,安检完,进入海关护照查验区域排队,发现我们的离境卡被放入旅行箱托运了。于是我向站在旁边的一位女性工作人员询问在哪里拿卡,我很有礼貌地询问,对方并不理睬。我又问了一遍,她十分不耐烦,她不会说中文也不会说英文,用泰语和我对话,我怎么听得懂?"

在接受采访时,她表示:"我比画到最后,她用力往我手上拍了一张离境卡,我用英文说,我们是两个人,还需要一张,她问我是哪里人,我说是中国人。她更加用力往我手上拍了一张卡,说了一句辱骂话语。我蒙了,我转身就走,她一直追着我骂我。那么多排队的人,哄堂大笑,是笑我这个中国人吗?他们是在笑这位泰国最大机场的工作人员追着骂客户!我必须要求道歉以及解决方法!我是中国人!我骄傲!"

两名中国游客称,目前已受到惊吓,并希望讨回公道,事后两名游客已经向机场服务台投诉,并填写相关陈述。

使馆方回应:已经了解到相关的信息,并加以高度重视,已经和机场管理总局进行了联系表达关切,督促他们尽快查清事实真相,公正妥善处理,维护当事人合法权益,确保类似事件不再发生。机场管理总局表示将尽快向中方反馈有关进展,并表示使馆方也将会对此事件展开进一步的跟进,为当事人维护自身权益提供必要协助。

(海都网:中国女游客在泰国机场遭辱骂,2017-01-07.)

案例分析思考:

1.旅游活动中常出现的国际正义问题有哪些?

2.旅游活动中的国际正义问题应由谁来解决?如何协调?

第6章
旅游活动的国内正义问题

【学习目标】

旅游国内正义指的是国内旅游活动开展过程中,各利益相关者的权利和利益分配的问题。通过对本章的学习,学生应熟悉旅游者、旅游企业、旅游社区的权利与义务,并能辨别各利益相关者在旅游发展实际中的行为是否合乎伦理规范;另外,还需了解国内旅游发展中的地区差异和收益分配不均问题。

【重点难点】

- 正确理解旅游者的权利和义务。
- 旅游企业的权益。
- 旅游社区的权益。
- 不同地区间的收益分配问题。
- 国内旅游发展中的地区差异。
- 国内旅游发展收益分配问题。

【关键词】

旅游国内正义　权利与义务　地区差异　收益分配

6.1　旅游者的权利和义务

国际旅游活动的健康发展有赖于参与活动的各方对彼此权利的尊重,国内旅游活动亦然。由第5章可知,国家间或各国旅游组织之间达成的与国际旅游相关的权利规定主要包含在《世界人权宣言》《经济、社会及文化权利国际公约》《公民权利和政治权利国际公约》《旅游权利法案》《全球旅游伦理规范》等里面。而与国内旅游相关的权利规定则可以 2013 年 4 月 25 日第十二届全国人民代表大会常务委员会第二次会议通过的《中华人民共和国旅游法》作为重要参考。

旅游者是旅游活动的主体,为了旅游活动的顺利开展,享有一定的权利和义务。2013 年 9 月,国家旅游局发布了旅游者的主要权利和义务指南①。其中 10 项主要权利为知悉真情权、拒绝强制交易权、合同转让权、合同解释权、损害赔偿请求权、受尊重权、安全保障权、救助请求权、协助返程请求权和投诉举报权,5 项主要义务为文明旅游义务、不损害他人合法权益的义务、个人健康信息告知义务、安全配合义务和遵守出入境管理义务。

6.1.1　旅游者的主要权利

1)知悉真情权

知情真情权是指知悉、获取信息的自由与权利。旅游者作为一般的消费者,旅游活动经常跨地域进行,信息的描述对旅游者购买旅游产品和服务的决策起着至关重要的作用。为了保护旅游者的合法权益,有必要在旅游产品和服务的关键节点上,对旅游者的知情权进行规定。《旅游法》第九条规定,旅游者有权知悉其购买的旅游产品和服务的真实情况。从伦理道德角度说,知情权的保护,特别是在极易产生信息不对称的网络购物环境下,强调企业信用,改善信息不对称的非均衡状态,提高旅游企业敢于欺骗消费者的道德风险,对于维护交易公平,构建市场诚信体系具有重要的意义。

因此,在旅游活动开始前,旅游者有权就包价旅游合同中的行程安排、成团最低人数、服务项目的具体内容和标准、自由活动时间安排、旅行社责任减免信息,以及旅游者应当注意的旅游目的地相关法律、法规和风俗习惯、宗教禁忌,依照中国法律不宜参加的活动等内容,要求旅行社作详细说明,并有权要求旅行社在旅游行程开始前提供旅游行程单。

2)拒绝强制交易权

目前,随着旅游活动的深入开展,旅游者合法权益保护问题备受关注,但是损害旅游者自主选择权的现象却屡禁不止。例如,有的旅游经营者往往违反平等自愿、公平交易的市场原则,以旅游者需要的旅游产品和服务已没有名额等为由,推荐价格更高的旅游产品和服务;或者在未达到约定的人数不能出团时,未征得旅游者的书面同意,擅自将旅游者转团、并团,甚至卖团,严重违背了消费伦理中的公平正义原则。旅游消费是旅游经济活动的最终归宿,从而使得消费行为要求较之其他经济活动对公平正义的要求更为强烈,这里的公平正义包括消费者消费权利公平、消费机会公平、消费规则公平和消费环境公平等。

因此,《旅游法》第九条明确指出,旅游者有权自主选择旅游产品和服务,有权拒绝旅游经营者的强制交易行为。旅行社未与旅游者协商一致或未经旅游者要求,指定购物场所、安排旅游者参加另行付费项目,以及旅行社的导游、领队强迫或者变相强迫旅游者购物、参加另行付费项目的,旅游者有权拒绝,也可以在旅游行程结束后 30 日内,要求旅行社为其办理退货并先行垫付退货货款、退还另行付费项目的费用。

---

① 国家旅游局.旅游者的主要权利和义务指南[R].北京:国家旅游局,2013.

3)合同转让权

合同是关于未来的计划,必然可能遭遇变数。合同所体现的交换正义是基于合同订立之时当事人的判断和认同,一旦情势发生变化,而这种交易或交易之预见又不可归责于任何一方当事人,强迫当事人继续严守合同或者要求当事人按照原有合同承担责任就有可能导致极不公平的结果。旅游活动具有异地性、空间移动性,并且旅游者需要以亲自参加的形式才能完成整个行程。但由于不可预见的情势变化,旅游者可能在行程开始前无法参加原定旅游行程。同时,又由于旅游团费中的大部分旅行社已预先支付给相关部门且难以退还,若因此解除合同,旅游者将承担较大损失。

为了避免强迫严守合同而出现的不公平结果,《旅游法》第六十四条明确指出,旅游行程开始前,旅游者可以将包价旅游合同中自身的权利义务转让给第三人,旅行社没有正当理由不得拒绝,因此增加的费用由旅游者和第三人承担。

4)合同解除权

合同正义是我国合同法的基本原则,是公平、平等、公正等伦理和道德观念的集中体现,强调合同双方应在平等自愿的基础上缔结合约、履行合约;合同内容体现公平、诚实信用原则,且合同当事人不能利用任何手段损害另一方的利益。解除权制度是我国合同法中一项十分重要的法律制度,理应贯彻和落实合同正义的原则①。

因此,为了维护合同正义,保护旅游者的合法权益,在旅游者行使旅游合同解除权时,应保障旅游者与旅行社的平等地位,确保缔约双方权利义务的公平,并匹配公平合理的逃逸制裁机制。基于此,《旅游法》第六十三条、第六十四条以及第六十七条明确指出,包价旅游合同订立后,因未达到约定人数不能出团时,旅游者不同意组团社委托其他旅行社履行合同的,有权解除合同,并要求退还已收取的全部费用。旅游行程结束前,旅游者解除合同的,组团社应当在扣除必要的费用后,将余款退还旅游者。因不可抗力或者旅行社、履行辅助人已尽合理注意义务仍不能避免的事件,导致旅游合同不能继续履行,旅行社和旅游者均可以解除合同;导致合同不能完全履行,旅游者不同意旅行社变更合同的,有权解除合同;合同解除的,旅游者有权获得扣除组团社已向地接社或者履行辅助人支付且不可退还的费用后的余款。

5)损害赔偿请求权

损害赔偿请求权是指因旅行社不履行或不完全履行合同义务而造成旅游者人身、财产损害,旅游者依法或根据合同约定要求违约人承担损害赔偿的权利。市场经济以契约自由为导向,弘扬契约正义,注重追求当事人权利与义务之间的实质公平。故违反合同约定需承担相应责任,这是民事法律的基本原则。但是具体到包价旅游合同上,除一般性违约外,有些为故意违约,甚至造成严重后果,如旅行社无正当理由拒绝履行合同义务甚至甩团等,仅

---

① 薛琳菁.合同约定解除权的行使——以法律行为标的为考量[J].法制与社会,2013(34):13-14.

承担一般性的违约、赔偿责任①不能体现公平、合理的原则,需要法律予以特殊规定。为弘扬契约正义精神,《旅游法》第七十条引进了旅行社恶意违约时对遭受人身损害和滞留后果的旅游者的惩罚性赔偿责任。

另外,为了杜绝一些旅行社试图"钻法律的空子"的不规范行为,2014年4月,国家旅游局和国家工商行政管理总局联合发布了《团队境内旅游合同(示范文本)》《团队出境旅游合同(示范文本)》等四个合同示范文本,重点针对购物、另行付费旅游项目、违约等行为作出了明确界定和具体操作办法,并首次增加了惩罚性赔偿责任。

6) 受尊重权

马斯洛在需求层次理论中强调"尊重的需求",认为一个人希望有地位、有威信,受到别人的尊重、信赖和高度评价。由于旅游者在风俗习惯、宗教信仰等方面的差异,旅游活动和旅游经营过程中容易引发对旅游者的歧视。只有当尊重需要得到满足,才能使旅游者对自己充满信心,对社会满腔热情,有利于激发旅游过程中的积极态度和行为方式。《旅游法》第十条从尊重旅游者人格尊严、民族风俗习惯和宗教信仰3个方面进行了规范,明确指出旅游者的人格尊严、民族风俗习惯和宗教信仰应当得到尊重。

另外,《旅游法》第五十二条规定:"旅游经营者对其在经营活动中知悉的旅游者个人信息,应当予以保密。"这也在相当程度上使旅游者的隐私得到尊重。

7) 安全保障权

保障人身、财产安全是法律对旅游商品和服务质量的最基本要求。当前一些旅游经营者片面追求经济效益,忽视生产经营安全方面的管理,导致老虎伤人、大巴事故、景区踩踏等各种旅游安全事故接连发生,给国家、社会和旅游者造成了严重损失,旅游安全成为人们关注的焦点。当旅游者认为自身的安全得不到保障时,则会激发出对保障旅游安全的政策、法律、措施、设备等的需求,要求旅游各利益相关者群体和个体作出回应,并付诸行动。也只有随着对旅游安全的重视程度不断提高,保障投入不断增加,监管力度不断加大,加上旅游主体的行为越来越合乎伦理规范,才能共同创造更加稳定、和谐的旅游环境。

为衔接旅游发展实际,切实保护旅游者安全,《旅游法》第五十条、第八十条明确指出,旅游者有权要求旅游经营者保证其提供的商品和服务符合保障人身、财产安全的要求;旅游者有权要求为其提供服务的旅游经营者就正确使用相关设施设备的方法、必要的安全防范和应急措施、未向旅游者开放的经营服务场所和设施设备、不适宜参加相关活动的群体等事项,以明示的方式事先向其作出说明或者警示。

8) 救助请求权

救助请求权是指旅游者在旅游过程中遇到困难时享有请求获得帮助的权利。随着我国

---

① 《旅游法》第十二条规定:旅游者人身、财产受到损害的,有依法获得赔偿的权利。《旅游法》第五十四条规定:景区、住宿经营者将其部分经营项目或者场地交由他人从事住宿、餐饮、购物、游览、娱乐、旅游交通等经营的,应当对实际经营者的经营行为给旅游者造成的损害承担连带责任。

社会经济文化水平不断发展提高,人们对于旅游的需求日益增加。而传统的跟团旅游时间紧凑,行程固定,难以满足人们的多样化旅游需求,于是旅行社的自助游项目越来越受到旅游者的青睐,更有许多"驴友"干脆自发组织徒步、登山、探险,这使得旅游者遇险的情况日渐频发。基于现实需要,将旅游救助纳入《旅游法》,是弘扬人道的积极表现,更是人道正义向法律正义的过渡。另外,对于旅游目的地政府及相关机构而言,实施旅游救助,保护旅游者人身财产安全是其基本职责,是维护国内或国际正义的有效途径。

《旅游法》第八十二条针对旅游者安全保障明确指出,旅游者在人身、财产安全遇有危险时,有权请求旅游经营者、当地政府和相关机构进行及时救助。中国出境旅游者在境外陷于困境时,有权请求我国驻当地机构在其职责范围内给予协助和保护。旅游者接受相关组织或者机构的救助后,应当支付应由个人承担的费用。

9)协助返程请求权

旅游活动具有异地性,其本质是旅游者离开惯常居住的地方,前往异地活动。因此,在旅游行程中,无论基于何种原因解除合同,旅游者都可能会因身处异地而面临语言沟通不畅,以及由此导致的货币兑换、请示协助等多方面困惑,甚至危及旅游安全。作为专门从事旅游服务的经营者,对旅游目的地的信息掌握相对较为全面,为保护旅游者的合法权益和人身、财产安全,有必要协助旅游者返程。

为了解决包价旅游合同解除时旅游者返程问题,《旅游法》第六十八条规定,旅游行程中解除合同的,旅行社应当协助旅游者返回出发地或者旅游者指定的合理地点。由于旅行社或者履行辅助人的原因导致合同解除的,返程费用由旅行社承担。

10)投诉举报权

旅游者对旅游经营者不当行为的监督属于外部监督,这不仅是对自身权益的保障,也是以负责任的态度对其他人员的一种警示,避免他人的权利受到损害,在一定的程度上可以有效规范旅游经营者的经营活动。《旅游法》规定旅游者发现旅游经营者有违法行为的,有权向旅游、工商、价格、交通、质监、卫生等相关主管部门举报。

另外,随着旅游活动的深入开展,旅游纠纷屡见不鲜。旅游纠纷属于民事纠纷,旅游者可以根据自身需要选择不同的方式保护自己的合法权益。《旅游法》第九十二条指出,旅游者与旅游经营者发生纠纷时,有权向相关主管部门或旅游投诉受理机构投诉、申请调解,也可以向人民法院提起诉讼。

6.1.2 旅游者的主要义务

1)文明旅游义务

随着人们生活水平的提高,外出旅游已经成为越来越多人的选择。从整体来看,旅游者的文明素质不断提高,但不文明旅游的行为仍时有发生。实践中,一些旅游者在旅游活动中不顾及社会公共秩序和社会公德,无视当地风俗习惯、文化传统和宗教信仰,引发与当地居民的摩擦和矛盾,甚至因违反当地禁忌而发生不愉快事件,使旅游者自身安全受到威胁,从而引发国内正义,甚至国际正义问题;一些旅游者在名胜古迹或文物上乱涂乱画、乱扔垃圾、攀爬树木、踩踏绿地、追捉动物,破坏旅游资源和生态环境,这不仅影响了当地居民的生活环境,也带来了代际正义问题,损害了后代享受良好资源品质和生态环境的权利。

为此,《旅游法》第十三条规定,旅游者在旅游活动中应当遵守社会公共秩序和社会公德,尊重当地的风俗习惯、文化传统和宗教信仰,爱护旅游资源,保护生态环境,遵守旅游文明行为规范。

2)不损害他人合法权益的义务

旅游者在旅游活动中,会与当地居民、其他旅游者、旅游经营者和旅游从业人员打交道,在发生旅游纠纷、处理旅游纠纷过程中,也常常会与上述对象产生联系。在处理这些社会关系时,不损害当地居民的合法权益,不干扰他人的旅游活动,不损害旅游经营者和旅游从业人员的合法权益,不仅是旅游者的法定义务,也是消费伦理中社会和谐原则的体现,即使是消费自己的货币与时间,也应当遵循人与人之间和谐互敬的原则。同时,旅游者应传承古人"见义忘利"的优良传统,不能为了个人利益而损害他人或集体利益。

为此,《旅游法》第十四条规定,旅游者在旅游活动中或者在解决纠纷时,不得损害当地居民的合法权益,不得干扰他人的旅游活动,不得损害旅游经营者和旅游从业人员的合法权益。

3)个人健康信息告知义务

旅游活动虽可以放松休闲,但免不了舟车劳顿,有的旅游活动,也不适合一些有特定身体疾病的旅游者参加,比如高血压患者如果有高原反应,就不太适合参加高原地区的旅游活动;患有传染病等相关疾病的,也不太适合参加旅游活动。旅游者如实告知旅游经营者其与旅游活动相关的个人健康信息,有利于旅游经营者判断是否接纳旅游者参加相应的旅游活动,也有利于旅游经营者在接受旅游者报名后在合理范围内给予特别关照,减少安全隐患。

安全是旅游活动的基本要求,保障旅游安全,不仅是政府及其有关部门、旅游经营者的责任,旅游者也应负有相应的安全义务。为此,《旅游法》第十五条规定,旅游者购买、接受旅游服务时,应当向旅游经营者如实告知与旅游活动相关的个人健康信息,遵守旅游活动中的安全警示规定。

4)安全配合义务

旅游者应当遵守旅游活动中的安全警示规定,不得携带危害公共安全的物品,这不仅是对自身安全的保障,同时也是对自己和他人负责任的体现,旅游主体在实施旅游行为过程中以伦理道德为准绳的表现。

《旅游法》第十五条规定,旅游者对国家应对重大突发事件暂时限制旅游活动的措施以及有关部门、机构或者旅游经营者采取的安全防范和应急处置措施,应当予以配合。旅游者违反安全警示规定,或者对国家应对重大突发事件暂时限制旅游活动的措施、安全防范和应急处置措施不予配合的,依法承担相应责任。

5)遵守出入境管理义务

出境旅游者前往其他国家或者地区,一般需要取得前往国签证或者其他入境许可证明。该签证或者其他入境许可证明上载有入境有效期、停留期间等事项,出境旅游者不得超出签证有效期、超出停留期间在境外非法滞留。实践中,有的出境旅游者是报名参加旅游团出境旅游的,根据现行规定,旅游团队须从国家开放口岸整团出入境。在境外进行旅游活动,持有团队旅游签证的旅游者须以团队形式进行旅游活动,不得擅自分团、脱团,影响团队正常行程,违反客源国和目的地国关于出入境的相关规定。

为此,《旅游法》第十六条规定,出境旅游者不得在境外非法滞留,随团出境的旅游者不得擅自分团、脱团。入境旅游者不得在境内非法滞留,随团入境的旅游者不得擅自分团、脱团。

6.2　旅游企业的权益

6.2.1　旅游企业的定义

旅游企业是指能够以旅游资源为依托,以有形的空间设备、资源和无形的服务效用为手段,在旅游消费服务领域中进行独立经营核算的经济单位。按照旅游活动的方式、范围以及旅游产业本身的属性,可以将旅游企业进行不同形式的划分,一般划分为旅游中介企业、旅游交通企业、旅游住宿企业和旅游吸引物企业。本书将旅游企业定义为经济收益主要来源于旅游经营的企业,包含旅行社、旅游酒店、旅游运输公司以及经营各种旅游吸引物的公司。

6.2.2　旅游企业的权利与义务

旅游服务的有效提供是旅游活动顺利进行的根本保证。目前,随着我国旅游法律体系建设进程的逐步推进,有关保护旅游消费者权益的法规问题已得到有关方面的重视,立法步伐也在逐步加快,但是建立健全保护旅游企业合法权益的法规在立法上仍然处于瓶颈期,缺乏完善的保护旅游企业的法律条文、执法机构和法律服务,如《旅游法》仅对旅行社和景区经营者作相关规定,相关旅游企业的权利与义务规定不明晰。故本节只谈论旅行社、景区经营者的权利和义务,主要包括以下几个方面。

1)旅行社的权利与义务

(1)旅行社的权利

①旅行社有进行旅游广告宣传促销和组织旅游招徕活动的权利。

《旅游法》第二十八条规定,在我国,旅行社在具备一定的条件并取得旅游主管部门的许可、依法办理工商登记的情况下,可经营"招徕、组织、接待旅游者"的业务。此外,第三十二条也规定,旅行社为招徕、组织旅游者发布的信息,必须真实、准确,不得进行虚假宣传,误导旅游者。由此可以看出,旅行社可根据特许经营的业务范围充分利用各种宣传媒体进行旅游广告宣传和开展旅游业务促销活动,组织招徕和接待旅游者。

旅游促销信用是指旅游企业在对旅游消费者进行广告宣传、促销过程中的守信行为,它是旅游企业信用的重要内容。目前,我国旅游企业信用缺失问题较为严重,经常出现旅游广告模糊、让人产生误解、虚假不真实广告等欺骗消费者进行消费的情况。所以,作为旅游企业重要组成部分的旅行社在享受广告促销权利的同时,必须保证旅游宣传信息真实可靠,不能以任何欺诈手段骗取旅游者。关于这个问题,将在旅游营销伦理章节中专门讨论。

②旅行社有权与任何旅游团体和个人签订旅游合同,约定旅游服务项目。

旅游合同既规范了旅行社的权利和义务,也保障了旅行社的利益。《旅游法》第五十七条、第五十八条规定,旅行社组织和安排旅游活动,应当与旅游者订立合同;且包价旅游合同应当采用书面形式,订立时,旅行社应当向旅游者详细说明前款相关内容。

因此,旅行社与旅游者双方应秉着公平、自愿、合情、合理、合法的原则,共同协商并签订旅游合同。但旅游合同是一种契约性文件,倡导契约精神,强调遵守约定、履行义务,故旅游合同一经签订,便形成法律和道德层面的约束力,要求旅行社要按照双方签订旅游合同所约定的项目为旅游者提供相应的服务。

③旅行社有权向被提供服务的旅游者收取合理的服务费。

旅行社作为自主经营、自负盈亏的市场主体,向旅游者收取服务费是其连续经营的保障。作为市场经营主体,从伦理视角应承担的首要责任是保障其自身的生存与发展,保障所雇佣员工的合法权益,即履行企业社会责任中的底线责任——经济责任。因此,向旅游者收取相应服务费是企业生存与发展的前提和保障,是合乎伦理规范的责任履行手段,也是旅行社的合法权利。而伦理对于旅行社行使这项权利的约束主要在"合理"二字。任何交易行为都深受社会文化、价值观念的影响。在我国,传统儒商都奉行商业活动中的"诚信""不欺"原则。所以,由于深受传统伦理道德思想的影响,旅行社日常经营中也强调诚信和不欺,即收取合理的服务费,不存在任何欺骗的成分。故《旅游法》第五十八条规定,包价旅游合同应当采用书面形式,内容必须包括旅游费用及其交纳的期限和方式。

④旅行社有权向因未按旅游合同约定参加旅游活动的旅游者收取违约金,有权向因旅游者自身行为造成旅行社损失的旅游者提出索赔要求。

当前,在旅游活动开展中,旅游者处于较为弱势的一方,旅游合同立法也倾向于给旅游者以更多权益,给旅行社以更多的责任,旅行社的利益难以得到保障,实践中损害旅行社合法权益现象时有发生,比如,与旅游者相比,社会大众对旅游企业信用缺失问题关注偏多。然而,对于签订旅游合同的双方,信用是相互的也是对等的,所以旅行社有权对未按旅游合同约定参加旅游活动的旅游者收取违约金,且有权向因旅游者自身行为造成旅行社损失的旅游者提出索赔要求,以保障旅行社为旅游者提供预订等行前服务所支付的成本得到应有补偿。

《旅游法》第六十五条、第六十六条明确规定,旅游行程结束前,旅游者解除合同的,组团社应当在扣除必要的费用后,将余款退还旅游者。……因前款规定情形解除合同的,组团社应当在扣除必要的费用后,将余款退还旅游者;给旅行社造成损失的,旅游者应当依法承担赔偿责任。由此可以看出,旅游合同一旦签订,便具有法律效应,双方必须遵守。

(2)旅行社的义务

①保障旅游者人身、财产的安全。人身安全权是人所享有的一项基本人权,而财产安全是公民财产权的一种具体表现,所以保障旅游者人身、财产的安全是旅行社最基本的义务。

《旅游法》第五十条明确规定:"旅游经营者应当保证其提供的商品和服务符合保障人身、财产安全的要求。旅游经营者取得相关质量标准等级的,其设施和服务不得低于相应标准;未取得质量标准等级的,不得使用相关质量等级的称谓和标识。"这表明旅游企业所提供的旅游产品和旅游服务必须符合相应的国家安全标准,有责任和义务在旅游活动期间保护旅游者的人身、财产不受侵害。从伦理的角度来看,旅游法要求旅行社保障旅游者人身、财产安全是尊重人权、切实保障旅游主体在旅游活动全过程中人权的具体表现。

②按照合同约定履行义务。按照合同约定履行义务是旅游企业信用的重要内容。旅游企业有义务按旅游合同的约定向旅游者提供相应的旅游产品和服务,并且所提供的旅游产品和服务必须价质相符。不管是旅行社,还是旅游酒店、旅游运输公司以及经营各种旅游吸引物的公司都应严格按照旅游合同履行义务。《旅游法》第四十九条规定:"为旅游者提供交通、住宿、餐饮、娱乐等服务的经营者,应当符合法律、法规规定的要求,按照合同约定履行义务。"

旅游合同交易信用缺失是指旅游企业与合作伙伴、旅游消费者在签订或履行旅游合同过程中的信用缺失行为[①]。目前,旅游市场中经常出现"霸王条款""断尾巴条款"以及合同违约和合同欺诈等信用缺失的问题。作为旅游企业的重要组成部分,旅行社必须按照合同约定履行义务,进行诚信经营,坚守旅游企业信用。这是旅游企业作为市场经营主体最起码的义务,也是社会对企业公民最基本的责任要求。

③旅行社有义务对由于自身的过失造成旅游者合法权益受损害承担赔偿责任。

旅行社由于自身的过失造成旅游者合法权益受损害是服务质量信用缺失的表现,更是违背社会对企业公民的伦理要求的。比如,在旅游行程即将结束时,由于地接社上下站沟通的不畅导致误机、误车、误船等事故,此时旅行社必须采取必要的补救措施,必要的时候给予旅游者物质或精神补偿。旅行社服务质量信用是旅行社宣传、树立形象和提高竞争力的重要途径,更是旅行社可持续发展的有利保障。一旦出现因自身过失造成旅游者合法权益受损的情况,旅行社必须勇于承担责任,积极采取措施补救,挽回声誉并尽可能把给旅游者造成的损失减少到最小程度。

《旅游法》第七十条规定,旅行社不履行包价旅游合同义务或者履行合同义务不符合约定的,应当依法承担继续履行、采取补救措施或者赔偿损失等违约责任;造成旅游者人身损害、财产损失的,应当依法承担赔偿责任。因此,除因不可抗力或法律特别规定外,因旅行社自身原因造成旅游者合法权益受损害的,旅行社应给予赔偿。

---

① 白凯,王晓华.旅游伦理学[M].北京:科学出版社,2016:237.

2）景区经营者的权利与义务

《旅游法》主要对景区在经营过程中必须履行的义务作出相关说明。基本立法精神，要求景区必须保护旅游者人身安全，保护生态环境，实现可持续发展以及规范景区门票。

（1）保护旅游者人身安全

越来越多的景区开始设置有风险，甚至挑战生理和心理极限的旅游项目，这些项目具有强烈的刺激性、挑战性和体验性，对崇尚冒险、追求新奇的旅游者具有强大的吸引力，但其安全系数低、风险性大。为了减少安全事件发生率，有必要对景区设施设备、活动场所以及高风险旅游项目经营资质进行严格规定、审查和监督管理。《旅游法》第四十二条和第四十七条均是关于旅游安全的规定。其中，第四十二条规定，景区开放应当具备必要的安全设施及制度，经过安全风险评估，满足安全条件；第四十七条规定，经营高空、高速、水上、潜水、探险等高风险旅游项目，应当按照国家有关规定取得经营许可。

（2）保护生态环境，实现可持续发展

近年来，我国旅游出游人数猛增，景区人满为患、交通拥堵，尤其是在重要节假日或旅游旺季。旅游者人数过多使得景观资源及景区设施设备过度利用，缺乏必要的休整和养护，造成景区自然生态环境、文物古迹不可逆转的破坏或者景区设施设备的安全隐患。这种不顾景区接待能力和环境承载容量的经营方式不管是对旅游景区还是旅游者来说，都是极不负责任的。因此，规定景区开放应当具备必要的安全保护设施并严格设定生态保护红线，执行景区流量控制与预警制度，切实保障旅游者和旅游资源的生态安全是非常有必要的。

故《旅游法》第四十二条规定，景区开放应当具备必要的环境保护设施和生态保护措施。另外，第四十五条对景区流量控制制度进行规定。这在一定程度上可以看出，国家在保护生态环境，实现可持续发展上的决心。

（3）规范景区门票等价格的公示、合并售票、暂停开放减少收费

《旅游法》第四十四条规定："景区应当在醒目位置公示门票价格、另行收费项目的价格及团体收费价格。景区提高门票价格应当提前六个月公布。将不同景区的门票或者同一景区内不同游览场所的门票合并出售的，合并后的价格不得高于各单项门票的价格之和，且旅游者有权选择购买其中的单项票。景区内的核心游览项目因故暂停向旅游者开放或者停止提供服务的，应当公示并相应减少收费。"

景区门票是旅游者进入景区参观旅游的凭证。景区价格公开是保障旅游者知情权的法定要求及企业必须履行的义务。规范、公开景区门票，有利于建立起景区和旅游者之间的平等和谐关系，保障旅游者的合法权益。同时，一些景区捆绑销售门票的行为，社会反应比较强烈，因此，针对实际情况和规范需要，规定景区公开门票及相关项目的价格，并对景区门票合并出售的行为予以规范是必要的。

3) 旅游企业共同享有的权利与必须承担的义务

对于所有的旅游经营者(含旅行社和景区经营者)的权利与义务,《旅游法》也有相关规定,但是主要强调的是义务。

(1)禁止旅游经营者给予或者收受商业贿赂

国家工商行政管理总局规章《关于禁止商业贿赂行为的暂行规定》第二条和第五条对商业贿赂作出解释:商业贿赂是指经营者为销售或者购买商品而采用财物或者其他手段贿赂对方单位或者个人的行为。商业贿赂实质是一种不正当竞争行为。国家《反不正当竞争法》第八条规定:"经营者不得采用财物或者其他手段进行贿赂以销售或者购买商品。在账外暗中给予对方单位或者个人回扣的,以行贿论处;对方单位或者个人在账外暗中收受回扣的,以受贿论处。"

商业贿赂是市场经济的普遍现象。随着我国市场经济的不断深化和旅游业的蓬勃发展,旅游市场中的商业贿赂滋生蔓延,这是商业伦理缺失的一种具体表现,不合乎旅游市场伦理和商业道德。所以,《旅游法》也明令禁止旅游经营活动中的商业贿赂行为。例如,第五十一条规定:"旅游经营者销售、购买商品或者服务,不得给予或者收受贿赂。"

(2)对旅游者个人信息予以保密的义务

公民信息自由是公民依法可以自由获取、加工、处理、传播、存储和保留信息的权利,是公民重要的宪法权利和精神权利。但信息自由并非绝对自由、滥用自由。在信息时代,信息就是财富。为了保证旅游活动的顺利进行,旅游者有义务在购买、接受旅游服务时,向旅游经营者如实告知相关个人信息;但同时,旅游企业也有义务对旅游者个人信息予以保密。

当前,个人信息泄露事件频发,信息安全问题日益突出,信息伦理失范。为了维护旅游者个人信息安全,谨防被犯罪分子利用,从事电信诈骗、非法讨债甚至绑架勒索等犯罪活动,必须增强旅游企业信息安全责任意识,规范信息伦理行为,对旅游者个人信息予以保密。

故《旅游法》第五十二条规定,旅游经营者对其在经营活动中知悉的旅游者个人信息,应当予以保密。

(3)对旅游者的旅游行为予以教育和规范的义务

现代旅游活动的主体是旅游者,旅游企业不过是旅游产品和服务的提供者。影响旅游业健康发展的不仅仅是旅游企业,旅游者在其中也扮演着重要的角色。然而,在现实的旅游业治理整顿过程中,对于旅游企业的整治力度远远大于对旅游者教育问题的关注力度,这在相当程度上造成当前旅游消费群体的不成熟,如不爱护公共环境、与旅游地原住居民发生冲突等。旅游活动中与旅游者直接发生关系的是旅游企业,所以旅游企业责无旁贷地承担着旅游者教育的任务[①]。

---

① 许颖.旅游者教育问题初探[J].经济师,2004(10):132.

从伦理角度看,这是企业社会责任中相对高层次的责任,体现企业对所植根社区负责任,更是企业公民对所承担的社会教化义务的践行。包括提醒旅游目的地民俗及文化禁忌,教育旅游者保护生态环境,遵守国家地方法律法规和乡规民约,教会基本的急救常识,提高安全意识并提供及时必要的协助等。

6.2.3 关于保障旅游企业合法权益的建议

为了进一步加快旅游产业的发展,提高旅游企业的竞争力,推动旅游消费市场健康发展,必须进一步加快旅游法规体系建设和完善的进程,维护旅游企业合法权益。

1)加强立法工作,完善法律法规

旅游消费不同于其他有形的消费形式,它通常表现为购买一种服务,而服务的生产与消费是同一的,具有不可储存性,这使得一旦发生旅游纠纷,所涉及的取证调查等程序非常困难。不仅消费者需耗用大量财力、物力和时间,旅游企业同样如此,甚至是更大的损失,如由于诉讼带来企业形象的破坏。而且,在旅游活动开展过程中,由于旅游消费群体的不成熟,对旅游企业进行无理投诉的现象也时有发生。所以,为了保护旅游企业的合法权益,有必要加强立法工作,制定一部明了、易操作的法律解决各种旅游纠纷[①]。

2)创新监督管理机制

良好的市场秩序是推动我国旅游产业结构高度化、市场治理现代化的重要保障。近年,为了进一步规范旅游市场,国家加大旅游企业整治力度,加强对旅游经营者、旅游从业人员的监管。例如,2014年5月,国家工商总局发布《关于发挥工商职能作用加强旅游市场监管的指导意见》,明确工商机关要依法排查和治理带有行业共性的旅游业"潜规则"问题,推广使用旅游合同示范文本,维护公平竞争的旅游市场环境;继而,2016年2月,国务院办公厅发布《关于加强旅游市场综合监管的通知》,为我国旅游市场治理体制改革指明了行动方向,为地方落实主体责任,各级部门履行职责提出了明确要求。从表面上看,这些规章制度的通过较大程度上保护了旅游者合法权益,但同时也是国家保护旅游企业的重要手段。

旅游业是一项综合性很强的产业,涉及食、住、行、游、购、娱等方方面面,这也使得旅游市场监管主体错综复杂,涵盖工商、旅游、城管、公安、交通等多个部门。然而,随着全民旅游、大众旅游时代的到来,传统的"消防救火式"的监管体制已远不能满足市场发展的需要,而多部门联动的综合治理机制尚未建立,综合治理旅游市场格局尚未形成,使得诸多不合理的旅游企业行为没有得到有效监管。因此,必须创新监督管理机制,建立旅游市场综合监管平台,重点发挥旅游、工商、公安三大部门的作用,同时协调交通、质监、通信等多个监管部门的共同参与,最大限度发挥联合监管效力,增强旅游市场综合监管的长效性。

---

① 杨蓉,武邦涛.浅析旅游企业合法权益保护问题[J].技术经济与管理研究,2004(1):48-49.

6.3　旅游社区的权益

6.3.1　社区与旅游社区

以不同的学科背景为前提,众多学者对"社区"均作出界定。目前虽然没有统一的说法,但是大部分学者认为社区是一种社会团体或社会单位,具体表现为:在一定空间或区域内,具有一定相互关联的人组成。

当社区依托旅游资源开展旅游活动时,"社区"将被赋予新的内涵。本书认为旅游社区是指聚集在某一旅游区内的社会群体在一定的文化背景下形成的地域性的社会活动共同体。旅游社区是旅游活动重要的参与者和利益相关者,只有旅游社区的权益受到其他利益相关者的尊重,并且其因此而承担一定的义务,正常的旅游活动才能长期开展。

6.3.2　旅游社区的权益

1)旅游社区的权利

对于旅游社区,其他旅游利益相关者应予以尊重的权益有以下几个方面。

(1)环境权

环境权是指公民、法人和非法人组织及国家为维持自身健康、生存与发展所享有的生活环境和生态环境的基本权利。社区居民所享有的良好生产和生活环境的权利应当得到充分的尊重。旅游业的发展所带来的旅游垃圾、旅游污水、交通噪声以及植被破坏等在较大程度上降低了旅游目的地的生态环境质量,社区居民承担了这种外部的负面影响,却没有得到应有的补偿。目前社区居民环境权的损害是一个普遍存在的事实。

为了保护社区居民的环境权,必须做到以下几点:①旅游设施的规划和旅游活动安排,应当以保护由生态系统和生物多样性构成的自然遗产,保护濒临灭绝的野生生物物种为前提;旅游发展的利益相关者尤其是专业人员,当他们在一些特别敏感区域如沙漠、极地和高山区、沿海区、热带雨林或湿地开展活动时,应当同意接受并严格遵守对他们活动的限制和约束。②旅游活动应控制在接待社区生态承载力的范围内。③旅游活动应有利于自然资源的保护和节约能源。

因而从旅游业发展的角度,应遵循整体、和谐的可持续发展观进行旅游社区建设。紧紧围绕旅游业可持续发展这一核心,统筹处理社区旅游业发展与环境保护的关系,实现经济、社会和环境效益的整体优化。在追求眼前利益的同时,维护子孙后代的利益,实现代际公平;从旅游者行为实施的角度,旅游者应践行文明旅游,注重自然环境的保护;尊重社区居民风俗习惯,保护社区居民原生人文环境;从旅游企业开发经营的角度,首先应注意避免因开发工作的计划不周而导致出现水质污染、空气污染以及噪声污染甚至资源破坏等情况。此外,在旅游景点建设配套设施时,也应秉着配套设施与环境相协调的原则,融入当地环境,尽可能保留孕育了传统文化的自然社会生境。最后,在日常经营中,一定要加强管理,不能因企业逐利的行为对环境保护有丝毫松懈。

（2）旅游资源收益权

和一般社区相比,旅游社区居民还享有旅游资源的使用收益权。不管是自然旅游资源还是人文旅游资源,社区居民和旅游资源都存在着密切的关系,旅游社区理应成为旅游资源开发利用的最主要受益者,而且应作为主体积极参与旅游开发的决策与空间生产过程,最终享受旅游资源收益权。

社区作为一个重要的利益主体,应当参与旅游社区资源收益分配。但是,目前我国旅游社区中普遍存在旅游经济收益漏损的情况,相当一部分旅游社区居民很少甚至从来没有分享过旅游发展的真实收益,反而要承担旅游开发造成的外部性负面影响,这是不合乎伦理规范的。针对此种情况,应当遵循利益共享的思路,创造条件,引导社区居民通过正确的渠道积极参与,享受旅游资源收益权。

旅游资源开发可能为社区创造直接或者间接收益,从伦理角度理应由社区成员公平分享。为了保障社区公平分享收益,应该做好以下3方面的工作:①让社区居民公平分享旅游创造的直接、间接的工作岗位;在技能相等的情况下,当地劳动力应当优先就业。②旅游政策的制定应当有助于提高接待地居民的生活水平;旅游度假地和住宿设施的规划和建设与旅游经营,应当尽可能广泛地和当地经济社会结构结合在一起;国家或接待地政府应特别关注沿海地区和岛屿以及生态脆弱的边远地区、农村地区,在这些地区优先发展旅游业或者给予当地旅游业发展政策和资金支持。③投资者或政府在开发或规划旅游项目时,应当客观评估其开发项目对人文和自然环境的影响,并在提供相关影响最为透明客观的信息的情况下,与相关社区的居民进行公开对话,让当地居民参与决策。

（3）旅游资源保护权

旅游资源虽然属于人类共同财产,但是资源所在的社区对它们具有特定的权利和义务。因此,"旅游政策的制定和旅游活动的开展应当尊重艺术的、考古的和文化的遗产,对这些遗产应当保护并使之世代相传;应当特别精心地保护和修缮纪念物、殿堂和博物馆以及考古和历史遗址,这些地点必须对旅游者广泛开放,并尊重其所有权,同时也鼓励宗教场所在不妨碍正常的宗教活动的前提下向公众开放""文化场所和纪念地从接待游客中所得资金,应当至少有一部分用于这些遗产的维修、保护、开发和美化""旅游活动规划应当使传统文化产品、工艺品和民俗得以生存和繁荣,而不是导致它们退化或变得千篇一律"。

根据《中华人民共和国宪法》第九条规定:"矿藏、水流、森林、山岭、草原、荒地、滩涂等自然资源,都属于国家所有,即全民所有。"

这表明,作为一名合格的公民,旅游资源保护不仅是其责无旁贷的义务,更是必须履行的责任,特别是依赖旅游资源的旅游社区及其原住居民。然而,在实践中,由于我国大部分旅游资源归国有或集体所有,与社区个人切身利益相关性不明显,使得社区居民旅游资源保护意识不强。亟须对社区居民进行心理增权,强化社区文化的自我认同和对旅游资源保护传承的责任意识。

(4)社区发展权

发展权是个体或集体借助于一定的物质条件,通过采取合适的措施和手段参与、促进自身发展的一项基本人权。对于旅游社区来说,其发展权至少应包括:①参与旅游业发展的机会;②要求地方政府采取措施保障其参与旅游发展的权利;③享受旅游发展成果的权利。然而在现实旅游发展实践中,社区处于"无权"或"去权"的弱势地位,政府和开发商成为旅游发展的利益主导。社区在参与过程中只被当作客体而非主体,社区居民并未成为旅游资源真正的获益者。

社区参与旅游发展体现了社区居民发展旅游的态度与意志,是增加居民收入、缓解就业压力以及转变经济结构的有效手段,是实现社会公正和法律实质公正的基本要求,也是构建和谐社会的题中应有之义。因此,必须重新审视旅游利益相关者之间的权利关系,确定旅游社区的利益主体地位,增加社区参与旅游发展渠道,从经济增权、社会增权等方面加强社区参与能力建设。

(5)社区自治权

根据2015年《社区居民自治章程》的规定,坚持社区民主自治,严格按照国家法律和有关政策加强社区建设,充分发挥社区居民代表大会决策、议事和监督的作用。据此,旅游社区享有法定的自治权,社区居民对涉及其自身利益的相关事务享有参与决策、管理以及监督的权利。实践中,这种自治权利在旅游经营权转让中表现得尤为突出。

近年来,全国掀起了旅游景区经营权转让热潮。不论是从旅游业的需求和发展来讲,还是地方经济建设、社会发展来讲,转让经营权、引进外来资本,实现景区经营管理专业化,是实现经济效益和社会效益统一的有效途径。2006年,国务院出台《风景名胜区条例》,明确规定:进入风景名胜区的门票,由风景名胜区管理机构负责出售;风景名胜区内的交通、服务等项目,应当由风景名胜区管理机构依照有关法律、法规和风景名胜区规划,采用招标等公平竞争的方式确定经营者;风景名胜区的门票收入和风景名胜资源有偿使用费,实行收支两条线管理;风景名胜区管理机构不得从事以营利为目的的经营活动,不得将规划、管理和监督等行政管理职能委托给企业或者个人行使。这表明了旅游景区经营权转让的合法性。

根据实践表明,旅游景区经营权转让成功与否,在很大程度上与是否尊重社区居民自治权有较大的联系。站在伦理的角度,在旅游景区经营权转让过程中,社区有自我选择、参与决策、民主监督的权利,以保证社区全体的最根本利益。

【案例思考】

贵州马岭河旅游景区经营权转让失败

近年来,随着我国旅游业的发展和景区管理体制改革的深入,转让经营权逐渐成为我国一些风景名胜区管理和经营改革过程中引入企业化经营的一种制度创新模式。自从1997年湖南省分别以委托经营和租赁经营的方式出让张家界黄龙洞和宝峰湖景区的经营权以来，随后四川省"碧峰峡模式"的成功运作，更使景区经营权转让"冒大不韪"而向前推进，成为全国各地盘活景区资源、发展地方经济的经验被大量推广与复制。然而，经过短短几年的实践，转让失败的景区比比皆是，包括贵州马岭河、山西乔家大院、湖南山良山、曲阜"三孔"等，引发了理论界对景区经营权转让问题新一轮的激烈争论。

其中，贵州马岭河景区是全国首个实行风景名胜区内项目特许经营管理的试点单位。马岭河经营权出让后，由于缺乏包括法律监督、社会监督、舆论监督等在内的监督约束的硬机制，即没有一种机制使所有者来监督和约束所有者代表。因此，难以保证其按照委托人（国家）的意志对景区进行管理，"设租""寻租"行为难以避免。在马岭河经营权转让实践中，因为相关职能部门在约束缺乏、处罚代价成本较小的情况下，极易产生个人经济利益的动机，主动寻租，将本属于国家所有者权益的收益部分地转向给予他们回报的"寻租者"（青鸟集团），使所有者利益受损。马岭河景区的门票收入被兴义市政府不加区别地一并转让便是最佳例证。因此，监督约束机制的缺乏也是促成当地政府行政管理职能削弱、青鸟集团经营不善导致其退出景区的根源之一。

（黄华芝.旅游景区经营权转让失败的制度根源剖析——以贵州马岭河景区为例[J].资源开发与市场，2010，26（1）.）

问题：试分析贵州马岭河旅游景区经营权转让失败的原因。

2）旅游社区的义务

与以上权益相对，旅游社区应履行以下义务。

（1）旅游社区应保护并开放自身的自然资源和文化资源，不向旅游者设置活动障碍

旅游者、当地居民和旅游从业者是旅游活动中的三大主体，三者之间存在错综复杂的关系。然而，由于旅游者和当地居民的和谐相处是旅游活动顺利开展的前提保障，旅游者和当地居民之间的关系甚至是矛盾，长久以来一直被学者们所关注。

在旅游社区中，由于社区参与，部分社区居民也是旅游从业者，身份存在一定的重叠，导致旅游者和当地居民之间的关系也更为复杂。一般而言，旅游者和当地居民的接触少至几个小时，长也不过几天，而且由于语言、旅游接待设施、旅游活动本身等原因，游客与当地居民接触的机会并不会很多，所以旅游者与当地居民的接触具有短暂性。相反，当地居民则不断接触千千万万来自五湖四海的旅游者，所以，当地居民与旅游者的接触具有长期性、持续性。然而，正是因为这种接触的持续性，容易导致矛盾出现，具体表现为当地居民对旅游活动开展及旅游者到来态度冷漠甚至反感，向旅游者设置活动障碍。为了改变这种现状，不仅需要旅游者尊重当地居民，恪守行为规范，旅游社区也应在保护并开放自身的自然资源和文化资源的同时，调整态度，便利旅游活动，参与旅游发展直至推进社区整体进步。

【案例思考】

巴塞罗那不欢迎游客？当地人生活被打乱

西班牙第二大城市巴塞罗那停止签发许可证，暂停授权包括旅馆、度假公寓和私人短租

房屋在内的任何形式的旅行住宿。

如今，每年有超过700万的游客涌入巴塞罗那观光，这个数字是20年前的5倍。但是随着这个数字的上升，本地居民的愤怒也在日益增长。由于租金和噪声的不断上涨，越来越多住在热点景区的居民搬离了家乡。譬如老城，在过去8年里已经流失了1.3万名居民。他们抱怨说：因为游客，这个城市正在失去它的魅力。

政府官员称，这项禁令是为了给这个古老的城市一个缓冲的机会，以便未来发展可持续旅游。他们表示，将研究现有城市容量，并且参照其他城市制订策略，努力在保持城市质量和避免干扰居民之间寻找一个平衡点。

（中国新闻网：巴塞罗那不欢迎游客？当地人生活被打乱，2015-07-06.）

问题：巴塞罗那是否履行了保护并开放自身的自然资源和文化资源，不向旅游者设置活动障碍的义务？

（2）旅游社区在旅游产品和服务的提供中应公平公道，遵守国家相关的法律

在地方旅游发展过程中，提供旅游产品和服务是社区参与旅游发展的重要渠道，是市场中专门提供旅游产品和服务企业的有效补充。但是，由于市场制度的不健全，部分旅游社区非规范经营行为充斥市场，这在相当程度上违反了公平竞争的市场准则，是不合乎伦理规范的。

所以，旅游社区在旅游活动开展过程中，享受社区参与权利的同时，必须遵守一定的义务，在旅游产品和服务的提供中秉承公平公道的原则，尊重市场规律，遵守国家相关法律法规。

（3）在社区的利益主体与其他利益相关者发生冲突时，应努力进行协商与沟通，争取达成一致的解决办法

协商是基于伦理角度合乎道德规范解决问题的最优选择。在旅游活动实践中，存在社区居民与政府、社区居民与旅游企业、社区居民与旅游者、政府与旅游者、政府与旅游企业、旅游企业与旅游者等多对错综复杂的利益相关关系，且常因利益分配不均而引起冲突。旅游社区作为重要的一方，在社区的利益主体与其他利益相关者发生冲突时，应遵循"利益共享，和谐共处"的原则，将旅游经济发展追求的效率和伦理追求的公平正义结合起来，努力通过协商沟通，争取达成一致的解决办法。

【案例思考】

郁南兰寨旅游开发利益相关者冲突

兰寨，位于郁南县连滩镇西坝，目前有县级文物保护单位3座，有元朝末期先人留下的古城墙，建于清朝的林氏宗祠一间，古街巷大小4条，古井一口；有林如堂状元碑、进士碑、状元及第牌匾、明经进士牌匾，全村有清末古建筑30座。兰寨是展现南江文化的重要区域，国家级非物质文化遗产——禾楼舞就诞生于此，兰寨南江文化创意基地也由此而成立。由于兰寨既是一个文化之村，又是一个生态之村，素有"中国民间艺术之乡"之称，2014年，兰寨被评为"广东省古村落"。

1.兰寨古村落旅游开发中的利益相关者分析

(1)政府:职能没有充分发挥

在兰寨古村落旅游开发中,政府有必要有效发挥公共管理方面的职能,提供相应的便利服务,对兰寨进行政策支持、资金扶持、制度规范以及市场监管等。但是在兰寨村调查中发现,地方政府没有完全履行自己的职能,第一是资金投入不足,由于郁南县属于粤西经济欠发达地区,政府财力有限,对兰寨古村落旅游的资金扶持力度不强;第二是政府市场监管缺位,由于兰寨古村落旅游开发处于初级阶段,政府监管工作不到位,出现了市场秩序较为混乱、卫生状况较差和服务质量跟不上等现象,这影响了兰寨古村落旅游的健康发展;第三是古村落发展规划欠缺,兰寨古村落岭南文化特色较为鲜明,但是一直没有出台科学的总体发展规划,这导致兰寨古村落旅游产品出现品位不高、结构单一等问题。

(2)社区居民:现代建筑扩大化趋势

改革开放的春风滋润了兰寨,改善了居民的生活,但同时由于对古民居的保护没有跟上,村中一些古建筑拆了不少,有些虽然没有拆除,但是损毁也较为严重。2009年以来,兰寨的经济步入了加快发展轨道,调查数据显示,兰寨社区居民使得现代化建筑扩大趋势表现为:一是村中带有岭南特色的古民居拆旧建新速度加快;二是村中具有特色建筑自然性衰败速度加快(古建筑基本都是木质结构,在风、气、光等因素作用下自然老化加剧)。即使在村西部古建筑保存较好的区域,也会出现上述现象。这些都给兰寨古村落保护带来不利影响。

(3)旅游企业:古村落商业化现象越来越浓

随着兰寨知名度逐渐提升,越来越多的外地游客前去探访,大量的客源激发了旅游企业和本地居民的投资热情,他们积极地参与商业投资。特别是本村居民,一些居民将自家的房屋进行商业出租,有的则建为农家乐餐馆,还有的在古建筑中经营现代化的食品,这些现象都让兰寨的古建筑承载着现代化商业氛围,而一些传统文化逐渐趋于淡化。兰寨村这种商业化的氛围正逐渐改变了它原有的历史风韵,也渐渐改变了游客对这座岭南古村落的触觉,这种商业化氛围越来越损害了兰寨原有的安详和宁静。

(4)旅游者:旅游环境保护欠缺

由于兰寨古村落旅游刚处于起步阶段,一些管理制度还不到位,特别是对旅游者的旅游行为方面的相关规定还没有制定,同时由于旅游者自身因素等原因,就使得来兰寨的游客在旅游过程中对旅游环境产生一些不文明的旅游行为,如随处丢弃垃圾、随地吐痰、对古建筑乱涂乱画等,这些不文明行为很容易降低兰寨古村落旅游的吸引力和旅游价值,也给兰寨古村落环境管理带来困难,进而严重影响兰寨的可持续发展。

2.兰寨古村落旅游开发利益相关者冲突与矛盾

兰寨旅游开发存在不同的参与主体,但是这些主体一般都是站在自己的立场上追求利益,所以它们之间存在着一定的冲突。

(伍百军.古村落旅游开发利益相关者冲突和模式选择——以郁南兰寨为例[J].国土与自然资源研究,2016(3):93-94.)

问题:阅读上述案例,试分析郁南兰寨旅游开发中存在哪些利益冲突,怎样从旅游社区的角度缓和冲突。

6.3.3　社区权益保护的建议

当前,很多旅游社区在旅游开发过程中属于弱势群体,其权益受损、被边缘化的现象屡见不鲜。例如,风景区出于发展旅游的需要而征用农民土地,剥夺农民的土地使用权,践踏农村社区的自治权;随着旅游接待规模的扩大所造成的环境污染和破坏越来越明显,这也极大地损害了社区居民的环境权。

为了保护旅游社区的权益,避免权益漏损情况的发生,必须从以下几个方面作出努力:首先发挥政府的主导作用,引导社区积极参与,通过资金支持、教育培训、市场监督等措施为社区居民参与旅游搭建平台;其次,制订科学的旅游发展规划,有计划、有步骤地发展旅游业,减少盲目性,增加自觉性,避免破坏性,实现科学性,从而促进旅游业经济、社会、环境效益的协调发展①;最后,提高社区居民意识,做旅游开发中的主人,获得参与社区旅游发展决策的权力和公平获得旅游收益的机会。

6.4　旅游发展中的地区差异和收益分配

改革开放以来,我国的旅游业经过 30 多年的持续快速发展,取得了辉煌的成就。但是由于区位条件、基础设施、经济基础、旅游资源禀赋、发展经验等方面的差异,我国旅游业区域发展不平衡的问题也日益凸显。另外,各区域利益分配不均的问题也较为突出,收益分配的公平与正义成为社会讨论的焦点。

6.4.1　国内旅游发展的地区差异

区域均衡发展是社会和谐的基础,是人民共享经济社会发展成果的必然要求。但是目前我国区域发展不平衡问题突出,在旅游业发展中主要表现为东、中、西"三大区域"②及省际之间的差异。

从目前我国旅游业的发展情况来看,东部地区旅游业较为发达,而中西部地区旅游业发展相对落后。从 2015 年中国各省市旅游收入和旅游接待人次两个基础指标来看(表 6.1),排名靠前的绝大部分是东部省市。另外,省际间差异显著,其中旅游收入第一名和最后一名的绝对差高达 10 204 亿元,旅游接待人次绝对差高达 82 977 万人次。这在一定程度上表明我国区域旅游业发展差异巨大。而且区域间和省际间的差异呈不断扩大趋势③,极大影响我国旅游业的可持续发展以及和谐社会建设。

---

① 陈晓亮.关于旅游规划中若干理论问题的讨论[J].甘肃农业,2006(12):1.
② "三大区域":东部包括北京、天津、河北、辽宁、上海、江苏、浙江、福建、山东、广东、海南 11 个省市;中部包括山西、吉林、黑龙江、安徽、江西、河南、湖北、湖南 8 个省;西部包括广西、内蒙古、重庆、四川、贵州、云南、西藏、陕西、甘肃、青海、宁夏、新疆 12 个省、市、自治区。
③ 王良健,邓琼芬.我国旅游业发展的区域差异研究[J].财经理论与实践,2007(1).

表 6.1　2015 年中国各省市旅游收入和旅游接待人次排名情况①

地区	旅游收入/亿元	旅游收入排名	旅游接待人次/万人次	旅游接待人次排名
广东	10 365	1	84 817	1
江苏	9 050.1	2	62 239	3
浙江	7 139.14	3	53 500	5
山东	7 062.5	4	66 000	2
四川	6 210.52	5	59 273	4
河南	5 035	6	51 800	6
北京	4 616	7	27 600	20
湖北	4 134.7	8	51 012	7
安徽	4 120	9	44 400	9
辽宁	3 825	10	32 950	17
湖南	3 712.91	11	47 300	8
江西	3 630	12	38 500	12
贵州	3 500	13	36 000	15
上海	3 500	14	28 370	19
山西	3 447.5	15	36 100	14
河北	3 433.97	16	37 200	13
云南	3 281.79	17	32 300	18
广西	3 252	18	33 000	16
福建	3 150	19	26 710	21
陕西	3 006	20	38 600	11
天津	2 794.25	21	17 400	22
吉林	2 315	22	14 131	24
内蒙古	2 257.1	23	8 543	26
重庆	2 250	24	39 200	10
黑龙江	1 361.43	25	13 000	25
新疆	1 022	26	6 097	27
甘肃	975.4 217	27	15 638	23
海南	572.49	28	5 336	28
西藏	280	29	2 000	30
青海	248.03	30	2 315	29
宁夏	161	31	1 840	31

① 数据来源:《中国旅游统计年鉴 2016》。

6.4.2　国内旅游发展的收益分配

1）现状分析

随着我国旅游业的纵深发展,市场在资源配置中的决定性作用进一步加强,因市场配置的缺陷而导致的旅游收益分配矛盾层出不穷。比如微观层面的"官—商—民博弈"[①]以及宏观层面的地区旅游发展收益分配问题等。本节所讨论的是宏观层面区域旅游发展中收益分配正义。在当下我国旅游发展中,城乡收益分配、贫困地区与发达地区收益分配的矛盾是主要的矛盾。

2）回波——扩散效应

缪尔达尔在其《进退维谷的美国:黑人问题和现代民主》中提出"循环的或积累的因果关系"原理,即"累积的地区增长和下降"理论,并在《经济理论和不发达地区》(1957 年)和《亚洲戏剧:各国贫困问题考察》(1968 年)等著述中,使用"回波"的概念,说明经济发达地区(增长极)对其他落后地区的作用和影响。缪尔达尔认为,经济发达地区(增长极)对其他落后地区的经济发展会产生双重作用和影响:一种是发达地区(增长极)对周围落后地区的阻碍作用或不利影响,即"回波效应",促进各种生产要素向增长极的回流和聚集,产生一种扩大两大地区经济发展差距的运动趋势;一种是扩散效应,即通过建立增长极,带动周边落后地区经济迅速发展,从而逐步缩小与先进地区的差距。

根据缪尔达尔回波效应和扩散效应可知,在地区旅游发展过程中,地区的发达程度对于旅游收益分配也有一定的影响。资源的合理配置是市场经济追求的目标之一。在市场这只无形的手之下,各种生产要素自由流动,它们会在"价格、利润、待遇"的引导下,自动地流向生产效率高、效益好、待遇好的企业、行业乃至地区,各种资源得到合理高效利用,带动经济的发展。在我国的城乡旅游经济发展过程中,统筹城乡发展一直是各地区致力实现的目标。经济要素追求高效率,向城市集中,在自身获得较多收益的同时,对外围生产要素起到示范作用,促使各生产要素向城市集聚或回流。这在一定程度上促进了城市旅游经济发展,却也导致农村空心化等社会现象频现,进而阻碍农村发展,扩大城乡差距。这种现象可以用"回波效应"准确解释。另外,当城市旅游业发展到一定的程度,受自身先天条件的制约需要向农村扩张,资金、技术、劳动力等生产要素向农村转移,实现城市反哺农村,带动农村地区的发展。比如,武汉"8+1"经济圈[②],强调中心武汉对周边地区的辐射作用。这种现象可以用"扩散效应"来解释。因此,我们应强化扩散效应,同时尽可能规避回波效应。

---

① 左冰.分配正义:旅游发展中的利益博弈与均衡[J].旅游学刊,2016(1):12.
② 指以中部最大城市武汉为圆心,覆盖黄石、鄂州、黄冈、孝感、咸宁、仙桃、潜江、天门周边 8 个大中型城市所组成的城市群。

【案例思考】

天台县旅游业与城镇化发展

2004 年以来,在天台县委、县政府的高度重视下,天台县旅游业得到了快速发展。2013 年,天台县旅游总收入达到 61.8 亿元,国民生产总值为 159.40 亿元,两项指标分别是 2004 年的 9.51 倍和 2.95 倍,旅游业发展速度远远超过占国民生产总值大头的工业增长速度。同时,天台县旅游业发展水平(旅游总收入/国民生产总值)也由 2004 年的 12.02% 跃升至 2013 年的 38.77%,旅游业已逐步发展成为天台县的支柱产业。旅游业的迅猛发展,在为天台县经济社会发展作出巨大贡献的同时,也为天台建设旅游小城镇提供了强大的支持和保障。

但是目前天台旅游业仍处于粗放型发展阶段,存在着许多棘手的问题,突出表现为旅游资源整合力度不够。天台县旅游资源丰富,但资源分割,各自为政,难以形成合力。景点与景点之间缺乏必要的整合。全县开放售票的旅游点主要有国清、赤城山、高明寺、华顶森林公园、石梁等 12 个景区景点,分属 10 家单位经营。从设施上看,没有集散中心或完善的道路系统将其串联一起;从经营上,各自为政,行业管理难以到位,整体形象难以打造,整体品牌难以形成。景区与城区之间缺乏必要的整合。景区城区相邻却不相关。城区旅游设施缺乏,功能缺失,难以对景区起到有效支撑,两者之间,泾渭分明,脱节严重。文化资源与旅游产品之间缺乏必要的整合。尤其是天台深厚的宗教文化资源,目前仍以观光朝观为主,缺乏对文化资源的深度挖掘,缺少参与性、体验性文化旅游产品,文化资源挖掘还不能在旅游产品上充分表现出来。此外,景区配套设施不完善,产品结构单一,基本上以观光、宗教朝观产品为主,缺乏休闲度假及其他参与性的项目和产品,旅游主要依靠门票收入,旅游人才队伍建设乏力。

与此同时,虽然天台县城镇化水平也保持着稳步的提升,由 2003 年的 44.60%,增长到 2012 年的 52.39%,城镇化率年均增长 2.72%,与同期我国城镇化水平大体相当。但与浙江省的平均水平相比,天台县城镇化水平仍然很低,发展速度也相对缓慢。2003—2012 年,浙江省城镇化率年均增长 2.98%,高于天台县城镇化年均增长率,天台县城镇化率与浙江省城镇化率差距也因此由 8.39 个百分点扩大到 10.81 个百分点,差距非但没有缩小,反而在逐步扩大。

(马兴超.欠发达地区旅游小城镇发展动力机制及演进路径研究——以浙东旅游资源大县天台县为例[J].中共宁波市委党校学报,2015(3).)

问题:阅读上面案例,试用回波效应和扩散效应解释天台山旅游业与城镇化中存在的问题。

6.4.3 国内旅游与国内正义

大多数人认为公平即是正义。在社会主义制度下,公平不仅是社会稳定有序的基础,更是社会主义所强调的核心价值,是制定各项经济社会政策的首要原则。但具体到分配领域,公平分配并不等于平均分配。为了实现国内正义,国内旅游发展应遵循"效率优先,兼顾公平"的原则,并针对扩散效应与回波效应并存的国内旅游发展实际和收益分配现状,既要通过旅游发达地区树立榜样,形成示范,更要通过旅游发展鼓励后发地区,通过宏观调控打破现有利益分配格局,真正通过发展旅游业实现脱贫致富。因此,近年来,从国家到地方都致力于通过旅游扶贫这一可持续发展的路径来实现国内正义。不断鼓励旅游企业以资金和项目扶贫,直接在对口帮扶地区挖掘当地资源,开展项目建设;鼓励旅游研究机构以智力扶贫,帮助后发地区因地制宜寻找旅游发展路径,规划发展方略,通过大力发展乡村旅游等方式促进后发地区自我发展能力的提升;鼓励旅游院校以人力资源扶贫,通过"挂包帮"方式对后发地区现有发展模式进行提升,对现有从业人员进行培训,并进村入户切实调研,有针对性地指导后发地区农业人口通过参与旅游业发展就地实现新型城镇化。

思考题

1. 根据所学知识并结合利益相关者理论,讨论如何实现旅游者、旅游从业人员、旅游企业以及旅游社区权益相互之间的平衡。

2. 为了实现国内正义,国内旅游发展利益分配应遵循怎样的伦理原则?

3. 结合所学知识分别用扩散效应与回波效应解释国内旅游发展区域不平衡的现象。为了缓解区域旅游发展不平衡问题,我国政府做出了哪些努力?请列举。

4. 下面是人们对中国公民出境旅游常见不文明行为的 10 个方面的归纳,你觉得是否适当,是否有所补充?

① 随处抛丢垃圾、废弃物,随地吐痰、擤鼻涕、吐口香糖,上厕所不冲水,不讲卫生,留脏迹。

② 无视禁烟标志,想吸就吸,污染公共空间,危害他人健康。

③ 乘坐公共交通工具时争抢拥挤,购物、参观时插队加塞,排队等候时跨越黄线。

④ 在车船、飞机、餐厅、宾馆、景点等公共场所高声接打电话、呼朋唤友、猜拳行令、扎堆吵闹。

⑤ 在教堂、寺庙等宗教场所嬉戏、玩笑,不尊重当地居民风俗。

⑥ 在大庭广众之下脱去鞋袜,赤膊袒胸,把裤腿卷到膝盖以上,跷二郎腿,酒足饭饱后毫不掩饰地剔牙,卧室以外穿睡衣或衣冠不整,有碍观瞻。

⑦ 说话脏字连篇,举止粗鲁蛮横,遇到纠纷或不顺心的事就大发脾气,恶语相向,缺乏基本社交修养。

⑧在不打折的店铺讨价还价,强行拉外国人拍照、合影。

⑨涉足色情场所,参加赌博活动。

⑩不消费却长时间占据消费区域,吃自助餐时多拿造成浪费,离开宾馆饭店时带走非赠品,享受服务后不付小费,贪小便宜。[①]

【综合案例分析】

案例1:"五朵金花"维权记

某老年大学模特队的"五朵金花"——老姐妹,一起到旅行社报名参加了"夕阳最美"张家界——桂林专列9日游。大家好不容易争取到5张下铺,并且以每人2 580元的价格与旅行社签订了合同,只待出发。

出团前两天,该团的全程陪同导游给王阿姨(代表)打了个电话。除了一些温馨提示外,导游的一句"当地天气炎热,火车卧铺通风不好,最好带把扇子",让王阿姨大吃一惊。经询问才得知,该专列是非空调车。王阿姨马上召集其余4位姐妹,大家纷纷表示,车上没有空调可不行,因为大家年龄大,又有高血压病史。于是,5个老姐妹找到了旅行社要求旅行社退还全款。

当初接待5位阿姨的前台接待人员回复她们:从最初咨询到合同签订,大家一直在研究的就是铺位和价格,对行程的内容没有任何的质疑和疑问,这份行程上写得非常清楚,餐食、住宿、交通等细节都白纸黑字地注明了。合同中虽然没有体现出"非空调卧铺"字样,但在合同的一部分,即"旅游行程"中标注得非常清楚。5位阿姨拿出自己当时确认签字的行程一看,的确在最下面有一行不是很大的字,写明了交通是"非空调卧铺"。

(李娌.案例解读《旅游法》[M].北京:旅游教育出版社,2014:10.)

案例分析思考:

1.前台接待人员没有把旅游团所有真实情况一一表述清楚,有没有责任?

2.阿姨们没有仔细阅读便签字认同,5位阿姨能不能顺利退团?

案例2:猝死的国手

2010年5月下旬,湖南前乒乓球国手陈佑铭与家人参加了湖南A旅行社组织的香港游,香港地接社B旅行社安排郑某某为该团导游。因陈佑铭不愿意待在购物店中,多次走出店外,被香港导游郑某某出言指骂并阻止他离开店铺,双方为此发生争执。陈佑铭气愤异常,心脏病发作后不治身亡。事发后,郑某某逃离,香港旅游业议会向警方报案。经查,郑某

---

① 李娌.案例解读《旅游法》[M].北京:旅游教育出版社,2014:23.

某为无证导游,所持导游证系向另一郑姓导游借取,假冒该名导游带团,而香港 B 旅行社没有核实郑某某是否持有效导游证。

2013 年 9 月 17 日,郑某某被判处入狱两星期及罚款 1.2 万港元。法官指出,被告不止一次利用他人身份充当持牌导游,从中获利,同时损害了团友的利益,破坏了香港旅游业的形象。

案例分析思考:

1.陈佑铭人权有没有受到侵犯? 具体体现在哪些方面?

2.依照《旅游法》,郑某某侵犯了陈佑铭的哪些权益?

案例 3:拒绝登车的游客

14 名游客参加某旅行社组织的"海滨 3 日游"活动。游客认为旅行社违反合同约定,所提供的住宿地址为"郊区",而不属于合同标明的"当地",游客拒绝上车游览,以致 14 名游客滞留当地 2 天。事后,14 名游客投诉,要求旅行社承担违约责任,支付滞留期间的食宿、误工及精神损失等费用。

第一天游览一切正常,当晚旅行社安排住宿地点为当地经济技术开发区某旅店。经当地旅游局证明,该经济技术开发区即属于海滨城市范围之内,旅行社并未违反合同约定。第二日,14 名游客以安排的旅店不属"当地"为由,要求地接导游报销第一晚出去的打车费。在遭到拒绝后,游客便以不登车的方式,拒绝旅行社安排的游览行程,并提出现场解决问题,才能上车。

为保障通车其他游客的利益,旅行社安排地陪导游与司机按照合同约定继续游览,由全陪导游留下陪同拒绝游览的游客。按照合同约定,最后一天行程内容是当地游览半日,吃过午餐后,全团游客返回出发地,但 14 名游客以各种借口拒绝游览,并拒绝返回。期间,地接社总经理、地接导游、全陪导游多次劝说游客登车,但均遭拒绝。旅行社工作人员与司机当着全体游客的面,将滞留游客的行李背包封存,于当晚 16 时 30 分左右开车离开海滨城市。16 时 32 分,滞留游客拨打旅游出发地旅游投诉电话,要求给予协助。在问清楚事情经过后,出发地旅游局质监所工作人员立即责成旅行社将旅游大巴开回滨海城市接滞留游客回家。后经与地接旅行社协调,决定在当地另行安排车辆拉乘 14 名游客,追赶在返程途中的旅游大巴并与其他游客一同回到出发地,但 14 名游客不予接受依然拒绝登车。在此情况下,地接旅行社又为滞留游客提供返程路费,其中有 6 名游客领取了路费,但并未回出发地,继续滞留。

(李娌.案例解读《旅游法》[M].北京:旅游教育出版社,2014:31-32.)

案例分析思考:

1.案例中的旅行社有无过错?

2.游客在维权的过程中有不当的地方吗?

案例 4:细心的导游

从广州远道而来参加北方小商品交易盛会的董先生及公司的 6 位同事,在结束了沈阳市的展出工作后,报名参加了沈阳市某旅行社组织的两日游活动。地陪导游服务周到、热情待客,使旅游车上的人们一直沉浸在欢声笑语中。

第一天晚餐过后,董先生问导游:"听说东北民谚有'宁舍一顿饭,不舍二人转'的说法,可见这二人转有多'稀罕人',以前也听说过二人转'说、学、逗、唱、浪'的魅力,特别是看了赵本山的小品和表演后,感觉东北地方戏还是非常有特点的,你们沈阳有二人转吗?"小谭笑着回答道:"这您问对了,赵本山建立的'刘老根大舞台'就在沈阳,如果大家想去看的话,最方便不过了,相信您看了一定不会后悔。不过,咱们的行程中是不含二人转演出的。"

听到导游对二人转的介绍,大家决定让导游帮忙买票,第二天晚上去看二人转,后天返程。这时,导游提醒董先生:"董先生,明天晚上我们的行程安排是逛夜景,要取消吗?"董先生在征得大家意见后,告诉导游明天原定活动取消,只看"大舞台",细心的导游请游客们在"旅游者意见单"上签下了同意改变行程的一行字,并请游客署名。第二天晚上,导游拿着提前订好的门票,和游客看了一场精彩的二人转演出。

演出结束后,董先生说东北之行,不虚此行! 真可谓:"吃好、喝好、玩好、转好!"

（李娌.案例解读《旅游法》[M].北京:旅游教育出版社,2014:162.）

案例分析思考:

1.什么是旅游行程单?

2.案例中的导游在哪些事情上面安排得好?

案例5:云南泸沽湖旅游社区去权

一、泸沽湖概况

泸沽湖位于川滇交界处,2/3湖面位于四川省盐源县境内,1/3湖面位于云南省丽江市宁蒗县境内,海拔2 690米,湖水清澈透明,常年水质达到国家Ⅰ类标准,被誉为"高原明珠"。湖畔的摩梭人世代居住于此,摩梭人属于纳西族的一支,在历史发展的洪流中依然保留着母系氏族文化,是我国民族史上的一朵奇葩,被誉为"东方女儿国""人类母系文化的最后一片净土"和"人类发展史上的活化石"。自20世纪80年代云南境内的泸沽湖社区进行旅游开发之后,泸沽湖的优美风光和奇特的走婚制度吸引着游客纷至沓来。20世纪90年代末,云南永宁落水村被UNESCO(联合国教科文组织)评选为全球50个"模范社区"之一。在同一时期,四川省管辖范围内的泸沽湖景区也步入旅游开发状态。在20年的时间里,泸沽湖地区旅游开发过程几乎就是我国大多数旅游目的地社区进行旅游开发的缩影,泸沽湖地区的旅游开发分别经历了4个阶段:地方精英领衔旅游开发——利益矛盾催生"家屋制度"——政府介入利益分配导致政府失灵——村规民约主导的基层民主。旅游活动中的文化互动所产生的涵化现象导致主流文化对摩梭文化的影响与同化;利益相关者的博弈造成摩梭大家庭的不和谐与不稳定;政府失灵则是官民关系的紧张与对立的根源所在。

二、社区去权概况

1980年以前,泸沽湖地区由于交通不发达,距离旅游客源市场较远,因此主要还是以当地自给自足的农业经济为主流。在这之后,由于旅游业的开发,泸沽湖凭借其优异的自然条件和原汁原味的风情民俗,吸引了来自全国各地乃至世界各国的旅游者。在旅游开发进入高速发展时期之后,以政府、外来投资者、当地居民为代表的各方利益者逐渐参与当地的旅游开发中来。由于各个利益主体的经济政治权利、心理文化等方面的差异导致在利益者博弈的过程中,出现了不对等的情况,并由此形成了旅游社区发展中的"去权"现状。

以泸沽湖为代表的少数民族旅游社区已成为错综复杂的"利益场"和"权力场",各强势利益主体凭借既得优势地位将自身利益诉求表达到旅游规划与发展政策制定系统中,不断得到调整、综合和博弈。在此过程中,泸沽湖居民长期处于"无权"状态。要从根本上改变其弱势地位,必须通过社区旅游增权提高社区居民在旅游发展中的话语权,来体现社区居民这一弱势群体的意志和呼声。

(邓爱民,廖潇竹.增权理论视角下的少数民族旅游社区发展——以云南泸沽湖地区为例[J].武汉商学院学报,2015,29(6):5-9.)

案例分析思考:

1.泸沽湖去权现状损害了社区居民的什么权利?

2.有什么对策可以缓解这种矛盾?

第7章
旅游活动的代际正义问题

【学习目标】

　　通过本章学习,学生应能明确理解旅游伦理学中的代际正义问题,掌握代际正义中的环境保护问题和传统文化保护问题,熟悉环境保护、传统文化保护与旅游发展之间的矛盾,明确伦理在推动环境保护、传统文化保护与旅游经济协调发展方面的作用和局限性,并能从利益相关者角度出发,提出相应对策建议。

【重点难点】

- 代际正义的概念和内容。
- 旅游发展与环境保护的关系。
- 旅游发展与传统文化保护的关系。

【关键词】

　　代际正义

7.1　代际正义

　　旅游活动的国际正义与国内正义所涉及的权利和利益的分配问题以及义务的承担问题,假定是在同代人之间发生的,它们就是我们所说的代内正义问题。然而,权利和利益的分配问题以及义务的承担问题在社会生活中还涉及不同时代的人们,我们称其为代际正义问题。代际正义是现代社会必须加以重视的问题,由于后代人不在场,代际正义问题有其特殊性。与代内正义明显不同的是,代际正义所涉及的权益流向是单向的,譬如"前人栽树,后人乘凉"这句谚语,说的就是前人对后人施有恩惠,后人无法报答。由于权益流向的单向性,一方面,后人无法报答前人的恩惠;另一方面,当权益受损的时候,后人无法进行有效的法律诉求,但是并不代表代际之间无伦理道德可言。当我们把人类历史看成人类世世代代进行合作的历史,认识到每一代人都必须关心下一代人,人类才能延续的时候,代与代之间就有伦理道德可言了。

相对于代内正义，代际正义的核心价值在于当代人的节制与自我约束，通过抑制当代人过度消耗和超前消费的欲望，以自然资源、环境资源乃至社会资源在人类各代之间的公平分配以及满足人类各代的生存和发展需求作为其本质内容，把对资源的耗费控制在合理范围，留给人类后代足够的资源，使人类后代能够拥有和当代人同等的发展空间。将节制作为正义的核心价值，最早可追溯到柏拉图的《理想国》。柏拉图将正义划分为个人正义和城邦正义，从而开启了西方关于社会制度正义研究之先河。柏拉图认为："正义归根到底是个人的一种德行或品质，为了说明个人正义，必须借助于对国家正义的研究和阐述。""国家的正义是指，具有智慧品质的护国者当国家的统治者，具有勇敢品质的辅助者当城邦的卫士，农民、商人和各种工匠这一等级与前两个等级一起各自节制各自的欲望、坚守各自的职业这种等级状态。""个人的正义就是指，个人具有智慧品质的理性，具有勇敢品质的激情，对欲望加以控制和节制，使三种品质在自身内各起各的作用。"可见，在柏拉图那里，不管是城邦正义还是个人正义，节制都成为正义的核心价值所在，没有节制价值就无所谓正义与否。就代际正义而言，节制价值的存在是代际彼此之间对秩序、自由、平等、安全、效率、公平等价值维护和实现的前提和关键，因而属于代际正义的核心价值。除了节制的核心价值以外，代际正义还包括其秩序、自由、平等、安全、效率、公平等价值。

在伦理上，我们把无论从哪代人的角度看在权益的分配和义务的承担上都是公平的分配叫作正义。这样的正义原则应该是什么？在众多的答案中，众多学者比较一致的看法是，代际之间权益的分配原则应是一种能够推动可持续发展的原则。可持续发展概念源于环境、生态、资源、人口等全球性问题的出现，是关于人类自身生存和发展的根本性问题。1987年，联合国世界环境与发展委员会的《我们共同的未来》报告中正式提出可持续发展的定义："可持续发展是既满足当代人的需要，又不对后代人满足其需要的能力构成危害的发展。"这是迄今为止被公认的关于可持续发展最为经典的定义，它包含着丰富的内涵，可持续发展的前提是发展，这种发展不是某个国家或地区的发展，而是全人类共同面对的问题，可持续发展的关键是可持续，其实质是如何处理当代人与后代人的代际关系问题。代际正义与社会可持续发展是辩证统一的关系，代际正义是社会可持续发展的理论基础和价值目标，社会可持续发展则是代际正义的社会发展目标。一方面，代际正义为社会可持续发展如何把握当代人与后代人的代际关系问题奠定坚实的理论基础，并且是社会可持续发展的核心价值目标所在，离开代际正义的理论支持，社会可持续发展的实践将会遭遇困境。另一方面，社会可持续发展则是代际正义所要追求和实现的人类社会的发展目标，代际正义就是为了实现人类社会的可持续发展，离开社会可持续发展的代际正义研究将会很大程度上失去其理论价值和实践意义。

根据这一原则，在权益的分配和义务的分摊上，我们必须作出一种符合历史发展阶段的安排，树立"以人为本"的科学发展观，正确处理代内与代际资源公正分配的问题，提倡节约，进行以节约为核心的广义政治经济学的研究，从而实现可持续发展与代际正义。那种"在我死后，哪管它洪水滔天"，不顾子孙后代权益的观点显然是错误的。

旅游活动作为一种复杂的社会活动，其所涉及的代际问题表现会更明显，旅游者对旅游地环境的损坏、过度的旅游开发、对传统文化的侵蚀等行为都会对后代造成无法逆转的破坏。因此,我们在本书中把代际正义放到旅游活动中进行分析。

7.2 旅游与环境保护

19世纪以来,旅游与环境保护问题逐渐成为国际热点。目前两大因素把此问题推向环境与发展领域的前沿。一是旅游成为一个发展迅速的重要产业。据世界旅游业理事会(WTTC)测算,2015年旅游业对全球国内生产总值(GDP)的综合贡献为7.8万亿美元,占全球国内生产总值总量的10%。旅游业创造2.84亿个就业岗位,占就业总量的9.5%,极大地推动了各国社会经济的发展。而我国的旅游业发展尤为迅猛,2015年中国国内旅游超过40亿人次、出境旅游1.2亿人次,中国国内旅游、出境旅游人次和国内旅游消费、境外旅游消费均列世界第一,旅游产业已成为我国战略性支柱产业。二是旅游与环境密不可分的关系。一方面,旅游不能离开环境资源的基础而独立发展,只有得到精心保护、处在良性循环状态的自然景观和人文景观,才能激发人们的旅游愿望并转化为现实的旅游需求。因此,环境保护为旅游业的可持续发展提供了基础,创造了条件。另一方面,旅游业的健康发展,在促进社会经济发展和提高人民物质文化生活水平的同时,也推动了环境保护的发展。与工业、农业相比,旅游业对资源的消耗相对较小,在很多情况下,旅游开发为当地政府提高了国民经济收入,增加了环境保护投资,也提高了地方政府与群众对资源价值的认识和保护意识,改善了环境条件,减少了对自然资源的毁损。人们通过旅游走进自然,在欣赏神奇秀丽的自然风光的同时,也领略了人与自然和谐共处的真谛,提高了对保护自然的认识和保护环境的自觉性。

目前,人类社会在经济、政治、文化等领域的发展呈现出快速发展趋势,但随之而来的是一些影响人类可持续发展的问题,比如以环境污染或恶化为代表的问题越来越威胁到人类的基本生存。

一方面,日益严重的环境危机正危及我们的生存。首先是环境污染,包括大气污染、水污染、城市生活垃圾及固体废物污染等。在2015年中国环境状况公告中,全国地表水总体为轻度污染,部分城市河段污染较重。全国废水排放总量695.4亿吨,其中工业废水排放量209.8亿吨、城镇生活污水排放量485.1亿吨。全国十大水系水质一半污染;国控重点湖泊水质四成污染;31个大型淡水湖泊水质17个污染;9个重要海湾中,辽东湾、渤海湾和胶州湾水质差,长江口、杭州湾、闽江口和珠江口水质极差。近年来,我国大城市空气污染严重,据统计,2014年全年北京雾霾污染天数为175天,天津197天,沈阳152天,成都125天,兰州112天,石家庄多达264天。其次是资源缺乏和生物多样性锐减的危机。我国土地总面积居世界第三位,但人均面积仅为0.777公顷,仅相当于世界人均数的三分之一。面对13亿多人的吃饭问题,有人发出了"21世纪谁来养活中国"的疑问。不断加重的水土流失、土地沙化加重了这一问题。2003年,我国水土流失面积达到356万平方千米,约占国土面积的

37.1%,平均每年新增水土流失面积 1 万平方千米。河流上游的水土流失使中、下游"悬河""悬湖"增多,除黄河外,长江荆州段变成"悬江",洞庭湖已成为悬湖。植被方面,天然林不断遭到破坏。90% 的天然草原不同程度地退化,"三化"(退化、沙化、碱化)草原面积已达 1.8 亿公顷。由于严重的荒漠化,北方有些地方每年都要发生沙尘暴。我国目前人均水占有量约为世界人均水平的 1/4,排在世界第 121 位,是世界上 13 个贫水国家之一。我国是生物多样性破坏比较严重的国家之一。高等植物中濒危的物种有 4 000～5 000 种,占总数的 15%～20%,高于世界 10%～15% 的平均水平。在联合国《国际濒危物种贸易公约》列出的 640 种世界濒危物种中,我国有 156 种,约占总数的 1/4。更令人担忧的是,近年来我国遗传资源流失十分严重,引进和输出比例大约为 1∶10。此外,外来物种水葫芦、桉树、薇甘菊等已对我国的生物多样性造成了危害。

另一方面,人类文明兴衰与环境状况关系也十分密切。从横向历史层面看,良好的生态环境孕育了人类古代文明,而生态环境的破坏又导致人类古代文明的衰落。美国学者卡特和汤姆·戴尔详细分析研究了世界上数十种古代文明的兴衰,包括尼罗河谷、美索不达米亚、地中海地区、希腊、北非、意大利与西西里、西欧以及著名的印度河流域、中华文明和玛雅文明,从而得出了历史结论:"文明人主宰环境的优势仅仅只持续几代人。他们的文明在一个相当优越的环境中经过几个世纪的成长与进步之后迅速地衰落覆灭下去,不得不转向新的土地,其平均生存周期为 40—60 代人(1 000—1 500 年)。大多数情况下,文明越是灿烂,它持续存在的时间就越短。文明之所以会在孕育了这些文明的故乡衰落,主要是因为人们糟蹋或毁坏了帮助人类发展文明的环境。"[①]人类文明与生态环境紧密相连,一个民族的历史越是悠久,它对自然的开发越是深入,对它所在地区的破坏也就越严重。人类最光辉的成就大多导致奠定文明基础的自然资源的毁灭和自然环境的破坏,人类借助改善了的工具与提高了的技术,严重破坏土地生产力,结果正如一位历史学家所言,"文明人跨过地球表面,在他们的足迹所过之处留下一片荒漠"[73]。这正是文明由盛入衰的根源所在。

与许多其他人类活动相比,旅游活动既有利于环境保护,又不免会在动植物、水、土、地质地貌等方面对环境造成危害。比如旅游开发致使四川大熊猫栖息地面积减少 55%,卧龙保护区大熊猫安全活动减少了 30%;杭州"瑶琳仙境"溶洞的钟乳石由于客流量过大的缘故已发黑;著名的维多利亚大瀑布因游客越来越多而黯然失色;吉林长白山顶冻原地带因大量游客的"光顾"而遭到破坏。旅游环境保护工作首先应解决人为造成的旅游环境污染和破坏的问题,其实质是从旅游规划、旅游管理以及旅游者的多重角度来限制人们损害旅游环境的行为和活动,促使人们自觉地保护旅游环境,使旅游得以持续发展。

在每一代人必须为后面代数的人保护环境的代际正义的要求下,当代人,无论是作为个体的旅游者,还是作为集体的旅游接待社区,抑或作为法人团体的政府或旅游企业,必须在旅游活动或与旅游活动相关的活动中尽量减少对环境的损害,以对环境或生态有益的方式开展活动。

---

① 弗·卡特,汤姆·戴尔.表土与人类文明[M].庄峻,鱼姗玲,译.北京:中国环境科学出版社,1987:4.

7.3　旅游与传统文化保护

文化,特别是传统文化,作为旅游资源中人文旅游资源的重要组成部分,对旅游经济发展发挥着不可替代的作用。一方面是因为文化潜移默化地影响着人们的习惯,是旅游活动中旅游者和当地居民旅游行为的基础,另一方面是因为文化尤其是传统文化本身就是重要的旅游吸引物。

传统文化作为历史和社会发展积淀的载体,反映着一定时期、地域、人群的价值选择,在相当程度上影响着这一地域、人群的生产生活方式,对人们的社会关系和生产生活实践起着基础性作用,是旅游者了解异地的重要渠道和媒介。传统文化也是现代人学习历史,以史为鉴的重要来源,同样也是构成旅游吸引力的重要因素。因此,传统文化保护对于现代旅游发展至关重要。

像各种自然的事物一样,各种文化事物也是变化发展的,速度可能快,也可能慢。对正常的社会生活而言,文化变化太快和太慢都不是好事。变化太慢,有可能使持有相关文化的民族不适应变化了的大环境(自然的、政治的、经济的和文化的),停止发展,甚至灭绝。变化太快,则有可能使持有相关文化的民族无所适从,甚至彼此之间产生分裂,相互敌视。因此,如有可能,有意识地将某些文化(如语言、文字、道德)加以保存,或将它们保存在一定的变化范围内,是十分必要的。这不仅对同代人组成的社会是必要的,而且对由世世代代人组成的社会也是必要的。

现代旅游经济的发展一方面促进了传统文化的传承与保护,通过将文化作为旅游资源进行开发利用,形成文化旅游产品,吸引旅游者,为当地文化和旅游目的地树立良好形象,创造良好的经济利益的同时,也激发当地人对本地、本民族文化,特别是传统文化的再认识,激发他们更深的文化认同感,促使当地艺术、手工艺和传统文化活动的复兴,再现当地居民的社会文化生活面貌,恢复当地的传统建筑,促进对具有审美和文化价值的突出景观地区进行保护①,从而致力于文化的保护与传承。但另一方面,现代旅游经济的发展也对传统文化的传承保护造成了巨大冲击。面对现代旅游经济发展的冲击,旅游业的发展不仅没能有效保护地方特色和文化生态,反而使得传统文化面临消亡的威胁。因此,代际正义要求每一代人必须要考虑为下面几代人合理保护文化传统。

参考《全球旅游伦理规范》第四条,我们可将文化资源利用的代际正义规定为:①旅游文化资源属于人类的共同财产,不同代人对它们具有特定的权利和责任。②每一代的旅游政策的制定和旅游活动的开展应当尊重文化遗产,对这些遗产应当保护并使之世代相传;应当精心地保护和修缮纪念物、殿堂和博物馆以及历史遗迹,这些地点必须对旅游者广泛开放;应当鼓励私人拥有的文化财产和纪念物向公众开放,并尊重其所有权,同时也鼓励宗教场所

---

① 毕奇,查德威克.旅游业管理实务[M].昆明:云南大学出版社,2007:8.

在不妨碍正常宗教活动的前提下向公众开放。③文化场所和纪念地从接待游客中所得资金,应当至少有一部分用于这些遗产的维修、保护、开发和美化。④旅游活动规划应当使得传统产品得以生存和繁荣,而不是使其退化或变得千篇一律。

从不同利益相关者角度出发,当地政府、当地社区居民、旅游企业以及旅游者在传统文化保护中也发挥着不同的作用。作为传统文化保护的主导力量,当地政府应积极发挥引导作用,进一步加强传统文化资源的调查与研究,通过建立传统文化展示馆、传习馆等方式进行馆藏保护;加强传统文化的数字化保护,尤其针对濒危传统文化实现动态跟踪与保护记录;开展传统文化学术研究,促进相关学术成果出版,进一步推动当地传统文化的传承与传播;健全传承人保护机制,切实保护传统文化的传承方式与手段,加强传承人生活保障扶持,为传承人创造良好的传承环境,激发传承人对传承传统文化的热情。作为社区传统文化保护的直接参与者,当地社区居民应加强自身的文化自豪感、归属感,提高对当地传统文化的认识,自觉保护当地传统文化,对当地具有生产性质和特点的传统文化采取生产性保护方式,增加经济收益,提高自身对传承、弘扬传统文化的积极性,推动传统文化保护融入当地村民的生产生活,最终实现旅游经济和社区发展统筹兼顾、共同发展。对于旅游企业而言,应强化企业作为社区"企业公民"的社会责任意识,牢牢把握"可持续发展"理念,凡事为社区居民着想,处处以保障他们的利益为己任,切实通过旅游开发与旅游经营为社区的生态环境、传统文化保护与经济社会全面、可持续发展作出积极贡献。对于旅游者而言,应从思想意识与行为实践等方面对自身加以约束。在进入旅游目的地之前,尽可能多地了解当地的传统文化,特别是了解文化差异与社会禁忌,杜绝因"猎奇"想法而导致旅游目的地脱离文化生境的舞台化表演;同时,应转变旅游者的身份,摒弃"走马观花"式的旅行方式,深入当地社区体验当地的传统文化,增强旅游体验度,从而进一步推动当地传统文化的原真性保护;还应力所能及地保护当地的传统文化,呼吁更多的旅游者去保护旅游地的传统文化,以促进传统文化的可持续发展。

总之,在旅游活动的开展中,代际正义不仅要求我们必须将一定品质和数量的自然资源传给下一代,还要求我们将一定品质和数量的文化资源传给下一代。

思考题
1.思考旅游活动中的代际问题的具体体现。
2.思考在旅游活动中要注意哪些对环境保护的要求。
3.结合实际,谈谈在传统文化保护与旅游经济相协调发展的过程中,伦理道德作用发挥的局限性。
4.结合实际谈谈我国旅游发展中环境保护与传统文化保护所面临的阻碍。

【综合案例分析】

案例1:旅游开发视角下的草原生态环境保护与管理

——以希拉穆仁草原旅游区为例

生态环境问题指人类不合理的生产和生活活动所引起的环境破坏和污染,其实质是经济发展与环境保护的矛盾表现,是人与自然关系的失调。生态环境安全是21世纪人类社会可持续发展面临的一个新主题,是生态系统完整性和健康水平的综合反映。草原生态环境本身极为脆弱,草原植被生长的气候环境多是温带半干旱大陆性季风气候,土壤肥力较差,生态系统稳定性小,脆弱程度较高,其本身隐含着极大的潜在退化的倾向和危险。一旦利用不当,极易导致植物群落的衰退,土壤风蚀、水蚀加剧,出现土地荒漠化,从而导致生态系统失衡。

因此,草原生态环境问题越来越受到人们的关注。而作为草原旅游区来讲,人们的不合理利用更易造成草原景观整体性的分割和草原生态环境的破坏。为保护草原旅游区生态环境,我们有必要探究其在旅游开发中存在的生态环境问题及其产生的原因,并确定其旅游开发的基本途径和管理办法,为草原旅游的可持续发展提供决策理论依据和实际指导。

一、研究区概况

希拉穆仁,又名召河(召,蒙古语,寺庙的意思),位于包头市达尔罕茂明安联合旗(简称达茂旗)南部。总面积720平方千米,可利用草场面积690平方千米,辖3个嘎查,73个浩特乌素,总户数913户,总人口2 532人,其中少数民族1 558人。地理坐标为北纬111°00′~111°20′,东经41°12′~41°31′。希拉穆仁草原旅游区属于中温带大陆性半干旱季风气候。春季,气温骤升,多大风天气;秋季,气温下降,降水减少;冬季漫长严寒;夏季短促温凉。降雨量少且年际和月际变化大,年降雨量281毫米左右。平均气温20 ℃,寒暑变化强烈,昼夜温差大,极端最高气温达32 ℃,极端最低气温为零下31 ℃,年平均无霜期日数为83天。年蒸发量2 361.55毫米,远远大于其降雨量,年均空气湿度为31%。这里风能资源丰富,年大风日数63天,每年均有扬沙、沙尘暴等天气出现。地处荒漠草原,有大量的地带性植物羊草、针茅等,而在遭受破坏的草场,出现明显的退化特征,植物种主要以冷蒿、百里香、马蔺、狼毒等为主。希拉穆仁草原旅游区内交通、通信设施齐全,基础设施较为完善,是内蒙古自治区涉外定点草原观光景区、国家级草原旅游区,其所处的希拉穆仁镇是一个以旅游业为主导产业的建制镇。目前,全镇共有旅游企业、个体经营户100多个,拥有蒙古包2 800多顶,日接待游客能力达1万人(次)。

二、希拉穆仁草原旅游开发产生的生态环境问题

(一)整体景观格局破碎,生态环境稳定性下降

本文以中国科学院遥感卫星地面接收站提供的陆地卫星拍摄的TM影像为基本信息源,选取了2000年、2004年、2007年、2009年4年中的6月中旬—9月中旬的TM影像数据。通过人机交互式遥感解译模式,在ARCGIS软件的支持下获得四期土地利用/覆被的景观类型空间分布数据,基于景观生态学的研究思路与方法,从景观水平选取了破碎度、斑块数量、

斑块密度、聚集度指数和廊道密度指数进行计算,以反映希拉穆仁草原旅游区整体景观格局变化状况。2000—2009年,研究区景观格局发生了重大变化。景观破碎度指数、斑块数量、斑块密度逐年增加,从2000—2009年,景观破碎度指数明显升高,斑块数量从355块增加到667块,斑块密度从0.502 0增加到0.943 3,这些都说明研究区的景观格局更加破碎,稳定性变差,也反映了人类扰动的不断加剧;廊道密度指数则由2000年的0.310 4增加到2009年的0.646 0,在希拉穆仁草原旅游区主要表现为大量旅游通道,尤其是通往旅游点草原自然路的出现,反映出景观破碎化程度加剧,割裂了景观的整体性,使草原生态环境更加不稳定;聚集度指数在逐年减小,表明景观中小斑块数量在增加,景观呈现出具有多种要素的密集格局,在希拉穆仁草原旅游区主要表现为大量旅游点斑块的出现,反映出旅游点的增多使景观格局发生重大变化,草原斑块岛屿化现象明显加强,降低了景观抗干扰的能力,生态环境变得更加脆弱,草原旅游区的生态环境正面临严重威胁。

（二）局地环境受损,生态环境问题突出

在希拉穆仁草原旅游区内,旅游业成为其经济发展的主导产业。随着旅游点的大规模出现,草原上密集的蒙古包接待点造成了旅游视觉景观的污染,并在旅游设施集中分布区周围出现了大面积的裸露土地;随着旅游通道的不断开辟与拓展,从整体上使草原景观被剧烈分割而日见破碎,并在没有硬化的路面上出现土壤板结或严重沙化的现象。随着游客的大量进入和旅游活动区域的延展,对草地造成很大程度的碾压与践踏,并在主要活动区周围造成植被的破坏和植物群落的丧失以及土壤土层的缺失,在没有受到足够重视的情况下,这已经不知不觉地对草原生态环境构成了新的冲击,使局地环境受到不可逆转的破坏,进而影响到草原基底背景的生态环境。

三、希拉穆仁草原旅游开发中出现生态环境问题的原因

（一）旅游点数量规模扩张快,以小为主

1993—2000年,是希拉穆仁草原旅游设施建设的缓慢增长期,旅游点总数增加了7个,平均每年增加不到1个旅游点。但在2000年以后,希拉穆仁草原旅游业进入飞速发展期,旅游点数量与日俱增。到2004年,旅游点总数达到2000年的3.70倍,平均每年增加15.5个旅游点,到2009年已达到134个旅游点,且以小型旅游点为主,不能形成规模。这样不但使基础设施建设和管理成本提高,而且管理困难,更重要的是,小型旅游点的大量出现存在严重的生态环境破坏隐患。小型旅游点虽然只会造成局地环境破坏,但由于其散布再加上零乱的通往旅游点的道路会造成草原景观严重破碎,生态稳定性迅速下降。

（二）旅游区空间布局不合理

包括希拉穆仁草原旅游区在内的大多草原旅游区由于没能超前制订草原旅游业发展规划,导致草原旅游区内的旅游点布局零乱,没有形成合理的整体空间布局体系和功能分区。根据地面实地调查,本文将旅游点按固定建筑设施分布区占地面积进行分等定级,将希拉穆仁草原旅游区的旅游点共分成三级:大型旅游点（大于3公顷）、中型旅游点（1.5~3公顷）、小型旅游点（小于1.5公顷）。2009年,希拉穆仁草原旅游区内的三级旅游点分布非常零乱,没有形成规律性或分区性的布局特点。这样就无法有针对性地制订草原生态环境保护的分区方案和限制性的相关对策,导致草原生态环境被不合理的旅游点布局所分割、破坏。

(三)旅游开发的生态保护措施不力

旅游设施建设方面,希拉穆仁草原旅游区内的大量旅游设施在建设材料的使用上没有考虑环保问题及相应的低碳节能措施。同时,缺乏整体垃圾回收和污水处理等配套环保设施。旅游通道建设方面,大多数通往旅游点的道路没有进行针对性的选线和路面硬化处理,只是自然形成的草原自然路,导致生境通道的割裂与对环境脆弱地带生态环境的破坏。旅游交通工具使用方面,进出旅游区的交通工具大多采用的是机动车辆,在旅游点使用的特种旅游交通工具大多为供游客骑乘的马匹、沙地四轮摩托车等,对草地造成相当程度的污染、碾压与践踏。

(四)旅游区管理制度不完善

希拉穆仁草原旅游区存在当地居民参与少、管理人员缺乏专业知识、工作人员服务质量差、管理手段落后、经济效益不明显等现象。同时,相应的政策法规有所滞后,如环境影响评价制度和生物多样性保护地方法规没有完全建立,对旅游区的管理也较粗放,游客数量没有实行控制管理,从而破坏了良好的旅游环境和当地的草原生态环境。

(五)环境保护意识不强

希拉穆仁草原旅游区在生态规划和生态教育方面都很薄弱,旅游业主要以盈利创收为目的。在旅游景点内很少设立宣传生态意识的宣传栏,导游们的导游词中也很少涉及生态道德教育的问题。而且,进行草原旅游活动的旅游者也未树立起生态旅游意识,随意践踏草地和丢弃垃圾的现象十分严重。很多地方性环境保护政策只是针对传统畜牧业的发展而提出的,对于旅游开发可能带来的环境破坏后果估计不足,没能及时制订旅游发展的相关环境保护对策,导致草原旅游业在发展过程中对区域生态环境造成极大的冲击,同时也阻碍了草原旅游业的持续健康发展。

四、草原旅游区生态环境保护与管理对策

(一)基于生态环境保护的旅游开发对策

1.进行草原旅游点的有效整合

草原旅游区中往往分布了多个旅游点,单个草原旅游点对草原环境的破坏主要表现为局地性影响,对草原整体生态干扰影响不大,但大量分散的草原旅游点则会严重影响草原景观和生态环境。因此,如何有效整合小型旅游点成为保护环境的根本性举措。整合不但可以发挥草原旅游经营的规模化与集约化优势,也能推动以旅游业为主导产业的草原旅游区的经济发展,还能较为容易地规范草原旅游发展中的环境保护,并推动草原旅游区的生态化建设。

2.进行合理分级分区

从开发强度上,应根据不同草原类型及其植被发育状况进行分级、分区开发。分级开发是根据草原生态状况指标,如环境脆弱性、生态敏感性、抗干扰性等对草原旅游区等级进行划分,对不同等级的区域在开发时区别对待,确定相应的旅游开发深度。分区开发是对草原旅游区进行整体严格分区,确定旅游开发区和生态保护区;在旅游开发区内要依据环境承载能力按主体功能进行分区,划分出优先旅游开发区、重点旅游开发区、限制旅游开发区和禁止旅游开发区;对旅游点进行较为明确的功能分区,划分游客服务区、游客观光游览区和绝对控制区。然后分区进行规划,确定其开发的规模与强度。

3.进行旅游开发中的生态化建设

配套旅游设施的生态化建设,旅游基础设施以及旅游专门设施的建设,必须注意与草原自然景观的协调性。首先要因地制宜地规划建设生活污水处理和垃圾处理处置设施,促进污染的集中控制,对污水、垃圾和粪便应进行无害化处理,提升污染物处理和达标排放的能力。不具备垃圾无害化处理能力的旅游区(点),必须将各种垃圾集中收集,送到附近城镇集中处理。其次要充分考虑配备常规性环保设施,结合周边环境分别设生态厕所与垃圾箱。采取相应措施防止水土流失、植被破坏、景观破坏,做到绿化、美化环境与旅游区建设同步进行。旅游区建设中,对旅游区进行不同层次的有针对性的开发,合理规划布局旅游基础设施和服务接待设施。住宿区和游玩区可根据"区外住,区内游"的原则建设,以减少对草原环境的影响。交通的生态化建设,在旅游道路系统的设计与建设上,在交通工具的选择和使用上,都必须体现生态化原则。道路生态化设计首先应在线路选择上避开生态脆弱地带,尽量选择在生态恢复功能较强区域进行。其次,在道路宽度等技术指标上,应考虑道路所通过的客流量与环境承载的潜在关联,在道路施工技术上应尽量利用接近自然的无污染的材质。另外,为防止游客对草场的过度践踏,在旅游点内的必要区域应建设硬化路面或砂石路面以引导游客的通行范围。交通工具对环境造成的影响是极大的,所以应本着"绿色交通"和"低碳交通"的理念,倡导步行、自行车和低碳排放的燃气化交通工具,也可利用原始的勒勒车作为交通工具,以简单的蒙古包为活动旅馆,提供多元化的交通工具方式,以具备环保性、自然性、地方特色性。减少对环境的压力,更贴近自然与生活,更好地融入草原文化。

(二)基于生态环境保护的旅游管理对策

1.加强对景区景点的管理

要加强对景区景点的管理,完善旅游区接待设施和功能分区,引导游客在旅游区内有序流动,杜绝旅游者在草原中自由活动而造成对草原环境的破坏;划定旅游景区的范围,积极申报风景名胜区,设置围栏、景区门,不容许车辆和游客在草原中随意行走,通过收取门票的方式来限制游客数量;由于旅游景区的承载量有限,可考虑围绕中心景区建设一些分点,适当分散部分客流;建立污染指标体系,对垃圾污染、噪声污染以及水污染控制进行日常监测和治理。

2.加强法制监控力度

在严格贯彻执行国家环保局、国家旅游局、建设部、林业部和国家文物局联合下发的《关于加强旅游区环境保护工作的通知》《中华人民共和国环境保护法》以及《中华人民共和国草原法》和内蒙古自治区政府部门下发的《环境保护条例》《环境卫生管理条例》《旅游管理条例》《风景名胜区管理条例》等法律法规的基础上,迅速制定《环境影响评价法》等适合本地区发展的旅游管理制度,切实加强对草原旅游区开发的环境管理。

3.加强环保宣传与环境意识教育

旅游环境保护作为一项系统工程,需要政府部门、经营管理部门、当地居民和旅游者的全员参与。对旅游者的宣传教育,可通过旅游解说系统、广播、印发游览指南和宣传册、树立相关警示语和标识牌等手段来进行,进而普及环保知识,实施生态环境意识教育,努力提高各类游客的旅游环境保护意识,达到生态旅游的目的,实现旅游区的生态环境保护与旅游业可持续发展。

（李文杰.旅游开发视角下的草原生态环境保护与管理——以希拉穆仁草原旅游区为例[J].内蒙古大学学报:哲学社会科学版,2013(2):94-98.）

案例分析思考:

1.结合上述案例,试说明旅游经济发展与环境保护的矛盾主要体现在哪些方面。

2.结合上述案例,试说明如何处理环境保护与旅游发展的关系。

案例2:少数民族物质文化遗产保护管理模式研究
——以丽江古城个案为例

中国各民族在漫长的历史发展过程中创造了独具特色、绚丽多彩的民族文化,留下许多弥足珍贵的历史文化遗产。少数民族物质文化遗产作为各少数民族在长期的历史发展中所创造的具有历史、艺术和科学价值的文物,包括古遗址、古墓葬、古建筑、石窟寺、石刻、壁画、近现代重要史迹及代表性建筑等不可移动文物,历史上各时代的重要实物、艺术品、文献、手稿、图书资料等可移动文物,以及在建筑式样、分布均匀或与环境景色结合方面具有突出普遍价值的历史文化名城(街区、村镇)。在国外,文化遗产管理(CHM)被视为为保持文化资产的文化价值以满足当代和未来人类的享受需要而进行的系统化保护。20世纪80年代以来,西方一些国家开始进行文化遗产管理改革,有"文化单位自治模式""契约模式""代理人模式""产权售让模式""志愿者模式""经费多源化模式"等。文化遗产管理已成为世界性的公共管理问题,世界各国都倍加重视,并作出了十分富有价值的探索与尝试。

中国长期以来把各种遗产资源笼统地归入重点文物、风景名胜区的管理,已经形成了一套固有模式,但对于少数民族文化遗产管理所依据的思想认知、价值判断、法律支撑、管理方式等,离卓越管理目标要求仍存在较大的差距。对于什么是民族文化遗产、应当由谁去管理、管理什么、怎样管理等问题存在诸多困惑与争论。应如何优化少数民族物质文化遗产的管理方式,实现传统文化的行政范式转型,便构成了民族文化遗产管理模式创新的必然逻辑与命题。

当前,做好少数民族物质文化遗产的管理工作,保护并传承好民族文化遗产,对于继承和发扬中华民族优秀传统文化,弘扬以爱国主义为核心的民族精神和以改革创新为核心的时代精神,维护国家统一和民族团结,推动社会主义文化大发展、大繁荣,具有十分重要的意义。

一、丽江古城概况

丽江古城,又名"大研古镇",位于中国西南部云南省的丽江市古城区,坐落在丽江坝中部,玉龙雪山下,北倚象山、金虹山,西枕狮子山。丽江古城已有近千年历史,宋末元初,由木氏先祖阿宗阿良兴建"大叶场"。1253年,忽必烈(元世祖)南征大理国时,曾驻军于此,直至清初的近500年里,丽江地区皆为中央王朝管辖下的纳西族木氏先祖及木氏土司(1382年设立)世袭统治。明万历年间(1672年),知府木增兴建皇帝歆赐准建的"忠义坊"。清代第一任流官知府杨铋按朝廷规制在此建流官府衙及府城。丽江古城作为明朝丽江军民府和清朝丽江府的府衙署所在地,明朝称"大研厢",清朝称"大研里",民国以后改称大研镇,直至

2003年,大研古镇被设立为丽江市古城区。

现今,丽江古城是中国罕见的保存相对完好的少数民族古镇。古城内有纳西、白、傈僳、普米、藏、回等十多个民族,常住人口约3万,其中纳西族人口超过16 900人。同时,丽江古城内汇集了纳西文化的精华,纳西族民居由当地纳西居民根据家庭生产生活需要、经济条件和用地状况,自由灵活安排,"三房一照壁,四合五天井"的房屋设计,极富特色。除了建筑,古城内纳西文化形式多样,如纳西古乐、东巴仪式、素神仪式、祈寿仪式、占卜文化、白沙壁画等,集民俗音乐、节庆、书画于一体,尤其是城内民俗节庆文化娱乐活动丰富多样,有正月十五棒棒会、三朵会、火把节等,这些稀有的非物质民族文化财富极其珍贵。古城也是两项世界遗产,即丽江古城世界文化遗产和东巴典籍文献世界记忆遗产所在地的中心。凭借着悠久的历史与民族特色,丽江古城内游客络绎不绝。

近年来,丽江古城高度重视纳西族文化资源的开发,全民参与旅游,个体、集体、国有、外资等形式不同的经济成分都纷纷在其旅游业中出现,旅游业飞速发展,并在当地经济发展中凸显支柱地位,同时也为丽江市旅游业的发展注入能量。1997年,丽江大研古城、白沙、束河古镇古建筑群作为文化遗产被联合国教科文组织列入《世界文化遗产》名录,成为中国仅有的以整座古城申报世界文化遗产获得成功的两座古县城之一(另一座为山西平遥古城)。

二、丽江古城保护管理模式分析

在当前中国少数民族物质文化遗产管理中,丽江古城无疑十分具有典型性与代表性。目前,丽江古城具有景区、城市与文物的多重属性与特征,在管理实践中面临景区经营管理、城市管理与文物保护等多重职能交叉并行。如何协同并优化这些重叠性职能,使其有效发挥职能,不致使彼此产生矛盾与对立冲突,将对地方政府的管理能力与上级部门的政策制定提出全新的考验与要求。从微观个案的实践角度看,丽江古城作为以纳西族文化为主体,兼容其他民族文化的世界文化遗产地,在对古城保护与开发利用的实践探索中,逐步走出了一条独特的管理之路,从"丽江现象"到"丽江模式",其管理经验被认为是兼顾了遗产保护与旅游开发的可持续发展模式而被世界遗产委员会推广到其他遗产国家。段松廷对"丽江模式"进行解读,认为保持古城建筑物的真实性,建立古城房屋维修审批管理制度,对传统的纳西族非物质文化的抢救、整理、传承和保护,服务古城居民的居住活动,控制古城的商业活动是"丽江模式"的重要管理经验。

三、丽江古城保护管理存在的问题

近年来,在丽江古城的保护管理过程中,出现了一些新问题与新变化,具体表现为:(1)原住民大量外迁。伴随着日渐浓厚的商业开发,导致丽江大研古城居民大量外迁,由此产生"人口置换"引发"文化置换"的问题。"1996年以前,古城内有原住民3万多人,至2009年不足5 000人,留守的大多为老年人,大量原住民搬出古城,大批外地人搬进古城,古城变得复杂起来。"进而出现"古城居民文化主体的转移与失落","古城的'人口置换'过程伴随着的是古城文化的'置换'"。古城出现"现代商业气息过于浓厚""传统文化空心化""文化品位低俗化"等现象。古城管理面临严峻的形势与全新的挑战。(2)原真性变异。"原真性"(authenticity)被解释为"文化遗产的原初与后续特征"。在经济全球化的大环境下,在城市化进程的浪潮中,民族文化、民族精神、民族韵味被商业化洗脑。一味求"洋"、求

"现代"而使城市失却"民族记忆"与"人文记忆"。主要表现为：首先，古城中原有的传统商业功能区逐渐消失，具有浓郁民族特色的商业文化氛围呈现出淡化趋势；其次，传统工艺品濒临失传，个体传统手工业萎缩，品种减少，传人培养困难；最后，旅游商品中的传统文化失真现象严重，在旅游市场中借用传统文化开发的旅游商品名称存在任意编造的现象。(3)外延性空间治理缺位。遗产管理是一个限于特定环境的地域性概念。当前，丽江世界文化遗产空间治理仍停留于较为初始的水平，由于缺乏古城外延性空间的整体性治理机构与主体，致使古城过渡区域及新城区规划难以与古城风貌有序衔接，造成丽江新老城区规划设计中"传统与现代"的二维空间对立。由于新城区的建设规划未能有效吸收古城建筑的精髓与文化内涵，新区与古城的建筑风格迥异，相互冲突。遗产地空间治理仅仅限于古城，对于过渡带与外延性空间拓展缺乏整体设计与科学管理，古城外延性空间被用于大片密集性的地产开发，田园风光带未引起足够的重视并加以保留，在城市化进程中逐渐消失。地理空间的环境治理不足极大地影响着古城水系的流量、水质与相关气候条件。这些新问题在当前已开始逐步显现出来。

四、丽江古城保护管理存在问题的原因分析

在丽江古城的保护管理中，价值理性导向与制度设计安排无疑是造成管理问题的重要原因。主要表现：

(1)价值理性异化。"理性是人生而具有的一种能力，一种发现什么是真理的能力，这个能力就是理性。"价值理性是指根据人们认为合理的价值与方法努力达成的合理价值活动的能力，一国的政府应恪守的公共理性精神和在此基础上所采取的组织管理手段和工具。目前，丽江古城的保护管理主要存在以下问题：一方面，公共理性缺失。遗产地政府管理中存在以个人、部门利益驱动损害和亵渎公共利益，遗产保护的公益性被削弱、经济性被凸显的错误做法。另一方面，对古城管理属性认知的偏差。从丽江古城管理的纵向历史发展来看，古城并未一早就定格于文物保护管理的先验性认知与制度设计的层面，自始至终便依循了景区开发管理的思维与模式。在实际的管理主体设置与运行中，几乎看不到文物管理部门的介入并发挥其主导性功能，传统民居建筑的商业开发虽然兼顾了房屋产权所有者和地方政府的利益，但这一允许个体自主进行趋利性开发的制度设计容易给文物带来破坏性保护。

(2)制度设计不完善在古城管理的制度设计上，由于准营证制度、古城维护资金使用制度、人才资源开发制度不完善、不合理，导致文化遗产管理的瓶颈。①准营失效。准营制度在本质上是一种行政审批性行为，在一定程度上是对商业行为进行规制的行政垄断，政府居于主体地位，对准营客体的选择、审批时限、指标设计、核准裁定等具有绝对性权威。如果信息不公开、不对称，加之缺乏外部监督或标准化执法制度的约束，准营制度容易变异为地方政府和工作人员从自身的利益驱动，人为调高准入门槛，加剧资源的稀缺状态，并进行选择性与随意性审批，造成不科学或自利偏好性审批，容易出现诸多人为因素的干扰，呈现出"市场决定、政府发证"的简单"程序合法化"运行方式。②保护资金短缺。由于丽江古城保护资金渠道主要是国家财政与地方财政，加之丽江虽有120万人口，但整体财政收入不高、财力不强，市内有两个国家级贫困县、一个省级贫困县，财政资金十分紧张。截至2007年，丽江古城向银行申请贷款获批6亿元人民币,从2001年收取古城维护费累计约5.2亿元人民币。民居修缮项目申请到GHF资助115万元人民币。丽江古城保护建设资金投入远大于收益,长期以来存在资金的历史欠债问题。③人才资源开发不足。这主要表现为:其一,世界文化遗产管理的高端人才严重不足,古城管理局作为文化遗产保护管理的主体与政策实施者,应配备达到世界级文化管理的高端人才,但这方面的顶尖人才几乎没有。其二,政策研究型人才十分短缺。古城管理机构应配置专业化的理论研究人才,只有这样才能有效解决古城管理过程中的各种难点和重点问题,但这方面的人才十分稀缺。其三,深谙民族文化的管理型与经营型人才极度匮乏。

(杨文顺.少数民族物质文化遗产保护管理模式研究——以丽江古城个案为例[J].黑龙江民族丛刊,2013(3):144-147.)

案例分析思考:

1.试说明旅游经济发展与文化保护的矛盾主要体现在哪些方面。

2.结合上述案例,试说明如何处理文化保护与旅游发展的关系。

第8章
旅游与慈善

【学习目标】

通过对本章的学习,学生应掌握慈善的概念、旅游慈善行为的类型及具体行为,并明确慈善对旅游的作用,从而使学生在旅游活动中对慈善行为有更清晰的认识并积极投入实践。

【重点难点】

- 慈善的概念。
- 旅游慈善行为的类别。
- 慈善对旅游的作用。

【关键词】

慈善 旅游慈善

8.1 慈善

旅游活动在一定程度上涉及慈善,亦即涉及个人或集体牺牲自身权益以促进他人或集体的权益的问题。围绕着"慈善是什么?"的问题,国内外学术界给出了多种多样的解释。总体而言,基于当今学界研究的需要,大体将"慈善"分为广义的慈善和狭义的慈善。所谓广义的慈善,其概念的外延并不仅限于对自然人的直接救助或援助。随着学术研究的拓展而延伸至环保、文化传承等原属"公益"概念的领域。与此相对,狭义的慈善则限于对自然人的救助或援助。① 在西方,其代表性观点主要有以下几种。《犹太百科全书》对"慈善"定义:义务地捐赠财物以救济贫困的和需要帮助的人。《犹太教百科全书》给"慈善"下的定义:作为一种个人的责任,所必须履行的捐赠钱物或提供服务给所有需要帮助的人。英国《慈善法》中对"慈善"的定义:一个组织或者信托为了慈善目的或公共利益所从事的公益事业,并列举了

---

① 刘太刚.非营利组织及其法律规制[M].北京:中国法制出版社,2009:242.

几种慈善目的,最后一条究底条款,即"符合本法的其他目的"。佩顿和穆迪认为:"慈善是为了公共利益的私人时间或贵重物品的捐赠。"此外,德国莱比锡大学教授贝克尔则用更为学术的语言给慈善下了定义。他认为:"如果将时间与产品转移给没有利益关系的人或组织,那么,这种行为就被称为'慈善'或'博爱'。"贝克尔在这个定义中指出了慈善的两个特点:第一,慈善是一种志愿的行为,它绝对没有强制的成分,这种本质特征使得它完全不同于国家的税收。第二,慈善是针对没有利益关系的人或组织的。当然,贝克尔这样界定慈善是为了把社会性、慈善性行为和家庭内部或亲属关系内部的互助行为区别开来。在中国学界,"慈善"则往往停留在狭义的概念里。"慈善"的核心被强调为慈善救助、慈善捐赠,其代表性观点有以下几种。《中国大百科全书》给"慈善"所下的定义:私人或社会团体基于慈悲、同情、救助等观念,为灾民、贫民及其他生活困难者举办的施舍、救助活动的统称。原中华慈善总会会长崔乃夫认为:"慈善就是有同情心的人们之间的互助行为,就是人帮人的活动。也即一部分人帮助另一部分人,反过来又是那一部分人帮助这一部分人的活动。无论是通过何种方式进行表述,我们说慈善就是公众以捐赠款物、志愿服务等形式关爱他人、奉献社会的自愿行为。"清华大学李强教授则指出:"慈善不是指对熟人的帮助,父母和孩子、夫妻之间本身就是一个经济实体。慈善是对一个陌生的人,对一个和自己本来没有亲友、血缘关系的人伸出援助之手。"中国人民大学郑功成教授侧重于从社会保障的角度对慈善进行阐释。他认为:"在经济学的意义上,实际上慈善事业也是社会的再分配,它可以被认为是社会道德事业和社会保障体系的必要组成部分,也是在社会捐赠这一经济基础之上的社会性的捐助活动。"湖南师范大学周秋光教授则认为:"慈善是指在政府的倡导或帮助与扶持下,由民间的个人或团体自愿组织和开展活动,对社会中遇到灾难或不幸的人,不求回报地实施救助的一种高尚无私的支持与奉献行为。"也有学者认为:"慈善即是指人们对社会弱势群体的同情心,以及为实现自己的慈善意愿而直接付出的行为或为之建立的慈善机构。"而《中华人民共和国慈善法》是这样来定义慈善的:"本法所称慈善活动,是指自然人、法人和其他组织以捐赠财产或提供服务等方式,自愿开展的下列公益活动:(一)扶贫、济困;(二)扶老、救孤、恤病、助残、优抚;(三)救助自然灾害、事故灾难和公共卫生事件等突发事件造成的损害;(四)促进教育、科学、文化、卫生、体育等事业的发展;(五)防治污染和其他公害,保护和改善环境;(六)符合本法规定的其他活动。"

通过上述对慈善的现代解释,我们可以看到,人们从当前社会的发展中已经充分意识到了慈善的现代意义。总体上来说,在不同的人类历史发展时期,不同的国度,慈善概念会随着时空语境的变化而不断增添富于时代特色的新内涵。

同时,我们把慈善分为消极的和积极的两种类型,消极的慈善指人们不求回报地主动约束自己不以行为或语言伤害别人,积极的慈善指人们不求回报主动做出有利于他人的行为或语言。此外,与正义的伦理不同,我们认为慈善的伦理并非责成性的,也就是说施惠者对受惠者的行为不是他律的,做不做取决于施惠者自身的同情心以及他自己对自己的要求。

正常的社会合作的开展,正义(即权益的合理分配)是基础,但是仅有正义是不够的,在很多情景中慈善都可以作为正义的有效补充。比如某一天你刚好路过广州某一条路,看见一个小女孩被车碾伤,按照正义的伦理你可能认为你没有义务救她,但是你的同情心和善心促使你把她送进医院,结果她得救了。又如,在商场的电梯上你看见一位老太太踉踉跄跄,结果你扶了她一下(按照正义你可以不这样做),她因此没有跌倒受伤。又如,你知道某个小孩由于家庭贫困上不起学,结果你数十年如一日地资助他(按照正义你可以不这样做),让他完成从小学到大学的学业,最后他不仅能自食其力而且还成为对社会有用的人。

8.2　旅游慈善行为

【案例分享】

用行动诠释社会责任 公益路上旅游企业在前行

2014年,由肇庆康辉旅行社发起,中国康辉旅游集团全国金帐俱乐部成员的20余家省市康辉旅行社开展了"圆学子环游中国梦"大型爱心公益活动,最终选出肇庆市怀集县的罗娇妹和黄汶镇两名学生参与。两个人一直梦想出去旅游,但因家庭原因都没有机会实现。罗娇妹和黄汶镇游历了广东、江西、福建等20余个省市,行程结束时,罗娇妹已经拿到哈尔滨医科大学的录取通知书,一直很害羞的黄汶镇则变得开朗大方起来,他说最喜欢上海现代化的美。

一直以来,中国康辉旅游集团旗下企业开展了多种形式的公益和助残活动。仅在2014年,上海康辉就组织杨浦区殷行社区的孤寡、困难和纯老家庭的200名老人到南浔领略江南水乡之美;辽宁康辉旅游会员俱乐部发起社会捐书公益活动,目前已募捐到千余本适合小学生阅读的书籍,并为只有3名教师、31名学生的乡村小学——岫岩县朝阳镇大河南小学送去了画笔,让孩子们描绘"外面的世界";菏泽康辉有一个"爱心基金",每组织一名游客就向"爱心基金"捐助1元钱,用于社会服务和救助……

中国康辉旅行社是由中国残疾人福利基金会创办的,所以中国康辉旅游集团原董事长李继烈常常说,康辉与公益事业有很深的渊源,残疾人自立自强、顽强拼搏的精神和为国争光的事迹,一直激励着康辉人,成为康辉人战胜困难、由小到大发展的不竭动力。

(国家旅游局:用行动诠释社会责任 公益路上旅游企业在前行,2015-12-01.)

对旅游,慈善亦可以起到正义起不到的一些促进作用。归纳起来,我们可以把旅游慈善行为分为:

(1)对老弱病残等旅游困难者或群体提供无偿帮助。提供帮助的主体可以是东道国,也可以是旅游接待地社区、旅游企业或旅游者。例如,某些旅游者在旅行途中生病或受伤得到其他旅游者的救助。又如旅游景区为行动不便的旅游者提供必要的出行或生活设施。

(2)在紧急情况下(地震、交通中断、政变)对旅游者给予无偿的援助。例如,某些旅游志愿小组为遇到危险情况的散客和自由行的旅游者提供无偿帮助。反之,旅游者的到来是获得旅游体验同时的旅游慈善行为。汶川地震一周年,四川境内旅游景区在 5 月 12 日当日免票回馈全国人民,旅游收益未因门票免除锐减,但当地景区点的知名度提升,除门票外的其他项目,包括许多平日里很难推销的自费项目收入均翻了几番,现场调查发现,比平时更愿意消费的游客们均表示"要把钱留给灾区"。旅游者在获得旅游体验的同时进行慈善捐助,一举两得。

(3)对旅游接待地社区的扶贫。扶助者可以是个人,也可以是社会组织或政府。目前在我国旅游扶贫已经成为政府帮助欠发达到地区脱贫致富的重要手段。例如,广东省旅游局对东源县东江画廊旅游区的扶贫。东江画廊旅游区被列为广东省首批旅游扶贫项目之后,广东省政府拨出旅游扶贫专项资金 300 万元用于旅游区的基础设施和旅游接待设施建设。在河源县召开的广东旅游扶贫工作会议上,62 家大型旅行社与首批 14 个旅游扶贫重点项目进行了结对帮扶签约活动,其中有 52 家旅行社与东江画廊旅游区结成对口扶贫对子。

【相关知识】

旅游扶贫模式

……湖北省旅游局等单位通过对湖北省内 20 多个旅游景区景点旅游扶贫的调查,总结出了 4 种有代表性的旅游扶贫模式。

①政府主导模式。政府利用政策手段、法律手段、行政手段和经济手段为企业经营和投资创造良好的环境,引导旅游者健康发展。在这方面,冯学刚对皖西地区从决策工程、人才工程、资金工程和引导工程等方面建立了旅游扶贫"政府主导型"行为操作模式,同时认为"调查——开发、规划——实施、保障——供给与滚动——发展"这个滚动发展模式是皖西地区旅游开发的唯一模式。

②景区带动模式。主要表现在:一是劳务创收,景区景点或企业将工程优先承包给当地村寨,使村民获得劳务收入;二是直接就业,景区景点直接雇用当地符合条件的村民或当地农家大中专学生;三是扶植经营,景区景点将摊位、商店、电话亭、游乐设施、交通工具、停车场等免费或优惠出让给村民经营。蔡雄通过对安顺地区扶贫开发工作的研究,也对这一模式进行了探讨,除了上述 3 条外,他认为旅游开发为村民解决了路、电、水等问题。

③农旅结合模式,农民既从事农业生产,又从事旅游业,称亦农亦旅模式,目前方式很多。

④移民迁置模式,在缺乏生存条件的贫困地区,实行移民开发异地安置。杨新军等通过对江西宁凤县旅游开发创意的规划,提出在具有旅游资源优势的贫困地区,把旅游业作为先导产业,并结合旅游开发走出一条生产生活日用品的工业道路,强调"一村一品、一人一技",发展地方经济,生产相应旅游产品等模式。刘向明针对旅游开发过程中是一味模仿还是走自己的路的问题,强调旅游开发中要创新,对走特色产品战略进行了探讨。

胡锡茹认为,云南在多年的旅游扶贫实践中形成了 3 种基本模式:生态旅游扶贫模式、民族文化旅游扶贫模式和边境扶贫模式。

(丁焕峰.国内旅游扶贫研究述评[J].旅游学刊,2004(3).)

（4）对公益性的旅游吸引物的建设或保护的无偿捐助。例如，中国第一个国家公园、云南著名的旅游胜地普达措国家公园就是大自然保护协会（TNC）促成的。

思考题

1.根据所学知识，你认为什么是旅游慈善？旅游慈善和慈善旅游有什么区别？

2.如何看待消费弱者的慈善旅游，比如孤儿院的"观光客"？

3.作为扶贫的一种重要方式，乡村旅游发挥着越来越重要的作用。数据显示"十二五"期间，我国通过从事乡村旅游脱贫的人口达10%以上，人数达1 000万以上。越来越多的贫困乡村通过发展旅游而脱贫，结合你所学的旅游知识对离你较近的贫困乡村进行调研，看看是否能够发展旅游，如果能，请你为之制订一个发展方案。

【综合案例分析】

案例1:圆明园倡导旅游慈善相结合

自2011年7月22日起，凡到圆明园游览的游客，可以在园区设置的10个固定募捐点，为母亲水窖捐款。作为参与活动的特殊见证，每捐赠10元可以获得一枚"有爱，我不渴"的纪念胸章。

本次活动由中国妇女发展基金会和圆明园管理处共同举办。记者在圆明园遗址公园看到，公园的很多地方已经摆放了有关母亲水窖的宣传展板，游客纷纷在展板前驻足，阅读和了解有关母亲水窖的项目介绍。主办方有关负责人介绍，此次活动是旅游与慈善相结合的一次尝试，旨在引导更多的社会公众参与到公益捐助的行列中来。

(拓城百姓网:圆明园倡导旅游慈善相结合,2011-07-22.)

案例分析思考:

1.结合案例，试说明旅游与慈善相结合所带来的正面效益。

2.结合实际，试讨论旅游与慈善相结合的形式可否大面积推广。

案例 2：柬埔寨："孤儿旅游"慈善形式的是与非

打开维基旅游有关柬埔寨的页面，就会发现"孤儿旅游"与吴哥窟古迹一起，被列为当地旅游的必选项目。近年来，一些外籍游客在柬埔寨游览之余，会前往当地的孤儿院，为孤儿捐款，或成为短期服务的志愿者。这种活动被媒体称为"孤儿旅游"。

在一个污迹斑斑的圆木桩旁，一个只有七八岁的男孩正低头劳作。他左手持凿子，右手握着一把小铁锤，面前的牛皮上，一棵树的镂空造型跃然而出。这是柬埔寨一家孤儿院里的情景。根据孤儿院安排，这些孤儿平时会亲手制作一些皮雕工艺品，其收入用来维持孤儿院生计。发现有相机对着自己时，这些孤儿赶忙放下工具，双手合十，对着镜头露出微笑。过后，对游客伸出一根手指，意思是"一美元"。在柬埔寨，长期战乱留下的不仅是凋敝的社会经济，还有大批无人照顾的孤儿。这些孤儿往往被孤儿院收留。由于孤儿院经济情况不佳，"被参观"成为日常工作。孤儿们既配合拍照，又卖力表演，希望打动那些富有的游客，争取一些捐款。有数据显示，5 年内，柬埔寨孤儿院的数量翻了近一倍，其中 4/5 的孤儿院均为私人设立。或许是见惯了同情心泛滥、出手阔绰的外籍游客，当地贫困的父母也愿意把孩子送到孤儿院，让孩子有机会获得平时享受不到的食品、教育和医疗保障。

由于法律尚未健全，资金来源吃紧，柬埔寨政府只能给公立孤儿院提供补贴，管理措施也不甚严格。2013 年 12 月，柬埔寨就曝出一名美国传教士在金边市一家孤儿院里猥亵男童的案件。事实上，提供志愿服务的游客素质参差不齐，一些孤儿院很少对志愿者做全面的背景调查，为换取善款往往"来者不拒"。

面对游客的慷慨施舍，一些孤儿会把接受他人钱财视为理所应当，丢掉了自尊自立的生活态度。另外，绝大多数游客至多提供一至两周的志愿服务，教授的课程也全凭自我喜好。对孤儿来说，志愿者过客式的陪伴并不能解决实际问题，反而容易使孤儿对人际交往产生不信任感。柬埔寨一些儿童保护团体甚至发出呼吁，请游客们不要再来孤儿院献爱心。

对参与"孤儿旅游"的游客来说，教当地孤儿唱歌、说英语或施以钱财，或许会萌生一种内心满足感，认为自己使世界变得更好。可是人们行善时，需要的不仅是喝彩和掌声。除了良好的自我感觉，游客更应思考的是，怎样的帮助才更符合孤儿的需要。

（钱霖亮.去孤儿院"观光"：消费弱者的慈善旅游[J].文化纵横，2015(4)：92-97.）

案例分析思考：

1.结合案例，试说明旅游与慈善相结合所带来的负面影响。

2.结合实际，谈谈如何正确引导旅游的慈善行为。

第 4 编
旅游活动的经济伦理学

本编导读

  作为世界旅游大国,旅游产业已经成为中国国民经济的战略性支柱产业,因此,从经济伦理学的角度开展旅游伦理研究是非常重要的。本编运用经济伦理学的基本框架,从旅游市场伦理、旅游企业伦理、旅游从业人员伦理、旅游统计伦理以及旅游营销伦理等几个方面来考察旅游经济活动中的伦理行为。其中,旅游市场伦理部分涉及旅游市场运行和旅游市场竞争的相关内容,分析旅游市场伦理的作用及建构;旅游企业伦理部分着眼于旅游企业利益相关者管理,并且从经济伦理学角度明确了旅游企业的社会责任;旅游从业人员伦理部分讨论了旅游从业人员,特别是导游应具备怎样的职业伦理;旅游统计伦理部分详细介绍了旅游统计数据的价值以及目前旅游统计存在的问题,同时重点探讨了旅游统计单位如何取舍指标经济与统计数据真实性的伦理问题。最后,旅游营销伦理部分对旅游企业在进行宣传营销过程中如何处理企业自身与消费者的利益关系并做出合乎信用的营销行为的问题进行深入研究。

第9章
伦理与旅游市场

【学习目标】

通过本章的学习,学生应熟悉旅游市场的基本知识,即旅游市场的概念、特征以及伴随旅游市场的市场竞争问题。在此基础上掌握伦理对旅游市场的作用,明确建构旅游市场伦理的必要性和紧迫性,从而加快旅游市场伦理建构。此外,应把握旅游市场伦理与旅游法制的关系,以及旅游法制的伦理基础。

【重点难点】

- 旅游市场及旅游市场竞争的相关知识。
- 伦理对旅游市场的作用。
- 旅游市场伦理的建构。
- 旅游市场伦理与旅游法制关系。

【关键词】

旅游市场　旅游市场伦理　旅游法制

9.1　旅游市场运行和旅游市场竞争

9.1.1 旅游市场运行

1)旅游市场的概念

随着生产力发展和社会分工的深化,尤其是商品经济的迅速发展,旅游逐渐由一种纯粹的社会文化现象变成商品并进入市场交换,旅游市场逐渐产生并不断扩大,其概念可以从狭义和广义两个层次来理解。

狭义的旅游市场,是指在一定时间、一定地区和一定条件下,对旅游产品具有需求和消费能力的旅游者群体,即旅游需求市场或旅游客源市场。广义的旅游市场,是指在旅游产品交换过程中所反映出来的旅游者与旅游经营者之间各种经济行为和经济关系的总和①。理解和掌握旅游市场的概念,不仅要理解狭义旅游市场的概念,还要从更广泛的角度掌握旅游活动所涉及的所有旅游市场中的供需双方及它们之间的经济关系,从而为研究旅游市场伦理奠定基础。

2) 旅游市场的特征

旅游市场作为反映旅游供需关系,进行旅游产品与服务交易,实现旅游经济运行的基础,与一般商品市场、服务市场和生产要素市场相比,既有一定的市场共性,又有其自身的特殊性。

旅游市场是旅游商品与服务的交换场所,可对旅游资源进行优化配置,以实现对旅游经济发展的基础性调节作用,具备一般商品市场的共性。但由于旅游市场供求双方具备一些特有的性质,决定了旅游市场具有不同于其他市场的多样性、季节性、波动性、全球性等典型特征。

(1)旅游市场的多样性

旅游市场的主体是旅游供给主体——旅游经营者,以及旅游消费主体——旅游者,旅游市场的多样性是由旅游供给多样性与旅游需求多样性所共同决定的。由于旅游供给要素系统涉及多个生产部门和环节,因此整个供给系统向旅游市场提供的旅游产品种类具有多样性,即旅游经营者和旅游者之间交换的旅游产品,既可以是单项旅游产品,也可以是包价旅游产品,还可以是半包价自组合的旅游产品等。而作为旅游消费主体的旅游者,因其消费偏好、购买习惯和出游方式等的多样性,也决定了其旅游消费的多样性和多层次性。

总之,随着现代旅游的发展,旅游市场的多样性不仅反映了旅游市场发展变化的特点,而且在很大程度上决定和影响着旅游经营的成败和旅游经济的发展。

(2)旅游市场的季节性

由于旅游活动的类型各异、旅游者的闲暇时间分布不均,以及旅游目的地国家或地区自然条件、气候条件存在差异,使得旅游市场具有突出的季节性特点。一般来说,主要依赖自然旅游资源吸引游客的国家和地区,旅游市场的季节性波动比较大;主要依靠人文旅游资源吸引游客的国家和地区,旅游市场的季节性波动相对比较小。例如,海滨度假旅游,往往是在气候适宜而又与度假者居住地的气候形成反差的季节形成旅游接待高峰;滑雪旅游、冰灯观赏等冬季的旅游项目则是在冬季气候寒冷的时候比较火爆;而农业采摘游等旅游活动更带有时令性,只有遵循季节性的客观规律时,才能成功地面向市场销售。

因此,对于旅游目的地国家或地区而言,应根据旅游市场的季节性特点而作出合理的旅游产品规划,合理配置淡旺季旅游市场的旅游供给,以减少或弱化季节性的影响,使旅游市场向"淡旺季"均衡化方向发展。

---

① 刘涵,刘田.旅游经济学[M].北京:对外经济贸易大学出版社,2012:104.

（3）旅游市场的波动性

波动是旅游经营的常态。旅游市场的波动性，是由于旅游经济的发展对基础资源和社会政治经济环境的依赖性较强，如物价、汇率、通货膨胀、节假日分布、重大事件等，其中任何一个因素的变化，都可能引起人们旅游需求的变化，进而引发旅游市场的波动。例如，2017年春节"黄金周"的统计数据就显示出大部分旅游者对环境污染的关注，有意避开雾霾严重的地方，像三亚、昆明等空气质量较好的旅游目的地则备受青睐；而土耳其近年的政治和国家安全事件使得这一本来深受中国公民喜爱的出境游目的地还没有成为热点就已经被其他更安全的目的地国家和地区全面替代了。随着经济全球化和区域一体化发展，对于具体的旅游市场来说，任何重大政治经济事件以及自然灾害或战争等因素都可能在短时间内改变旅游客源的流向和流量，从而使旅游市场呈现出较大的波动性。

（4）旅游市场的全球性

随着经济的全球化发展以及世界各国交通运输条件的改善，使得旅游活动开展的范围不断扩大；跨国跨洲的旅游活动越来越频繁，旅游活动日益成为最能打破地理界域的全球性经济文化活动，与之相适应形成的旅游市场也日益具有全球性。一方面，旅游经济成为国民经济和服务贸易的重要组成部分，世界各国和各地区都积极发展旅游经济，进而推动了旅游市场的全球化发展；旅游供给要素系统的供给质量和服务标准越来越国际化、全球化，每一个旅游者在全球范围内都能享受到标准化的旅游服务。另一方面，世界各国都是旅游客源地和旅游目的地，每一个国家或地区都既向旅游目的地输送旅游客源，也吸引大量来自世界各地的旅游者进入本国旅游。目前，世界各国都已经充分认识到旅游活动具有重要经济贡献，因而旅游便利化已经成为各国促进旅游发展的最基本措施，这使得越来越多的旅游者可以很便利地进入理想目的地国家或地区，区域和地理的界限在旅游市场的全球化进程中越来越模糊——旅游日益成为全世界参与人数最多，涉及范围最广的经济文化活动。

9.1.2 旅游市场竞争

旅游市场的存在和发展必然伴有旅游市场的竞争。旅游市场竞争既包括旅游供给者间的竞争，也包括旅游消费者之间的竞争，还包括旅游供给者和旅游消费者之间的竞争。因此，旅游市场竞争无处不在、无时不在，并且随着旅游市场的全球化发展，竞争将在更大范围内展开。

1）旅游市场竞争的内容

旅游者之间、旅游经营者之间、旅游者和经营者之间、旅游目的地国家或地区之间的竞争，共同构成了旅游市场竞争的主要内容。

（1）旅游者之间的竞争

旅游者之间的竞争，主要表现为在各种因素的影响下选择旅游产品的竞争，具体包括旅游目的地、旅游经营者、旅游服务的内容、质量和价格等方面的竞争。尤其是旅游旺季，在旅游热点地区，旅游者因供不应求而呈现出更加激烈的竞争态势，于是"先到者得"或"价高者得"就会成为决定竞争结果的法则。

（2）旅游经营者之间的竞争

旅游经营者之间的竞争是旅游市场竞争的主要内容，是指旅游产品要素供应主体之间的竞争，具体包括为争夺旅游者、争夺旅游中间商等方面的内容。当前，由于旅游经营者产品供给同质化严重，竞争手段单一，市场竞争日益激烈，急需从企业自身、市场管理等不同层面加以规范，避免恶性竞争。

（3）旅游者和旅游经营者之间的竞争

旅游市场竞争，不仅是旅游者之间或旅游经营者之间的竞争，也表现为旅游者和旅游经营者之间的竞争。由于旅游者对旅游产品的需求与旅游经营者的供给存在一定的矛盾，因此旅游者和旅游经营者之间也存在着一定的竞争，包括对旅游产品、旅游服务和旅游价格等方面的竞争。竞争的结果，取决于双方的议价能力。一方面，形成双方都能够接受的旅游产品和旅游服务的内容、方式、质量和价格；另一方面，必然促使旅游需求和供给的动态平衡发展，从而促进旅游经济的健康发展。

（4）旅游目的地国家或地区之间的竞争

从宏观角度来看，随着旅游者旅游需求多样化发展和旅游消费心理的成熟，区域旅游竞争逐步向旅游目的地综合竞争转变。因此，除了上述旅游市场竞争的内容外，旅游目的地国家或地区之间的竞争，还突出表现在塑造旅游形象、培育旅游品牌、提供特色旅游产品和打造全域旅游目的地等方面的竞争。

2）影响旅游市场竞争的主要因素

在旅游市场竞争中，影响旅游市场竞争的因素很多，包括旅游资源、劳动力、资本、技术和管理在内的所有生产要素资源，以及旅游需求、旅游供给、旅游产业和宏微观环境等，而对旅游市场竞争产生直接影响作用的因素主要有旅游者和旅游经营者的数量、旅游产品的同质性与差异化、旅游市场进出壁垒的高低等。

（1）旅游者和旅游经营者的数量

从旅游市场的形成来看，旅游市场竞争主要是指旅游经营者之间的竞争。在旅游市场的竞争中，旅游供给主体数量的多少是决定和影响旅游市场竞争激烈程度的首要因素。在现实旅游经济活动中，只有个别或少数旅游者或旅游经营者的旅游市场是非常少见的。如果旅游市场中只存在一个或少数几个旅游经营者处于支配地位时，旅游市场竞争程度极小，甚至形成垄断旅游市场。而形成这种市场的主要原因是旅游供给者对资源的垄断，导致其旅游供给规模在市场上处于完全支配地位，得以避开激烈的市场竞争。比如首先开发某个线路产品的旅游经营者，其对线路的经营可在一定时间内形成垄断，但维持垄断地位的成本很高。从市场的角度来看，只有当垄断收益得到足够保障时才能不断激励创新。

（2）旅游产品的同质性与差异性

从旅游市场交换的对象来看，旅游市场竞争主要是指旅游产品之间的竞争。因此，旅游产品的同质性是影响旅游市场竞争的又一重要因素。旅游产品的同质性主要体现在旅游产品投入要素的相似性、销售方式的相似性、价格的相似性、质量和服务标准的同一性等，致使很多旅游产品因其相似性而成为竞争性产品甚至是完全替代产品,旅游者无法辨别不同旅游经营者所提供的旅游产品的差别,从而加剧旅游产品供给者之间的竞争。面对产品同质化严重的旅游市场,通常见效最快的竞争手段是价格竞争,但价格竞争往往会对旅游企业和旅游者造成双重伤害。一方面,旅游企业进入一种薄利甚至微利的艰难生存状态,散小弱的企业甚至可能被淘汰;另一方面,利润空间被压缩后,旅游产品质量也肯定大不如前,直接影响旅游消费者的旅游体验。因此,同质化的旅游市场要求企业具备创新意识,利用产品内涵、服务品质、市场营销等各种要素差异来构筑出消费者可识别的旅游产品异质性,从而吸引消费者,形成竞争优势。

（3）旅游市场进出壁垒的高低

从旅游市场的发展进程来看,市场进出壁垒的高低即旅游经营者进出旅游市场的自由度,是影响旅游市场激烈与否的另一个重要因素。如果旅游市场进出壁垒相对较低,旅游经营者进入或退出旅游市场十分容易,则旅游市场的竞争会更加激烈;如果旅游市场进出壁垒相对较高,旅游经营者进入或退出旅游市场受到阻碍和制约,则旅游市场的竞争相对弱一些。市场壁垒的高低与旅游市场的竞争状况相对应,壁垒较高的旅游市场通常更容易形成垄断竞争的旅游市场和完全垄断的旅游市场。

3）旅游市场竞争的利弊

由于现代科学技术普及程度和速度的大大提升,以及旅游市场的全球化发展,极少有旅游供给主体能在旅游市场上形成或者保持垄断地位,因此竞争成为现代旅游市场发展进程的常态。

（1）旅游市场竞争的有利影响

在激烈的竞争环境下,以利润最大化为生存和发展前提的旅游供给者必然会不断采用新技术,利用新资源,为旅游者提供更为优质的旅游产品和旅游服务,努力提高经营管理水平和工作效率,争取在竞争中获得更为有利的地位。这对于完善旅游企业的优胜劣汰机制也具有积极的推动作用。从这个意义上来说,旅游市场竞争是旅游产业不断持续健康发展和进步的外部动力。

（2）旅游市场竞争的不利影响

在市场经济条件下,旅游市场的有序运行与市场功能的有效发挥,都源于其市场机制的自发作用和法制约束等外部力量。而在市场机制的自发作用和外部强制因素无法充分发挥作用的情况下,市场竞争也会带来相当大的弊端。首先,市场竞争主要集中在旅游供给者,当面对供过于求、市场竞争激烈的市场状况时,为了实现自己利益最大化的目标,旅游产品供给者往往不惜以牺牲自然资源和破坏自然环境为代价,过度开发和利用稀缺资源,且在对资源的开发和利用中往往采取低技术、低成本的方式,从而通过低成本在竞争中占据较有利地位,这将导致稀缺资源的开发深度不够,旅游产品的附加值过低、精细化不足,旅游发展水平较低。其次,旅游供给者往往会在竞争中以不正当竞争手段争抢有限的中间商和客源,比如以间接支付、给予高额回扣等不正当竞争手段争取中间商,拉拢或稳定客源,从而在某个区域或细分市场上形成垄断或占据有利地位。又如,以零负团费等不正当定价策略拉拢客源等,这不仅会损害竞争对手的利益,从长期来看,还将导致恶性竞争,进而损害整个旅游产业的利益。最后,在旅游市场竞争中,旅游者权益受到损害的事件屡见不鲜,如旅游服务质量未达到合同要求,旅游购物商品质次价高、以次充好,甚至是假冒伪劣商品,既坑害了旅游者,也损害了当地旅游业的健康发展。

由于旅游市场竞争利弊皆有,要鼓励积极作用,规避负面影响,除了加强市场规范,加大惩戒力度,引入伦理管理同样重要。

9.2 旅游伦理与旅游市场

9.2.1 旅游伦理对旅游市场的作用

无论是广义旅游市场还是狭义旅游市场,都是经济大市场的一个重要组成部分,都要受到市场伦理的约束,形成一系列符合旅游市场特点的伦理规范。而旅游市场伦理的规范对象主要是旅游经营者、旅游者和旅游行政管理部门,对其具有较强的导向作用、规范作用和激励作用。

1)导向作用

旅游经营者是市场供给的承担者,是联系旅游资源和旅游者的桥梁。在旅游业快速发展的同时,旅游经营也暴露出各种伦理问题,如信用缺失、不正当竞争、欺诈等。这不仅会损害旅游消费者的正当权益,扰乱旅游市场秩序,甚至会导致区域旅游业的衰亡,成为当前困扰我国旅游业健康发展的阻碍。

具有伦理理性的市场经济制度有利于个体道德因素的生成和成长。具有伦理理性的旅游市场制度对不同的旅游市场行为主体具有同等的客观有效性,它不为个体的偏好所左右,而且对个体的偏好、价值追求起导向作用,能把旅游经营者个体的行为纳入统一的市场伦理秩序中来,以伦理考量加制度惩戒的方式共同引导企业履行社会责任,争当负责的企业公民。如保证向消费者提供合乎质量要求的产品与服务,保证以公平合理的价格进行销售等都是企业社会责任的重要内容,如果能在制度惩戒中引入伦理考核指标,则能逐步激发企业自觉遵守市场规范,强化维护消费者合法权益等的主动意识与行为,引导企业选择负责任的经营决策与行为,减少企业不合规、不合法行为对市场秩序和消费者权益造成的损害。

2)规范作用

根据马斯洛需求层次理论可知,旅游活动是人们为了满足精神享乐的高层次消费活动。旅游消费的过程不仅是旅游者获得精神、物质享受的过程,也是旅游者增长见识、锻炼体力和智力、提升素质的一条重要途径。但是,在我国旅游活动发展实践中,种种不符合伦理道德的现象层出不穷,如旅游者消费攀比、道德弱化、文化干涉、物质摄取等。

目前,旅游市场中较为强调他律,即外在规范,这种规范模式忽视了人的尊严以及个人权利,忽视了人的精神追求和自我实现,这与人的全面发展不协调,具有明显的局限性。和硬性的规章准则相比,软性的旅游伦理具有多方面的优越性。例如,倡导适度消费和文明旅游就是从伦理自省和自我约束的角度激发旅游主体的主动意识,而相应的具体要求则对旅游主体的行为进行了规范。当合乎伦理道德要求的旅游行为蔚然成风的时候,全社会也就形成了群体监督和约束的力量,旅游伦理就可能将规范内化为旅游者的自我信仰,会让旅游者按照伦理要求自我约束、自我规范,同时还可以让旅游者在遵守伦理规范的过程中产生满足感和群体归属感,社会的总体文明水平也会向前推进一大步。所以,当前以政府倡导、媒体宣传、企业教育并配合以"黑名单"等惩戒手段多轮驱动的市场规范方式是可取的,也是有效的。

3) 激励作用

随着旅游业的蓬勃发展,旅游业发展目标已经从单纯的经济功能扩展到社会、文化功能,而旅游企业作为旅游业发展的重要力量,也必须积极承担相应的社会责任,才能确保旅游业的可持续发展。但是,目前很多旅游企业为扩大旅游市场份额,赢得当前利益,纷纷出奇招,导致旅游市场竞争激烈,与旅游企业社会责任相关的社会矛盾也日益增多,如旅游企业的环境责任缺失、慈善责任缺失、法律责任缺失等。因此,亟须建立旅游市场伦理,激发旅游企业的自觉自省,履行社会责任,促进旅游市场的和谐繁荣。

单纯强调物质激励的有效性,忽视精神激励,必会导致畸形追求物质利益以及物欲恶性膨胀的情况。相反,旅游市场伦理强调履行社会责任,为旅游企业提供新的精神追求,是一种重要的精神激励形式。另外,通过履行社会责任,旅游企业可以建立社会公信力,树立良好的社会形象;改善与旅游利益相关者的关系,赢得正面口碑;直接影响旅游者对旅游产品供给者的偏好与选择,从而为其自身的健康、稳定发展创造良好的市场环境,这在一定程度上可起到示范效应,激励更多旅游企业履行社会责任。

9.2.2 建构旅游市场伦理的必要性和紧迫性

当前,我国已步入大众旅游时代,旅游成为人们生活中的一个重要内容,旅游产业也成为国民经济的一个战略性支柱产业。近年来,旅游相关政策法规的陆续颁布和实施,使得我国旅游市场环境得到了有效净化,旅游市场秩序也日益规范。但是,诸如欺客宰客、强迫消费、虚假广告、价格欺诈等违法违规行为屡禁不止;挥霍消费、乱刻乱画、乱扔垃圾等不文明行为屡见不鲜;旅游市场管理缺位、错位现象时有发生。这些问题的产生一方面是由于制度缺失,市场监管职能模糊、监管不力;另一方面则是由于旅游诚信经营观念的缺失,旅游经营伦理、旅游消费伦理、生态环境伦理意识淡薄等原因造成的。

因此,加快树立以"文明、和谐、敬业、诚信"等社会主义核心价值观为基本观念的旅游市场伦理观念,建立一系列相应的旅游市场伦理规范体系和监督约束机制,发挥其引导、规范以及激励作用,弥补法制的局限性,规范和引导旅游经营管理和服务行为,引领旅游者的绿色消费、理性消费和文明旅游行为,既有必要性,更有紧迫性。

9.2.3 旅游市场伦理的建构

旅游市场环境的有效净化和市场良好秩序的建立,不仅依赖于政府对市场的有效监管,同时也需要旅游企业及社会各方面的共同参与和良性互动。因此,旅游市场伦理的建构不仅包括旅游市场伦理观念的树立,还包括旅游伦理规范体系的建立和完善,以及相应的旅游市场伦理监督机制的建立。

1)树立旅游市场伦理观

(1)绿色旅游消费伦理观

旅游消费伦理不同于一般的社会准则,它在本质上是旅游者自觉自愿作出的行为选择,强调的是旅游者自主自律。以和谐、绿色的旅游消费伦理观指导旅游行为本身也是旅游消费成熟理性的重要表现。一般来说,旅游消费观念一旦建立,将对旅游行为产生直接的影响,因此必须抓住我国依然处于大众旅游时代,大多数旅游者的消费观念和行为模式还处于可引导、可变化的时期,倡导"和谐旅游、健康旅游、文明旅游、绿色旅游"的旅游消费方式,在全社会范围内牢固树立"和谐、健康、文明、绿色"的旅游消费伦理观念,进而引导形成"和谐、健康、文明、绿色"的旅游消费习惯。在自觉践行"文明出行、适度消费"的基础上,遵循科学合理的原则,抵制从众心理、消费攀高、消费炫耀等非理性旅游消费行为。

(2)优质旅游服务伦理观

旅游从业人员的服务态度是评价职业道德高低和服务质量优劣的重要指标。现阶段,我国旅游从业人员队伍庞大,服务水平和服务质量参差不齐,不少旅游从业人员对本职工作存在片面认识,缺乏基本礼仪培训,服务态度不端正甚至恶劣,影响我国旅游服务业的整体形象和水平。必须积极引导旅游从业人员始终把"提高旅游服务质量"作为工作目标,把"人人为我,我为人人"作为服务理念,强化服务营销意识,鼓励服务技能提升和服务方式创新,从伦理道德规范和自我价值实现两个维度推进服务伦理的构建,把服务伦理真正内化为自觉行为,以行动的自觉实现被动服务向主动服务的转变,最终促进旅游服务质量的全面提升。

(3)和谐诚信的旅游经营伦理观

诚信经营是所有旅游企业必须遵循的经营之道,直接关系到企业能否在市场竞争中树立良好形象,赢得良好声誉,实现可持续发展。因此,要大力倡导旅游企业将诚信作为基本的经营理念,自觉增强诚信意识,真正将和谐诚信理念贯穿到旅游经营管理和服务的各个环节,共同营造和谐诚信、守法经营的旅游经营环境,为旅游业健康有序发展营造良好的市场环境。

(4)可持续发展的旅游环境伦理观

为了实现代际公平,必须加快树立可持续发展旅游环境伦理观,以提高人们的道德境界,调整人们的生活态度,提升人们对生态环境价值的认识,自觉将生态旅游意识、生态旅游观念等融入旅游消费活动的各方面和旅游产品生产活动的具体环节。自觉抵制对旅游生态环境的破坏,延长旅游资源的生命周期,提高环境的可持续发展能力,维护旅游生态系统的平衡,共同推动旅游业和谐持续发展。

2) 建立和完善旅游伦理规范体系

（1）加快建立旅游消费伦理规范

旅游者是旅游活动参与的主体，只有旅游者坚持以社会主义核心价值观中的"友好、和谐"为核心，以"文明、健康、绿色"为原则，以"爱护自然、保护历史、关爱他人、善待自我"为利益诉求方向，旅游才能够更加有序、健康和文明。旅游消费伦理规范的建立需要在伦理教育的基础上进行自律，这就要求旅游者接受社会公德教育，对遵守公德的良好结果有一个充分的认知，在不断提升伦理自觉和行为自省能力的同时，把伦理规范逐步内化，并影响越来越多的人，推动整个社会的文明进步。例如，在旅游地等公共场所，若大家都能相互尊重、相互帮助、遵守公共秩序、爱护公物，则旅游体验必然愉悦。除了普适性的公德教育之外，还应该针对旅游主体与客体间互动关系的特点进行生态伦理教育，教育旅游主体尊重自然、保护环境、与自然和谐相处，以保证旅游主体不违背代内公平和代际正义。当然，旅游主体行为本身包含大量人与人交往的活动，对旅游主体进行交往伦理教育，努力营造相互尊重和相互信任的氛围，并建立平等互助的新型人际关系十分必要，特别强调要使旅游者在旅游活动中学会尊重异域文化等。

（2）加快完善旅游经营伦理规范

旅游经营伦理规范的对象主要是旅游企业（景区、旅行社、饭店、其他与旅游有关的企业），加快完善其伦理规范应从以下 3 方面进行。一是制定实施旅游可持续发展规范。以《旅游法》以及国务院关于促进旅游产业发展的有关决策部署为指导，以"旅游与自然、文化、环境有机统一"为根本原则，制定实施旅游可持续发展规范，指导和规范旅游业发展实践活动，确保旅游业发展符合当地经济发展状况和社会道德规范；尊重当地文化遗产、传统习俗和社会活动；与自然生态环境承受能力相协调，实现生态效益、经济效益和社会效益的统一。二是制定实施旅游产品质量伦理规范。要制定实施旅游产品质量伦理规范，全力推进产品质量伦理规范由个体认同向集体和社会认同转变，以规范的认同促使行为的使然，并坚持以信立身，进而实现质量伦理规范成为行业遵循的质量之"道"，变成行业坚守的质量之"德"。三是探索建立旅游营销伦理规范。通过规范旅游经营者的旅游营销行为，以确保旅游产品宣传促销客观真实、准确全面。

3) 建立旅游伦理监督管理机制

（1）建立健全旅游伦理的社会舆论监督机制

通过主流媒体以及微信、微博等新兴媒体宣传报道文明旅游行为，谴责不文明的旅游行为，通过社会舆论的赞誉或谴责，使旅游伦理规范成为旅游伦理主体"他律"的坐标，内化为"自律"的指南。

（2）建立健全旅游伦理的法律约束机制

加大执法工作力度，提高旅游执法工作水平，真正做到"有法必依、执法必严、违法必究"，确保旅游法律法规得到有效实施。此外，要加强旅游伦理理论，尤其是旅游伦理法律约束机制研究,探索将旅游伦理主体的相关责任与义务纳入法制化轨道。

(3)建立健全旅游伦理的行业自律机制

要在加快旅游行业组织体制改革的基础上,进一步加快旅游行业自律机制特别是旅游伦理的行业自律机制建设,充分利用旅游行业协会的优势,加强对整个行业旅游伦理的监督和检查,以严格的行业自律带动旅游各类行为的规范有序。

9.3　旅游市场伦理与旅游法制

9.3.1　旅游法制实现条件

旅游市场的有序发展离不开法制建设,两者的关系体现在以下两个方面:一方面,旅游市场经济与法制建设两者之间相辅相成,密不可分。由于旅游市场有自身局限,必须运用法律法规和必要的行政管理来加强和改善对市场的宏观调控,才能引导旅游市场健康发展。另一方面,由于旅游企业等市场主体的经济行为需要法制的规范和保障,市场经济的运行规则和市场的公平竞争也要靠法制来巩固与维系,因而完善的法制建设是旅游市场经济发展的内在要求。而实现旅游法制需具备3个条件:完备的立法、健全的机构和精良的队伍。

1)完备的立法

市场交易行为离不开规则的调整和约束,法律制度就是市场交易规则的核心组成部分。中国旅游业正处于快速发展时期,构建完备的与旅游市场相适应的法律制度体系,为旅游市场经济创造良好的法治环境,对旅游业能否繁荣稳定发展至关重要。

目前,我国旅游法律规范体系呈现以下特征:①通用性法规与专门性法规双管齐下。在我国由这两种法律规范同时调整旅游社会关系:其一是中华人民共和国成立以来尤其是改革开放以来,由国家制定的各种通用性法律和法规,如经济合同法、文物保护法、环境保护法等。由于旅游活动就其本质而言属于民事活动,所以要像大多数行业一样遵守上述通用性法律和法规。其二是旅游业的专门法律和法规,如旅行社管理条例、旅游饭店行业规范、风景名胜区管理暂行规定等。它们的制定,既符合法制的一般原则,又体现了旅游业的固有规律,起到了通用性法律难以起到的作用,使旅游立法更具针对性。②系统化特征。系统化主要表现为从饭店、旅行社到景区(点)都有相应的政策法规,形成了旅游行业法律系统;从旅游企业到从业人员以及服务对象也有对应的法律约束,形成了不同旅游主体的法律系统;从全国性旅游法规到地方性旅游政策,形成了不同旅游区域的法律系统。随着我国旅游立法工作的不断完善,各项旅游法规将更加细化,整个法律系统也将日趋完整。2013 年 10 月 1日起在全国施行的《旅游法》是我国旅游法制建设史上的重要里程碑,体现了我国旅游法制建设和旅游行业管理的重大制度创新,表现出"综合立法""保护旅游者合法权益""民事规范和行政规范并重"和"规划入法"等诸多亮点,为保障旅游者和旅游经营者的合法权益,规范旅游市场秩序,保护和合理利用旅游资源,促进旅游业持续健康发展发挥重要作用(表9.1)。

表 9.1　我国与旅游相关的法律法规规范及标准①

与旅游相关的法律法规规范及标准	《旅游法》
与旅游景区管理相关的法律法规规范及标准	《旅游区(点)质量等级的划分与评定》
	《国家级风景名胜区规划编制审批办法》
	《景区等级评定标准(评分细则)》
	《旅游景区质量等级管理办法》
	《旅游景区游客中心设置与服务规范》
与旅游规划相关的法律法规规范及标准	《旅游规划通则》实施细则
	《风景名胜区规划规范》
	《旅游发展规划管理办法》
	《旅游规划设计单位资质等级认定管理办法》
	《旅游扶贫试点村规划导则》
与旅游资源相关的法律法规规范及标准	《旅游资源分类、调查与评价》
	《旅游资源保护暂行办法》
与星级酒店、绿色饭店相关的法律法规及标准	《旅游饭店星级的划分与评定》
	《旅游涉外饭店星级的划分与评定》
	《绿色饭店等级评定规定》
与旅游基础设施相关的法律法规及标准	《旅游厕所质量等级的划分与评定》
	《旅游购物场所服务质量要求》
	《旅游景区公共信息导向系统设置规范》
	《绿道旅游设施与服务规范》
	《无障碍设计规范》
其他	《中华人民共和国城乡规划法》
	《中华人民共和国土地管理法》
	《历史文化名城保护规划规范》
	《土地利用现状分类标准》

---

① 根据我国颁布的与旅游相关的法律法规节选整理所得。

2) 健全的机构

旅游行业相关机构不仅是法律法规等的推动落实者,也是对旅游业进行管理的重要组织形式。我国对旅游业的管理采取政府部门监管和行业自律相结合的方式,具体表现为:

①国家旅游局是国务院主管旅游业的直属机构,各省、自治区和直辖市的旅游局(委)是地方旅游行业的主管部门,各省、自治区、直辖市设立省、地(州、市)、县旅游局三级地方旅游行政管理体系。地方各级旅游局是当地旅游工作的行业归口管理部门,受同级地方政府和上一级旅游局的双重领导,以地方政府领导为主,研究执行本地区旅游业发展的地方性法规和规章等旅游行业管理工作。

②中国旅游协会是旅游行业的自律性组织,是由中国旅游行业的有关社团组织和企事业单位在平等自愿基础上组成的全国综合性旅游行业协会。

③对于资源类旅游项目,涉及风景名胜、文物古迹、森林公园、自然保护区等许多不同类型的资源范畴。按照现行的行政管理体制,旅游资源按不同属性,分别由建设、文物、林业、国土资源、旅游等有关主管部门归口管理。

④在旅游客运业务方面,主管部门为国家各级交通运输管理部门。交通运输部负责统筹全国公路管理工作,制订部门规章、公路发展规划和具体实施方针;各级人民政府均设交通厅(或交通局、交通委员会)等交通行政主管部门,作为各级人民政府主管本地公路、水路等交通事业的职能部门,统筹本地区公路管理工作,制订公路发展规划和具体实施方针。

⑤在经营旅行社业务方面,应当报经有权审批的旅游行政管理部门批准,领取旅行社业务经营许可证,并依法办理工商登记注册手续。国家旅游局依据旅游业发展的状况,制订旅行社业务年检考核指标,统一组织全国旅行社业务年检工作,并由各级旅游行政管理部门负责实施。

⑥对于酒店业经营,除了旅游主管部门外,公安、工商、物价、环保、卫生检疫、城建城管等部门也根据职责分工对各类旅游饭店企业实施监管。

3) 精良的队伍

法律制度最终是通过人来实现的,高素质、专业化的执法队伍是公正实践旅游法律制度的保障。在执法方面,一是旅游执法大队在依法维护辖区旅游市场良好秩序,促进本地区旅游业健康有序发展,查处旅游违法案件,监督检查旅游服务质量等旅游市场综合治理上发挥了重要作用;二是我国在热门旅游景区设立的旅游警察有效地解决了由于旅游市场涉及多行业、多领域、多群体,旅游纠纷涉及的民事行为大多超出各传统部门的职责权限的问题,旅游警察的设立不仅为游客带来了"安全感",其具有的行政处罚权也震慑了旅游从业者或是商家的欺客宰客行为,从而维护了市场秩序。在旅游执法监督管理上,我国大部分地区建立旅游市场联合执法机制,加强政府相关部门之间的沟通和配合,相互支持,密切合作,依法在各自职责范围内对有关旅游市场实施执法监督管理。

9.3.2 旅游法制的伦理基础

伦理之于法律具有先在性和基础性,无论是旅游法律条文还是相关旅游规章,其在形式上虽然仅规定特定行为的责任后果,而实质上是以一般的伦理规范的预设为前提。伦理道德与法律之间互相渗透,即法律贯穿着伦理道德精神,它的许多规范是根据伦理道德原则或规范制定的,而伦理道德的许多内容又是从法律中汲取的。我国的规制章程都是将"以人为本"作为最高价值取向,即要尊重人、理解人、关心人,因此现行旅游规治的伦理基础就是以人为本。而人类生活的世界是由自然、人、社会3个部分构成的,法律的以人为本从根本上说就是从伦理的角度寻求人与社会、人与自然、人与人之间关系的总体性和谐发展。

1) 以人为本——人与社会

旅游的发展为地区经济作出了重要贡献,但是经济发展是不均衡的,城乡差别、区域差别进一步扩大,"经济高增长、社会低发展"的失衡局面逐渐显现。就区域差距来说,国家将旅游扶贫作为重要手段,即通过开发贫困地区丰富的旅游资源,兴办旅游经济实体,使旅游业形成区域支柱产业,实现贫困地区居民和地方财政双脱贫致富。在政策上,国务院办公厅下发《关于进一步促进旅游投资和消费的若干意见》中提出大力推进乡村旅游扶贫,加大对乡村旅游扶贫重点村的规划指导、专业培训、宣传推广力度,组织开展乡村旅游规划扶贫公益活动,对建档立案的贫困村实施整村扶持,以促进乡村经济的发展;而经济的发展又带动社会基础设施的改善和社会福利的增加,这为帮扶贫困群体、失业群体和弱势群体重新融入社会并在经济发展过程中重新获得机会发展提供了重要契机。因而,旅游政策与法规都重视人与社会的和谐发展。

2) 以人为本——人与自然

旅游是融入自然的活动,自然界的一切构成了旅游活动的内容。旅游之美在于和谐之美,没有生命的差异性及多样性,就没有人与自然的和谐。如果在旅游活动中任意践踏生命,物种便会逐步消亡,人类便会无景可观、无物可赏。在旅游活动中,我们应持有这样的理念:人与自然是一个密不可分的整体,地球是我们唯一的家园,我们的生存和发展一刻也离不开地球。在旅游政策法规中涉及人与自然和谐发展的规定多之又多,如从旅游者方面来说,《旅游法》规定旅游者在旅游活动中应当遵守社会公共秩序和社会公德,尊重当地的风俗习惯、文化传统和宗教信仰,爱护旅游资源,保护生态环境,遵守旅游文明行为规范;从旅游企业来说,《国家生态旅游示范区管理暂行办法》中将生态环境的保护贯穿于生态旅游示范区的申报、审批与验收,开发与建设,运营管理等各个方面。

3) 以人为本——人与人

实现人与自然、人与社会的和谐统一,最根本的是要处理好人与人之间的关系,实现人与人的和谐发展,因此,建立相互尊重、理解、信任和关心的良好人际关系尤为重要。长期以来,由于没有细化的旅游合同条款,各旅行社之间存在着恶意竞争,买团、欺骗或胁迫游客购物等侵害游客权益的事件时有发生,新修订出台的《旅行社条例》能够站在游客的角度和立场,加大了对旅行社和导游侵犯游客权益行为的惩罚力度,规范了旅行社的经营,解决了旅行社长期无序竞争的问题,对于改善旅行社的经营环境有着积极的作用,有力地保障了游客的合法权益,这体现了以人为本、关注民生的新特点。最高人民法院颁发的《关于审理旅游纠纷案件适用法律若干问题的规定》为旅游者与旅游经营者、旅游辅助服务者之间因旅游发生的合同纠纷或者侵权纠纷提供了有力的法律依据。

9.3.3 旅游市场伦理与旅游法治

1)伦理与法治的关系

伦理与法治是相辅相成的。一方面,伦理是法治的基础。良好的伦理道德能够为旅游法治的建立与完善提供良好的经济、文化、政治环境,伦理的终极关怀是人,伦理服务于人自身的需要,所以伦理应该并且可以为法治服务,帮助各主体纠正错误观念,避免错误行为。因此,遵循普遍的伦理原则,有助于直接减少甚至避免违法违规行为造成的后果,实现事前教化,避免事后惩戒。另一方面,法治是伦理的保障。旅游的目的是为了获得良好的旅游体验和身心愉悦,然而我国旅游市场存在非法经营、欺客宰客、强迫消费等行为令旅游者苦不堪言。强有力的法律手段也许只能使旅游界在短期内的治理上获得立竿见影的效果,但如果仅有法制,国家职权主义会压抑旅游利益相关者的自由。而在法治状态下,监督制约机制的有效发挥,决定了国家必须保障旅游相关者的自由,体现了国家与社会、国家与国民之间的一项伦理原则——权力必须接受监督和制约,因此,监督制约机制的建立与存在,也就体现了法律与伦理道德的联系。

2)以法治推动旅游市场伦理建设

依法治国是维护社会和谐稳定、健康发展的根本,在旅游市场规模迅速扩大、旅游业地位全方位提升、综合贡献率显著提高的今天,我国旅游业的发展也必然越来越重视法治的力量。法治是对法制的革命性超越,是一个复杂的系统工程,法治的内涵超出了法制的范畴,包括法律意识、执法和守法3个要素[①]。我们将从以下3方面来分析法治如何推动旅游伦理建设。

(1)法律意识

最近几年,旅游从业人员及旅游者的不诚信、不公平等有违伦理道德的现象日益增多,已经严重威胁到了旅游业的健康发展。在追求良好的旅游市场环境时,部分人员通过自省意识能进行自我构建市场伦理道德,并能有效地遵守。因此,在伦理自省意识还不足以让大多数人自觉遵守旅游市场伦理的时候,通过加强法制教育,增强法律意识来推进旅游市场伦理建设十分必要,良好的法律意识是公民自觉守法的依据。

法律意识的强化需要加强法制教育。因此,在教育方式上,要坚持法制教育与法制实践相结合,要增强针对性、注重实效性,要做到教育与管理、服务与维权相结合,既要教育旅游相关人员法制知识,提高他们法制意识,又要为他们提供法律服务,维护他们的合法权益;在传播渠道上,充分利用各地的广播、电视、报刊、网络等新闻媒体,开辟专题、专栏,积极宣传报道旅游相关人员认真学法、遵纪守法和依法维权的事例,营造浓厚的学法用法氛围;在内

---

① 曾粤兴.伦理与法治关系论[J].河南省政法管理干部学院学报,2008,23(4):51.

容创新上,要抓住涉及旅游相关人员工作和生活密切相关的法律问题进行深入浅出的法律解释,增强他们的法制观念。

（2）执法

伦理规范属于道德层面,人们遵守与否是自身意识的选择,因此旅游市场伦理规范真正发挥作用离不开执法监督手段的保障。行政执法官员等作为相关旅游法律制度的实施者,其职业伦理水准对旅游执法有重要影响,它不仅是制约其职业思维方式的重要因素和衡量其职业能力的重要标准,而且对于法律公平正义价值的实现具有直接的影响。因此,提高旅游监察、旅游警察等旅游市场监管队伍及其成员的法律意识、执法水平事关重大,只有建设形成纪律严明、作风精干、公正执法的法制执行者才能更好更持续地推进旅游市场伦理规范的作用发挥,最终减少甚至逐步消除违法违规行为,让真正符合市场规律和供求双方利益的旅游伦理规范,得以自发规范旅游市场。因此,各地应进一步完善旅游市场综合治理机制,整合旅游行政资源,调整充实旅游执法队伍,明确旅游执法队伍行政编制,要配备一支综合素质高、业务能力强、有责任感的干部充实到旅游综合执法队伍中,人员数量要保证旅游综合执法工作的正常开展。同时要明确旅游综合执法的主体,赋予相应的职能和权限,制定出台旅游综合执法相应的实施办法,明确执法主体和联合执法各成员单位的权利义务,建立长效旅游市场联合执法机制。

（3）守法

真正实现旅游市场伦理的建设目标最终需要强化人们的自觉守法意识,杜绝违法行为。守法是社会道德的最基本要求,一切自觉的守法行为都取决于行为主体内心对法律的尊崇与信仰,取决于法律能否成为行为主体伦理道德的组成部分。在旅游市场经济中,"利己"要有制度（法律）的外在约束和道德伦理（文化）的内部支撑。

守法的内容包括履行法律义务和行使法律权利,两者密切联系,不可分割,守法是履行法律义务和行使法律权利的有机统一。因此,一方面,旅游业开发者、经营者不能违背相关法律的禁止性规定,应做到诚信经营,旅游者应做到文明旅游;另一方面,旅游相关人员还要树立权利意识,勇于利用法律武器维护自身合法权益。

思考题

1. 根据旅游市场竞争的特征,试分析竞争对于旅游市场的好处和坏处,伦理如何对旅游市场起作用。
2. 简述如何构建旅游市场伦理。谈谈我国建设旅游市场伦理有哪些阻碍。
3. 简述我国的旅游法制与市场伦理的关系。

【综合案例分析】

案例1：我国旅游门票高位运转

经过改革开放30多年的发展,中国已成为全球第四大入境旅游国和亚洲最大的旅游客源国。但不和谐的是,各旅游景区门票的频频涨价,高位运转,让老百姓刚刚跨出家门的脚显得沉重不堪。以我国的40处世界遗产为例,云南石林175元,湖北黄鹤楼80元,山东三孔景区联票185元……对比国外的世界遗产,美国黄石国家公园每人12美元,16岁以下免费,门票价格大约是他们月工资的1/200;英国白金汉宫票价12英镑,相当于英国人平均月收入的1/125;韩国"世界文化遗产"昌德宫门票是3 000韩元,约合3.3美元,在韩国相当于两个苹果的价格。"我国现阶段旅游景区门票价格在居民人均月收入所占的比重达7.6%。32%以上,已经远远高出发达国家通常门票价格占居民人均月收入不到1%的水平。"

(依绍华.对景区门票涨价热的冷思考[J].价格理论与实践,2005(1):18-19.)

案例分析思考:

1.旅游门票高位运转是否违背了伦理规范? 如果违背了,请作出说明。

2.从旅游市场伦理的角度,试说明针对旅游门票高位运转问题,应该从哪些方面来控制。

案例2：丽江再发生"游客被打"事件调查　专家：监管需出实招

打人方:认错并公开道歉

2017年2月4日,赵某发微博称,自己一家8人到云南丽江古城一家饭店吃饭,因催着上菜被辱骂,双方发生争执,后被饭店人员追打、尾随。丽江古城警方5日通报证实此事,并对打人者文某等5人处以行政拘留和罚款。

6日,饭店店主曾女士在网络公开发文致歉,讲述事件经过。她称"事出有因":被打游客赵某谩骂老人并摔碗在先,态度蛮横且拒绝道歉。事发当天的监控视频随即传出。从视频中可以看到,一男子随手摔了服务员刚端上桌的一碗豆浆。曾女士指出,摔碗者就是赵某。

曾女士发文称,当天上午10时左右,游客赵某一行8人,第三次来到饭庄就餐。因一碗豆浆上迟了,冲着曾女士的母亲大吼,老人解释之后,赵某依然大喊大叫。待豆浆上桌之后,赵某一手将碗摔在地上。曾女士上前与之理论,赵某依然骂骂咧咧。

随后,曾女士联系男子文某前来协助处理,文某到来之后双方僵持不下。赵某报警,经警方协调后,赵某一行人离开饭店。行至一巷子口时,文某伙同若干人对赵某实施殴打。随即,警察返回现场,将动手的人一一抓捕。经丽江市古城区司法鉴定中心鉴定,赵某为轻微伤。

专家:理性看待事件,监管需要出实招

针对丽江连续曝出"游客被打"事件,丽江市旅游发展委员会相关负责人表示,丽江旅游环境整体上是安全的,发生游客被打事件属偶发,希望广大网友不要偏听偏信,理性客观看待事件本身。

该负责人表示,针对丽江旅游发展薄弱环节以及不规范问题,丽江市已经召开专题会议研究部署,出台了《丽江市深入开展旅游行业整治规范旅游市场秩序工作方案》,集中整顿包括不合理低价游、欺客宰客等不规范现象,集中查处一批典型案件,深化行业协会改革,加强行业自律,深化执法体制改革,加强综合监管。

而对于"丽江接连曝出旅游乱象"的问题,不少专家建议,规范丽江旅游秩序刻不容缓,需要出实招。

云南纳西学研究会会长杨福泉认为,连续发生在丽江的两次游客被打事件,在一定程度上反映出丽江旅游秩序急需进一步规范,旅游监管等相关部门需要完善应对机制,及时公布事件真相,回应社会公众的关切。

杨福泉建议,相关部门应该深刻反思,吸取教训,集中整治,加强监管,规范旅游秩序,保障游客人身安全,加强游客安全教育,预防类似事件再次发生,一定要为广大游客提供安全、文明、舒心的旅游环境。

同时,杨福泉也表示:"广大游客也需要提高安全防范意识,更要提高自身文明素养,遵守旅游法规,对自身言行负责,做文明游客。"

(中国新闻网:丽江再发生"游客被打"事件调查 专家:监管需出实招,2017-02-07.)

案例分析思考:

1."游客被打"事件为何会接连发生? 是什么原因造成"游客被打"?

2.从旅游市场伦理角度分析不同旅游利益相关者应采取哪些切实可行的措施防止旅游乱象问题。

第 10 章
旅游企业伦理

【学习目标】

旅游企业伦理是旅游伦理研究中重要的一环,除却提供旅游产品和服务,旅游企业还应积极承担社会责任。通过本章的学习,学生应能了解旅游企业利益相关者的界定,掌握我国旅游企业相关利益者基本图谱,从分析旅游企业涉及的实际伦理问题入手,运用利益相关者理论分析旅游企业社会责任体系的建构,对企业社会责任体系的内容以及旅游企业承担社会责任的途径都能结合实际灵活运用。

【重点难点】

- 旅游利益相关者的界定。
- 构建我国旅游企业相关利益者基本图谱。
- 我国旅游企业的伦理问题。
- 明确旅游企业社会责任体系的内容。
- 旅游企业如何承担社会责任。

【关键词】

利益相关者　旅游企业社会责任

简单地说,伦理学就是对道德的研究,而把追求最大利润作为主要目标的企业在依法经营的过程中是否还需要遵循各种道德规范？要回答这个问题,我们首先要对旅游企业伦理的起源做个简单的回顾。

随着科学技术的飞速发展,现代社会在经济、文化、生态环境方面出现了许多非技术手段可以解决的难题。在整个社会对企业伦理问题普遍关注的背景下,企业伦理学应运而生。旅游企业和伦理有着深刻的关系,旅游活动作为一种满足旅游者身心愉悦的体验性消费行为,旅游目的地的景观质量和价值,在很大程度上影响旅游者对旅游活动的满意程度。依托于各种自然环境和人文环境的旅游企业,在经营活动中必须尊重旅游地的自然和文化的价值,主动承担起环境伦理的义务。然而,有些旅游企业片面追求经济利益,对目的地进行掠夺式开发,造成了旅游资源的人为破坏。此外,诸如旅游企业信誉缺失、旅游产业利益相关者的利益冲突问题等也日益突出。在对旅游企业经营过程中出现的诸多问题的探索中,旅游企业伦理学的研究开始引起重视。事实上,各国一直致力于通过制定旅游政策和旅游法规来规范旅游企业的开发利用行为,同时引导游客的旅游价值取向,虽然这样的做法在短期内取得了明显效果,但从长远来看,却未能在旅游企业、旅游从业人员以及游客心中根深蒂固,激发主体自觉自省的旅游企业伦理开始引起学界、业界的关注。研究表明,高效管理工作的开展有赖于企业良好的道德观和高度的责任感,良好的伦理责任表现对企业的影响是正向相关的,如果旅游企业以恰当、适度的方式解决道德和利益的关系问题,业绩就可能实现较快增长,并与社会取得协调。

【案例分享】

WCTE:全球旅游业道德守则应上升为国际公约

第 17 届世界旅游业道德委员会(World Committee on Tourism Ethics, WCTE)大会于 2016 年 4 月 26 日至 27 日在联合国世界旅游组织总部(UNWTO Headquarters)西班牙马德里举办,会议讨论了将《全球旅游业道德守则》上升为国际公约进程中所取得的进展,并一再重申将该守则上升为具有法律约束力的国际法律的重要性。

此次会议议程由 UNWTO 部分成员国发起,该成员国小组目前正在起草公约,将于 2017 年在中国举行的第 22 届世界旅游组织大会(UNWTO General Assembly)上进行展示。

该委员会主席兼 WTO 前理事长 Pascal Lamy 强调了旅游业道德公约的重要性,他表示:"对于目前公约起草商议的进展我很满意,也衷心希望该公约成为旅游业道德方面的首项国际条约,以显示旅游业全体向着更有责任感的方向发展的重要性。"

UNWTO 秘书长 Taleb Rifai 表示:"将 UNWTO《全球旅游业道德守则》上升为国际条约代表着一大进步,此举可确保旅游发展对社会的促进力量,以及 UNWTO 成员国对此事的专注。我相信,这项条约将为旅游业如何创建更包容和更公平的发展模式提供范例。"

在为期两天的会议上,委员会还在旅游住宿与沙滩水上活动安全标准方面就如何提高全球旅游业道德守则的意识,以及其核心价值、可操作性、儿童保护和旅游服务供应商义务等方面展开激烈讨论。

在 Yelp 欧盟公共政策负责人 Kostas Rossoglou 参与的会议中,针对管理虚假在线评论与防止造假评级的现有机制也进行了讨论。委员会将继续针对这一问题进行磋商,并表示将继续开发这方面的指南和推荐。

作为负责促进和监督《全球旅游业道德守则》执行的机关,委员会对当下越来越多的公司和贸易协会坚持遵守私营部门守则的做法表示了赞赏。截至 2016 年 4 月,共有来自 64 个国家的 452 个签署方表明愿意遵守业务操作的守则。

【扩展阅读】WCTE 是一家负责监督 UNWTO《全球旅游业道德守则》以及一系列指导旅游可持续发展的法规实施的独立机构。该第 17 届委员会会议是其第 5 次会议,会议主席是 Pascal Lamy。WCTE 是 UNWTO 大会的附属机构,直接向其报告。WCTE 委员的选拔条件主要基于他们各自的能力,而非是否就职国家政府或代表官员。

委员会主席:Pascal Lamy(WTO 前理事长)。

委员：Mr. I Gede Ardika（印尼旅游部前部长），Mr.Yoshiaki Hompo（日本旅游局前局长），Mr.Khelil Lajmi（世界旅游交易会前主席），Mr.Khelil Lajmi（突尼斯旅游部前部长），Mr.Jean Marc Mignon（社会旅游国际组织主席），Ms.Tanja Mihalic（卢布尔雅那大学旅游研究所负责人），Mr. Ron Oswald（食品、农业、酒店、餐厅、餐饮、烟草以及联合工人协会的国际联盟秘书长），Mr.Eugenio Yunis（智利旅游企业联合会的董事会顾问）；候补委员：Mr.Hiran Cooray（Jetwing 董事长），Ms.Günnür Diker（土耳其旅行社协会秘书长），Ms.Suzy Hatough（旅游人力资源开发咨询机构 Dar Al-Diafa 董事）。

（品橙旅游. WCTE：全球旅游业道德守则应上升为国际公约，2016-05-11.）

10.1 旅游企业利益相关者管理

10.1.1 利益相关者理论

利益相关者理论（Stakeholder Theory）又称利益主体理论，是 20 世纪 60 年代起源于英美等西方国家的一种管理理论，其基本思想源于 19 世纪盛行的一种合作与协作的观念。斯坦福研究所将"利益相关者"定义为"利益相关者是那些失去其支持，企业就无法生存的个体或团体"。其核心思想是：任何一个企业的发展，都离不开各种利益相关者的投入或参与，企业追求的是利益相关者的整体利益，而不仅仅是某个主体的利益。然而，到目前为止，关于利益相关者概念的表述尚没有得到普遍的赞同。在已有的研究成果中，我们认为，弗里曼和克拉克森对利益相关者的定义最具有代表性。1984 年，弗里曼在《战略管理：利益相关者管理的分析方法》一书中，明确指出了利益相关者的定义，"利益相关者就是能够影响一个组织目标的实现，或者受到一个组织实现其目标过程影响的人"。它强调利益相关者与企业的关联性，根据这个定义，企业的股东、债权人、供应商、员工、管理人员等"能够影响一个组织目标的实现"的人都应该是企业的利益相关者。而且，企业所在地的政府、社区、媒体等也是会"受到一个组织实现其目标过程影响的人"，也应该是企业的利益相关者。克拉克森则认为，"利益相关者在企业中投入了一些实物资本、人力资本、财务资本或一些有价值的东西，并由此而承担了某些形式的风险，或者说，他们因企业活动而承受风险"，它强调专用性投资，依照此定义，一些没有对企业投资的人，比如媒体就不能算作企业的利益相关者①。

国内学者贾生华、陈宏辉在借鉴国外研究的基础上，对利益相关者概念的表述具有一定的代表性，认为"利益相关者就是指那些在企业中进行了一定的专用性投资，并承担了一定风险的个体或群体，其活动能够影响该企业目标的实现，或者受到该企业实现目标过程的影响的人"②。他们指出，企业的利益相关者包括投资者、管理人员、供应商、分销商、员工、顾客、政府部门、社区以及股东等，企业的生存和发展取决于它能否有效地处理与各种利益相

---

① 贺小荣.旅游企业利益相关者管理理论研究进展[J].旅游学刊,2008,23(8):91-96.
② 贾生华,陈宏辉.利益相关者的界定方法述评[J].外国经济与管理,2002(5):13-18.

关者的关系。

综合以上各观点,本书采用的是管理学中对利益相关者所作的解释,即"那些能够影响企业目标实现,或者能够被企业实现目标的过程所影响的任何个人和群体"。利益相关者与企业之间是一种"影响互动"关系,这种关系可能是潜在合作性的,也可能是潜在挑战或威胁性的。

10.1.2　企业利益相关者的界定方法

究竟谁才是我们企业的利益相关者? 利益相关者理论遇到的最大问题是怎样界定,谁是企业的利益相关者。如果利益相关者本身都界定不清,那么就无法开展基于利益相关者共同参与的公司治理①。因此,当我们界定了企业利益相关者之后,还需要进一步利用某些评价标准或利益相关者属性对众多复杂的企业利益相关者进行各种形式的、多维度的界定和分类。正如国内学者张秋来所分析的,自 20 世纪 80 年代以后,一些社会经济发展水平较高的欧美及日本等企业理论研究者就已经普遍地意识到:仅仅停留在界定企业利益相关者层面的研究,对于深入分析企业利益相关者对公司经营绩效的影响是远远不够的。具体来讲,在 20 世纪 80 年代初期到 21 世纪初期的近 20 年间,也出现了一些常用分析工具,其中最具代表性的包括以下几种。

①弗里曼从所有权、社会利益及经济依赖性 3 个利益相关者属性对企业利益相关者进行了类别细分,这种类别细分的层次比较清晰和完整:第一层次类别的利益相关者是对企业资产拥有所有权的一类,这类利益相关者主要包括持有公司股权的管理者、董事与股东等;第二是与公司在各种社会利益上有着紧密关系的利益相关者,他们包括特殊利益团体、政府的各级管理机构等;第三是与企业在经济上有严重依赖关系的利益相关者,这些利益相关者们主要有公司管理者、客户、供应商等。

②弗雷德里克认为,企业利益相关者是"这样一类对企业经营决策能够产生影响的利益团体"。弗雷德里克为了深入了解一家企业与其利益相关者的利益关系及其对公司经营决策的影响程度,将利益相关者分为直接关系利益相关者与间接关系利益相关者。直接关系利益相关者是与企业经营管理与决策活动发生市场交易关系的利益相关者,他们主要包括股东、债权人、员工、代理商、供应商、同行业及潜在的竞争者等。间接关系利益相关者是与企业的生存与发展过程中形成非市场交易关系的利益相关者,包括政府、公众与媒体等。

③查克汉姆在研究企业利益相关者管理时则按照利益相关者与企业之间是不是确实存在一种市场性的合同关系,决定是否将企业利益相关者分为契约类利益相关者与公众类利益相关者。其中,契约类利益相关者包括股东、顾客、员工与供应商;而公众类利益相关者则包括客户、政府部门、监管者、媒体、当地社区。

④克拉克森在研究企业利益相关者管理时依然是按照企业利益相关者对公司的态度或行为提出了两种典型的分类方法。一种是与利益相关者在公司的经营管理与决策活动中所承担的风险种类有关,可以将公司利益相关者分为自愿型利益相关者与非自愿型利益相关者。自愿型利益相关者主要是指在企业的经营管理活动中能够主动对公司的经营管理活动

---

① 杨瑞龙,魏梦.公司的利益相关者与公司股利政策[J].上海经济研究,2000(4):7-13.

过程进行一定量的物质资本或人力资本投资的组织或个人;而非自愿型利益相关者是指由于企业经营管理与决策活动而被动地承担了公司风险的个人或群体。另一种细分则根据利益相关者与公司联系的紧密性,将利益相关者分为首要型利益相关者与次要型利益相关者。首要型利益相关者是对公司生存与发展有着重大影响的一些人,包括股东、员工等;次要型利益相关者是指可能间接性地影响公司运行或者受到企业运作的间接影响,但是这些人并不与企业直接发生交易,对企业的生存不会存在根本性的作用,比如媒体及类似的组织①。

以上关于旅游企业利益相关者的界定都是采用自 20 世纪 90 年代中期以来利益相关者界定中最常用的分析方法——多维细分法,将多属性细分概念引入企业利益相关者的研究过程,拓展了研究者的思路,也提高了人们对企业利益相关者的进一步认识,开阔了人们对企业利益相关者的认识思路。

然而,这种分析方法的不足之处在于,它基于静态的视角分析企业的利益相关者,忽视了企业的发展变化将导致其利益相关者构成也会随之变化的事实。除此之外,还有些操作方法可能还比较普遍地停留在概念框架的研究上,而缺乏较高的可操作性,这也制约了利益相关者理论在企业经营管理与决策中的实际应用。因此,有人提出对旅游企业利益相关者的界定应该建立一个动态的研究框架②。

关于利益相关者界定动态模型的研究,米切尔和伍德提出用一种比较有效的评分法对企业利益相关者进行初步的分类,其分析思路清晰,操作起来简单易行,受到了利益相关者理论研究界与企业经营管理实践界的普遍推崇,也就极大地推进了利益相关者理论的研究进程与实践应用活动。米切尔指出,企业要从 3 个属性上对可能的利益相关者进行评分,分别是:

①合法性,即某一群体是否被赋予法律和道义上的或者特定的对于企业的索取权。

②权力性,即某一群体是否拥有影响企业决策的地位、能力和相应的手段。

③紧急性,即某一群体的要求能否立即引起企业管理层的关注。然后根据所得分值的高低来确定某一个人或群体是不是企业的利益相关者,是哪一类利益相关者。

米切尔认为,要成为一个企业的利益相关者,至少要符合以上一条属性,也就是要么对企业拥有合法的索取权,要么能够紧急地引起企业管理层关注,要么能够对企业决策施加压力,否则不能成为企业的利益相关者。结合企业的具体情况,对上述 3 个特性进行评分后,根据得分的高低,米切尔将企业利益相关者分为 3 种类型:

①确定型利益相关者,他们同时拥有合法性、权力性、紧急性 3 个属性。

为了企业的生存和发展,企业管理层必须十分关注他们的愿望和要求,并设法加以满足。典型的确定型利益相关者包括股东、雇员和顾客。

②预期型利益相关者,他们只拥有合法性、权力性、紧急性 3 个属性中的任意两项。

这种利益相关者又分为以下 3 种情况:第一,同时拥有合法性和权力性的群体,他们希望受到管理层的关注,也往往能够达到目的,在有些情况下还会正式地参与到企业决策过程中。这些群体包括投资者、雇员和政府部门。第二,对企业拥有合法性和紧急性的群体,但

---

① 张秋来.企业利益相关者界定与分类研究综述[J].行政事业资产与财务,2011(8):96-97.

② 徐少阳.基于利益相关者理论的旅游管理研究综述[J].旅游世界·旅游发展研究,2013(3):11-15.

却没有相应的权力来实施他们的要求。这种群体要想达到目的,需要赢得另外的更强有力的利益相关者的拥护,或者寄希望于管理层的善行。他们通常采取的办法是结盟、参与政治活动、唤醒管理层的良知等。第三,对企业拥有紧急性和权力性,但没有合法性的群体。这种人对企业而言是非常危险的,他们常常通过暴力来满足他们的要求。比如,在矛盾激化时不满意的员工会发动鲁莽的罢工,环境主义者采取示威游行等抗议的行动,政治和宗教极端主义者甚至还会发起恐怖主义活动。

③潜在型利益相关者,他们只拥有合法性、权力性、紧急性 3 个属性中的任意一项。

只拥有合法性但缺乏权力性和紧急性的群体,随企业的运作情况而决定是否发挥其利益相关者的作用。只有权力性但没有合法性和紧急性的群体,处于一种蛰伏状态,当他们实际使用权力,或者是威胁将要使用这种权力时被激活成一个值得关注的利益相关者。只拥有紧急性,但缺乏合法性和权力性的群体,在米切尔看来就像是“在管理者耳边嗡嗡作响的蚊子,令人烦躁但不危险,麻烦不断但无须太多关注”。除非他们能够展现出其要求具有一定的合法性,或者获得了某种权力,否则管理层并不需要,也很少有积极性去关注他们[1]。

同时,米切尔指出,在任何一个个人或群体获得或失去某个属性后,他就会从企业的一种利益相关者转变成另一种利益相关者,或者不再是企业的利益相关者了。比如说某一预期型利益相关者已经拥有了对企业的合法性和权力性,如果政治或经济环境的变化使他们的要求显得更加紧迫,那么他们就会转化成为确定型利益相关者。这就充分体现了米切尔利益相关者模型的动态性。

此模型给我们的重要启示在于以下两个方面:

①一个群体是否拥有合法性并不是管理层应该关注他们的唯一原因,也不是确认一个群体是否是利益相关者的唯一属性。企业管理层在界定利益相关者时还需要考虑在企业所处的环境中拥有某种权力的人,以及那些要求需要紧急满足的人。

②利益相关者的状态并不具有“固定的特性(Fixed Property)”。政治力量的运用、各种联盟的建立、社会经济条件的改变都有可能使利益相关者从各种状态下发生变化。

10.1.3　旅游企业利益相关者的界定

1)旅游企业利益相关者界定的特殊性

在运用利益相关者界定动态模型来界定旅游企业利益相关者时,应清楚看到旅游业不同于其他行业的综合性,旅游业是一个空间运行广阔的一体化经营行业,供求双方共同组成了一个庞大而复杂的市场。旅游业除了涉及吃、住、行、游、购、娱旅游 6 要素外,还涉及旅游管理者、开发经营者、当地社区、当地居民、旅游者等的行为,也涉及资源、环境、社会、经济、科技等自然和人文要素[2]。实现服务利润链的衔接,建立一个循环的服务网络,才能实现行业的有序发展。

---

① 徐少阳.基于利益相关者理论的旅游管理研究综述[J]旅游世界·旅游发展研究,2013(3):11-15.

② 明庆忠.旅游循环经济发展的新理念与运行的系统模式[J].云南师范大学学报:哲学社会科学版,2006,38(5):58-62.

从这个方面来看,旅游业这样一个综合性的产业,比其他大部分行业所涉及的利益相关者都要多,因此,在利益相关者界定方面显得复杂而困难得多。不同类型的旅游组织或旅游地,对利益相关者的界定不尽相同,而且以不同的行为主体为中心会涉及不同的利益相关者。

2) 旅游企业利益相关者界定

具体看来,国外学者比较早地对旅游企业利益相关者的界定展开了研究。根据徐少阳在"基于利益相关者理论的旅游管理研究综述"中所作的研究认为,国外一些研究者援引管理学中利益相关者的定义对旅游利益相关者进行了列举式界定。

根据 Swardbrooke 的研究,要想旅游获得可持续发展的动力,旅游企业的主要利益相关者应包括:当地社区(直接在旅游业就业的人、不直接在旅游业就业的人、当地企业的人员)、政府机构(超政府机构、中央政府、当地政府)、旅游业(旅游经营商、交通经营者、饭店、旅游零售商等)、旅游者(大众旅游者、生态旅游者)、压力集团(环境、野生动物、人权、工人权利等非政府组织)、志愿部门(发展中国家的非政府机构、发达国家的信托和环境慈善机构等)、专家(商业咨询家、学术人员)、媒体等相关人员[①]。

国内学者也对旅游企业的利益相关者进行了界定,根据我国的现实国情和旅游发展的实际情况,宋瑞将旅游产业的利益相关者分为旅游开发商、政府(政府中的经济及旅游部门)、当地社区(当地居民及当地民间组织)、压力集团(政府环保局、媒体机构、科研所及学校、环境、野生动物、人权、工人权利等非政府组织)、旅游者5类。他们在旅游地的发展过程中,有各自不同的观点和目标,而且这些观点和目标是相互冲突的。政府在制定相关的旅游产业促进政策时,就是要通过政策的激励和引导,使得各群体(包括强势群体和弱势群体)在旅游产业发展上达成共识。

熊元斌、龚箭结合门德娄的观点,认为对利益相关者的分析要从两个层面作出判断。首先,判断每一个利益相关者对特定旅游政策发表建议和施加影响的兴趣程度即他们的利益要求;其次,判断每个利益相关者是否有权利来维护他们的利益。因此,利益相关者分析将旅游企业利益相关者分为4类,分别为:对旅游政策的影响大、感兴趣程度高的核心利益相关者,主要包括政府和旅游开发商;对旅游政策的影响力较小,但对其兴趣较大的利益相关者,主要是指当地社区;对旅游政策的影响力小、关心程度低的群体,主要是指旅游地以外的社区或组织;对旅游政策影响力很大,但对其兴趣不大的群体,主要是指压力集团,他们对旅游发展的兴趣不高,但如果忽视他们的利益,他们就会运用相关职权去影响旅游政策的施行,这时他们就转换了角色,成为核心的利益相关者。

10.1.4 我国现阶段旅游企业的利益相关者

由于旅游企业涉及面广、与其他行业关联度高,其利益相关者具有广泛性和复杂性。按照旅游企业与利益相关者的关系程度、影响力大小和利益性质,夏赞才用旅行社利益相关者

---

① 熊元斌,龚箭.旅游产业利益相关者分析[J].中南财经政法大学学报,2007(1):47-50.

基本图谱描摹旅游企业利益相关者关系①(图 10.1)。在此基础上,我们对其加以拓展,构建了我国旅游企业相关利益者基本图谱(图 10.2)。

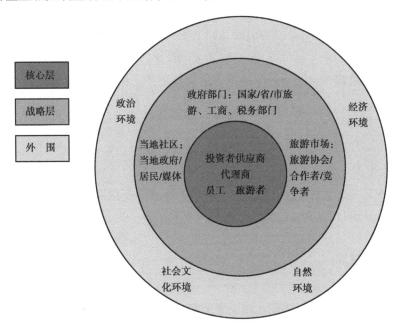

图 10.1 旅游企业利益相关者基本图谱

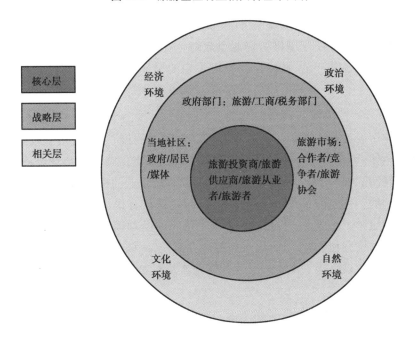

图 10.2 新旅游企业利益相关者基本图谱

① 夏赞才.利益相关者理论及旅行社利益相关者基本图谱[J].湖南师范大学社会科学学报.2003,32(3):72-77.

核心层是指那些在旅游企业中拥有直接的经济、法律和道德利益诉求的个人和群体,它是旅游企业生存和发展的根本利益层。与旅游企业生存发展关系最紧密相连的莫过于旅游企业的资本支持者、旅游产品供应者、旅游企业的服务对象、旅游从业人员,它们构成了旅游企业涉及的最基本的,也是必不可少的利益相关者。战略层则是利益关系仅次于核心层,且拥有较大潜在影响力的个人或群体,旅游目的地的社区、政府部门、旅游市场中的竞争者、合作者以及旅游协会也都和旅游企业保持重要的利益关系。相关层则是指旅游企业赖以生存和发展的大环境。

1)核心层

(1)旅游投资者

旅游企业作为一个经济实体,其生存的前提是盈利。所以旅游企业首要的和最基本的社会责任就是要发展、壮大企业,保障投资者的利润回报。近年来,地产、金融、能源、农业、电气、保险等各个行业的资本都纷纷转向旅游领域,正以他们对资本市场的专业操控能力,塑造着旅游的产业格局。

(2)旅游供应商

将旅游供应商作为旅游企业利益相关者的核心是因为向旅游者提供的旅游产品和服务很难完全由一家旅游企业完成。我们将旅游供应商定义为是向本旅游企业提供生产经营活动所需各种资源的供应链上的另一家企业。如向旅游公司提供客房、餐饮产品的酒店,提供旅游资源的旅游景点,提供交通运输服务的运输企业,向酒店提供餐具和其他酒店用品的酒店用品公司等。旅游供应商所提供的资源是旅游企业进行正常运行的保障,也是向市场提供旅游产品的基础。旅游产品的综合性决定了它的脆弱性,一环受损会造成全盘皆散的后果。

(3)旅游者

之所以将旅游者放在旅游企业利益相关者基本图谱的核心层次,在于旅游者不仅是旅游产品的消费主体,更是旅游企业长期稳定利益实现的基本保障。在市场经济条件下,旅游者是旅游企业利润的根本源泉,也是企业发展的指引者,企业的根本目的就在于通过愉悦旅游者进而获得利润。在当前买方市场条件下,旅游企业只有提供展现旅游资源中最能吸引而又最有特色的旅游产品服务,并始终坚守诚实信用的经营理念,才能够吸引旅游者,在激烈竞争的市场中占据有利位置。所以,对旅游企业来说,应该对旅游市场中的消费主体重新定位,恪守商业道德,只有提供优质的服务和体验才是实现长期利益稳定增长的根本途径。

(4)旅游从业人员

在现代社会里,人才是企业成败的关键,企业管理的成功经验都是围绕如何尊重人、关心人、激励人和塑造人的问题,形成以"人"为中心的管理体系,以求得企业内部和谐人际关系,增强企业的凝聚力和向心力。特别是旅游服务产品生产和消费的同时性使得一线从业人员在与顾客直接接触过程中获得了双重身份——服务者和反馈者,是游客与企业沟通的对接桥梁。"有满意的员工才会有满意的顾客",旅游企业只有履行保障员工生产安全并满足其利益诉求的基本责任,才能向旅游者提供优质的服务和产品,进而使游客满意。因而,从业人员是旅游企业重要的利益相关者。

2)战略层

(1)社区居民

社区居民的参与是旅游利益相关者理论的重要内容。我们必须认识到,旅游并不总是给当地的居民带来正面的效应。如前所述,一方面,社区因为景区发展的需要而被占用,其原生的生产生活空间被迫压缩或者被干扰,容易引发旅游企业、旅游者与居民的冲突;另一方面,旅游产业在当地的大力发展,会逐渐带来旅游目的地的价值观的变化、经济发展的压力等一系列社会经济文化冲突,使得旅游目的地居民对旅游业的发展持观望甚至反对态度。因此,作为一个"企业公民",旅游企业必须与周围的社区及公民建立睦邻友好的关系,只有这样才能较好整合社区资源,甚至逐步形成与社区的良性互动。于企业而言,最优选择莫过于让社区居民参与到企业的经营和管理中去,并让居民从中获益,把企业的利益与社区的收益捆绑在一起,构筑一种休戚与共的关系,形成最直接的"利益相关"关系。除此之外,旅游企业应积极主动地参与社会公益事业,给予社会应有的回馈,并以商业文明的形式推动社区的文明发展和进步。

(2)竞合者与合作者

竞争与合作是旅游企业发展壮大的动力之一。为防止国内旅游企业之间的恶性竞争,需要旅游企业不断创新,避免因产品雷同而导致的恶性价格竞争。另外,旅游市场的繁荣和稳定也要求旅游企业之间建立精诚协作的关系,形成资源共享、市场互送,共同应对市场竞争。

(3)政府

旅游业是综合性、关联性很强的产业,以为旅游者提供服务为核心,相关企业之间产生竞争合作等多样的联系,使得旅游企业必须依赖于政府的协调,才能获得更好的外部发展环境。政府为了实现增进社会整体福利的目的,一般都会通过政策引导、制度保障、资金扶持、对外整合营销等方式来加快产业发展进程,促进企业可持续发展。政府在利益相关者战略层中的地位主要体现在旅游政策对旅游企业发展的扶持和指导,政府通过争取财政支持、拓宽融资渠道、优化发展环境、鼓励开拓市场、强化人才支持等方面的政策,激发旅游企业发展旅游的热情,进一步壮大旅游企业规模。此外,在协调企业与社区居民等其他利益相关者的矛盾冲突中也发挥着至关重要的作用。

【案例思考】

凤凰被指利益分配不均　　当地居民怨气转嫁游客

近两年,凤凰古城发生多起游客与本地人发生争执的情况,发生这种现象深层次的原因值得深究。

2011 年 10 月 19 日,19 名游客在湘西凤凰古城旅游,因一起超车事件,被当地人用手枪指头并被暴打。事发时,30 多名凶手将游客围困在山头近一小时。在渝湘两地警方的共同努力下,他们最终逃出"魔掌"。

事件的调查结果:涉案人员已抓获

记者致电凤凰县宣传部咨询该事件处理情况时,该事件并无最新进展,工作人员表示已将两名涉案人员抓获,对游客进行了安抚工作,并对当地司机开展法制教育。

专家观点:当地居民怨气"转嫁"游客

北京第二外国语学院教授王兴斌认为凤凰古城当地人殴打游客事件已经不止一次,仅处理涉案人员治标不治本。这一系列事件从表面上看,暴露出了部分公民素质差的问题。但作为一个社会问题,发生这类事件的最根本和最重要的原因是,在旅游业快速发展的同时,当地政府、游客、开发商和当地居民四者的利益关系未能得到很好的协调处理。在旅游开发中,开发商获取了利益并分给当地政府,当地居民却被排除在外;村民在开发商和当地政府面前处于弱势,游客又在当地居民面前处于弱势。由于以上原因,所以出现了当地居民对游客采取暴力、欺诈的现象,这实际是当地居民将"经济损失"和随之而来的怨气转嫁到了游客身上。因此,当地政府除了对居民进行法制教育外,还要进行深刻反思,正确处理自身与各方关系,协调好各方面的利益。

专家观点:管理水平和旅游发展速度不匹配

湘潭大学旅游管理学院院长阎友兵教授曾在《人民日报》中提到,凤凰暴力事件所引发的争议,从一个侧面暴露出新兴旅游城市普遍面临的一种困境:在旅游产业发展速度突飞猛进的同时,管理水平并没有及时跟上。比如,在旅游环境整治的问题上,一些政府相关部门存在着执法不严、监督不力的现象;一些景区的经营权转让,导致景区管理、治安责任的权责不明晰;旅游开发商只顾赚钱,而忽略了旅游环境的保护和管理等。如果不及时纠正这些不法行为,会直接影响该地的旅游形象,进而波及旅游业发展。"以凤凰为例,如今的凤凰已不仅仅是湘西的凤凰,它已经成为湖南省的一张旅游名片。如果不及时解决旅游业发展中所遇到的一些问题,将有可能影响到湖南省旅游业的整体发展。"

旅游示警:还游客一个安全的旅游环境

2007 年,发生"11 名女孩凤凰旅游惨遭殴打"事件;2008 年,张家界中国国际旅行社董事长在凤凰因交通事故,在该县交警队大院被当地青年殴打;2009 年,为了一块价值 10 元的仿玉手镯,重庆游客骆思兵在湖南凤凰古城遭遇到拳打脚踢,两根肋骨被当地一摊贩及其同伙打断。

在 2009 年 4 月北京游客凤凰古城遭当地人敲诈事件发生后,凤凰县县长罗明曾提到,旅游业是个外向型的产业,需要旅游地的人民有开阔的胸襟,要站在游客的立场上来考虑问题。比如,北京来的游客就会拿北京人的观念和素质来要求凤凰人,这就需要凤凰人及时学习。作为大山里的人民,凤凰人虽然淳朴直率,但也有好勇斗狠的性格,有时一言不合就有大打出手的可能,缺乏利用法律手段处理问题的观念和能力。

从罗明的讲话中不难发现,凤凰县已经发现自身存在的问题,但是此类现象长期得不到解决。在旅游业为凤凰引来大量游客和滚滚财富的过程中,望各级相关部门能够加强监管,净化旅游市场环境,使类似事件不再发生,还游客一个安全的旅游环境。

（人民网-旅游频道:凤凰被指利益分配不均 当地居民怨气转嫁游客,2011-11-02.）

请结合案例思考:

1.凤凰古城一再发生当地人殴打游客事件的深层次原因何在?

2.请从利益相关者理论的视角分析解决这一问题的措施。

10.2 旅游企业社会责任

由于我国旅游市场的发育程度不够完善,旅游产业对企业社会责任的认识较滞后,直接影响整个产业和企业个体的健康发展。本节将对当下旅游企业面临的伦理问题进行分析,并结合前文阐述的旅游企业利益相关者图谱,以利益相关者理论为基础,提出构建旅游企业社会责任体系。实证研究表明,旅游企业社会责任是否履行得好,将直接影响旅游企业的市场形象及游客忠诚度。

【相关链接】

"商业领域和行政管理领域的企业家,能够以当代旅游伦理和市场规范为引领,最大限度地发挥商业的力量,为旅游者提供更多的自由、更高的尊严和更好的品质。"戴斌说:"在市场经济社会里,自由、尊严和品质从来都不是没有代价的,都是需要消费者用货币选票去获取的。"

（社科院旅游研究中心:从来没有停止对自由的向往,2015-04-19.）

10.2.1 企业社会责任的提出与发展

企业的作用不仅表现在促进经济社会财富的创造等方面,而且应该体现在促进社会和谐及人的全面发展方面。20 世纪 20 年代,"企业社会责任"(corporate social responsibility,简称 CSR)的概念由美国学者谢尔顿率先提出,他提倡应该把企业社会责任与公司经营者满足产业内外各种人的需要问题联系起来。在该定义里,谢尔顿认为,企业的责任应该包含道德义务,企业经营应有利于增进社区利益。在他的思想里,已经孕育了企业社会责任的核心理论基础——利益相关者理论(stakeholder theory)。1953 年,鲍文在其出版的《企业家的社会责任》一书中提出了现代企业社会责任概念,即企业追求自身权利的同时必须尽到责任和义务。鲍文的著作大大地推动了 CSR 相关的研究,标志着现代企业社会责任概念构建的开始。

与市场经济的发展相对应,该理念传入我国后,首先在制造业引起重视。然而,当前我国的经济处于快速发展的阶段,出现了许多社会、环境等方面的矛盾和问题。2016 年,社会公众与媒体舆论讨论的热点之一就是"PM2.5 值""雾霾"等。这是中国经济快速发展的一个必然结果,但以资源消耗作为发展基础的企业成长模式已经日渐呈现出各种弊端。中国的企业家们亟须认真思考,企业应该担负起怎样的社会责任?如何正确处理企业成长与社会发展的关系,实现企业的长效经营? 在此背景下,企业社会责任开始受到全球企业界与学术界越来越多的关注。

10.2.2 旅游企业社会责任的理论基础

令人感到惊讶的是,作为对自然和社会环境有着极大依赖性的旅游企业,对企业社会责任的关注却极为有限,它们对自身给环境带来的积极或消极的影响知之甚少。波特和科瑞默指出,尽管企业社会投资和伦理管理实践在很多行业均得到了充分重视与蓬勃发展,但旅游业在这些方面的实践仍然十分有限①,全球只有2%的旅游企业参与到负责任旅游或企业社会责任实践中,旅游企业在企业社会责任实践方面远落后于其他行业。此外,在学术领域,企业社会责任议题也尚未引起旅游学者的足够关注。

利益相关者理论是企业社会责任研究的主要理论基础,也是旅游伦理研究的重要理论来源。作为平衡各方利益最有效的指导理论和实践工具,利益相关者理论被引入了旅游研究和旅游实践中。周玲认为,有两个原因促使旅游研究者将利益相关者理论引入旅游研究领域。第一,在旅游发展中,旅游业面临着平等参与、民主决策等问题,这些问题在旅游当地社区表现得尤为明显。如社区与社区居民如何参与到旅游发展中,旅游带来的利益应该如何分配,旅游带来的负面影响如何公平分担,旅游管理中存在的这些有关社会责任、社会公平等伦理问题,与利益相关者理论所强调的企业社会责任和管理伦理是一致的。第二,旅游行业具有高度的行业分散性和激烈的市场竞争性等特征,这些特征要求旅游目的地整合所有资源提高竞争力。旅游行业涉及衣、食、住、行、购、娱等各方面的内容,注定了旅游行业的分散性特征。这些较为分散的旅游相关团体或组织,都是旅游业的利益相关者。为了应对激烈的市场竞争,旅游企业必须对这些利益相关者进行整合,平衡各方的目标,最终达到共赢②。

10.2.3 我国旅游企业的伦理问题

旅游企业是以"经济人"的身份存在于市场中的。当前,在实现"经济人"的利益最大化的市场活动中,旅游企业普遍存在一些伦理道德的问题,直接影响了旅游企业与其利益相关者的关系,长此以往,将直接危及旅游企业的自身发展。

1)直接损害旅游者消费者权益

(1)侵害旅游者利益

侵害旅游者利益是旅游企业社会责任缺失的突出表现。一些旅游企业利用广告、传单等散发虚假信息,欺骗旅游者的现象层出不穷。在调查中发现,旅游计划与旅游产品实际不

---

① Porter M, Kramer M. Strategy & society: The link between competitive advantage and corporate social responsibility [J]. Harvard Business Review, 2007,84(12): 78-92.

② 周玲.旅游规划与管理中利益相关者研究进展[J].旅游学刊,2004,19(6):53-59.

符是引发旅游者投诉最常见的诱因。还有些旅行社单方面篡改旅行计划,用成本较低的景点代替高成本景点而赚取差价;导游强逼游客购物、索取小费等投诉事件屡见不鲜。

(2)误导旅游者消费

旅游企业长期单纯将旅游者视为旅游产品的消费主体,旅游企业出于短期内迅速盈利的目的,不少旅游企业在经营的过程中强调物质主义的价值观和人生观,大肆渲染"高档次"的消费,导致旅游者在休闲方式上不切实际地追求物质享受、强刺激、高消费,而忽视了健康的文化娱乐。此外,旅游企业中还存在着虚假宣传的不良行为,部分旅行社招徕游客时报价偏低,其签订的旅游合同中往往存在侵害游客权益的格式条款,在旅游购物中,商品在包装、宣传册和产品推介中涉嫌虚假宣传、虚假表述,旅游者在这种虚假宣传中很有可能因无法分辨而被误导消费。

2) 扰乱旅游市场竞争秩序

(1)有效竞争手段不足,"价格战"是当前企业主要的竞争手段

从经济学的一般原理上来看,市场竞争中起关键性作用的恰是"价格"这只看不见的手。而价格竞争也在一定程度上抑制价格上扬,维护消费者利益,而且可以促使企业提高产品和服务的质量。但是,过度的削价竞争背离了价值规律、供求规律和竞争规律。这种互相残杀的行为不仅导致几败俱伤,而且也会损害消费者的利益。近年来,由于我国旅行社数量不断增多,许多旅行社将削价作为主要竞争手段,不少旅行社的报价都远远低于成本价。这样,旅行社为维持经营只能采用降低餐饮标准、减少旅游景点、压缩游览时间、增加购物次数等经营方法或者靠各种回扣和人头费来充利润率,极大地损害了旅游者的利益。

(2)少数企业追求垄断地位,回避市场竞争

在旅游竞争中,旅游企业争夺行为匮乏被视为市场竞争不足,竞争在旅游市场中是同处理合作关系一样重要的。但目前国内部分大的旅游企业为了攫取暴利,保持相对垄断地位,采取限制外界资本进入、限制竞争的手段而主动导致"竞争不足"。首先表现为独立竞争主体数量不足,如饭店业内某些细分市场(从地区、档次、类型划分)中进入企业数量较少,导致旅游者往往缺乏选择而被迫消费一些原本会拒绝的企业产品和服务;其次是竞争品牌缺乏,因为现有企业对市场的垄断封锁,外来资本很难立足,缺乏竞争极大地影响了旅游市场的繁荣。

正常竞争也是旅游企业承担企业社会责任的表现,旅游市场中因非良性竞争带来的伦理问题会影响到社会责任的履行状况。从旅游服务供应链来看,供应商企业在为核心企业提供"半成品"的同时,其社会责任附在其上,一并交由核心企业进行再次组合,在组合过程中,核心企业又将自己的社会责任糅合于其中,形成一个完整的"负责任"的旅游产品并推向市场。所以当存在市场竞争不足时,各个旅游企业实际上并未完全承担好社会责任,行业中管理者由此易出现无作为、产品质量低下、产业内资源浪费等失范情况。

3) 破坏自然和社会环境

（1）损害社区居民利益

追求丰厚的投资回报,是旅游企业在进行景区开发中最核心的利益。他们为了比较顺利地实现旅游开发的经济目标,期望属地政府能够提供宽松优惠的政策环境、及时的产业发展引导、有效的市场监管以及有力的社区协调;期望社区居民能支持企业的各种开发经营活动,提供符合企业需要的人力资源,不给企业日常经营设置障碍等。但是旅游企业在旅游开发过程中往往只关注自身利益的获取,损害相关者利益的事件时有发生,最终导致社区居民利益受到损害,旅游活动不能顺利进行。

（2）环保观念淡薄

目前很多旅游企业在对旅游资源进行开发和利用过程中,只考虑自身的经济利益,故意忽略可能造成的消极影响,致使环境和资源遭到致命的破坏,资源得不到持续利用。如湖南世界自然遗产武陵源就曾经一度陷入掠夺式开发与利用的泥潭,使得旅游区内自然景观遭到严重的破坏。再如丽江玉龙雪山被架设的 3 条索道,通过每条索道都能够进入自然保护区的核心区。这些索道的建设和运营,给保护区带来了生态灾难。大量游客的涌入,使远古冰川遭到破坏,部分冰川开始变黑、融化;高山植被和野生花卉被游客随意践踏、破坏;野生动物的数量急剧减少。这种盲目进行旅游开发的行为,对自然环境与资源造成的破坏是不可逆转的,严重违背资源环境永续利用原则,破坏了代际公平正义。

4) 漠视员工权益

对以服务为核心产品的旅游业来说,人力无疑是其最重要的资源,但目前该行业中却普遍存在着旅游企业员工的诸多合法权益无法得到保障与维护的问题,这既不符合旅游企业社会责任的基本要求,也会影响到企业的持续稳定发展。比如旅游企业员工的收入相对其他行业来说普遍偏低,与之劳动强度不相匹配;员工工作环境恶劣,严重危及员工安全及健康等。

5) 社会公益缺位

目前,我国企业慈善公益理念尚未形成,企业参与慈善如捐赠捐助的整体积极性都不高。旅游企业由于其自身经营规模相对较小、综合实力相对不强等特点,对社会公益事业的关注和参与程度更低。如旅行社多属单体经营,盈利空间小,很少参与社会公益事业,而实力相对雄厚的酒店与旅游区,往往只注重"一次性"公益效应,缺乏持续投入,也无任何公益计划,未能在公益事业方面发挥应有的作用。

旅游企业的利益相关者众多,旅游业要想获得长足发展,就必须促进利益相关者的共同发展。推行旅游企业社会责任有助于行业形象的提升,经营环境的改善以及市场范围的扩大,也有利于旅游行业管理的深化。因此,对于旅游企业,旅游可持续发展的核心问题就是企业社会责任问题。面对上述分析的旅游企业普遍存在一些伦理道德的问题,如果处理不当,将直接危及旅游企业的自身发展。企业主体必须实现经济人和道德人的统一,旅游企业社会责任体系的建立将成为旅游企业谋求发展的必由之路。

10.2.4　旅游企业社会责任体系的建立

建立旅游企业社会责任体系是实现旅游企业科学发展、持续发展的应有之义,更是旅游产业可持续发展的内在要求,因而是必要的、紧迫的,更是合理的。

1) 迫切性:文明旅游要求从行业的角度规范企业行为

在前文分析文明旅游时,我们强调的是旅游者行为的文明,但透过旅游者行为,我们应该看到,作为旅游产品和服务的生产和提供者的旅游企业在文明旅游中也扮演了重要的角色,发挥重要作用,文明旅游迫切要求从行业的角度规范企业行为。旅游企业是旅游产业链的上游,它所提供的产品和服务一方面满足消费者的需要,另一方面也影响消费者的消费方式;它的管理者和服务者的文明程度一定程度上也影响消费者的文明程度。旅游企业做到"以人为本,服务至上",不仅要保护消费者的权益与权利,还应担负纠正旅游者不文明行为的责任,可以说旅游企业社会责任与旅游者文明行为的缔造是相互影响、相互促进的关系,旅游企业必须"以身作则",保障企业行为的文明性,培养素质文明的旅游者,避免其行为因短期性和高度赢利导向性的驱使,出现与社会不兼容、不协调、相冲突的状况,文明旅游迫切呼吁旅游企业能建立各自的旅游企业社会责任体系,在可持续发展的同时实现兼顾经济、社会、环境的和谐发展。

2) 必要性:旅游企业承担着多重角色与任务

正如我们多次强调的,旅游企业是"经济人"和"社会人"的统一,旅游业的特殊性决定了旅游企业所扮演的角色和承担的任务要远远比制造业多得多,我们在明确旅游企业角色与任务的同时会发现建立旅游企业社会责任体系是极有必要的。魏小安曾经就此指出:

(1)旅游企业是文明旅游和旅游文明的缔造者

正如前面所说的,旅游产业发展要求对旅游企业社会责任提出了迫切性的要求,文明旅游和旅游文明就是体现。文明旅游强调的是旅游行为,与之相对应的是旅游者素质;旅游文明的侧重点则在于文化和规则,偏重的是整个旅游业的文明程度和规范化程度。旅游企业社会责任与旅游者文明行为的缔造是相互影响、相互促进的关系,而于后者,则是为旅游大环境创造一个共同进步的平台。

(2)旅游企业是精神文明和物质文明的制造者

旅游业是最能体现物质文明与精神文明相统一的行业。旅游业是物质文明发展到一定阶段,为满足人们在基本生活生理需求之外的其他精神需求而产生的。旅游企业生产的不仅是有形的产品和无形的服务,还在制造人文关怀和企业文化。

(3)旅游企业是现代生活方式的创造者

旅游已经成为现代人的一种生活方式,是人自由而全面发展的需要和表现之一。旅游企业为这种生活方式提供了鲜活的模板,同时满足需求、引导需求、创造需求,逐个层次地创造着现代生活。从这些一般性和特殊性的责任来看,旅游作为一个产业提出企业社会责任的议题,本身就具有引领和前导的作用。

3) 合理性:社会责任为旅游企业参与全球化竞争提供竞争力

在全球化背景下,旅游企业所面临的市场是国际性的,相比较国内而言,国际发达的旅游市场对旅游企业社会责任的重视程度和要求更加规范,旅游企业社会责任在政府、社会和企业自身已经形成共识。主动承担社会责任的旅游企业在公众心中树立的品牌影响力要远远高出因承担社会责任损失的那部分利益。在国际竞争中,旅游企业在考虑如何打开当地市场,增强生存能力,扩大发展空间,延长生命周期时,一条合理途径便是主动去承担社会责任。根据学者相关研究发现,越来越多的旅游企业通过主动承担社会责任获得正的外部性,提高了企业经济效益,在当下,旅游活动越发呈现出无国界性,旅游企业不再是单纯的本土性企业身份,或主动或被动地都卷入了全球化的浪潮,在这种时代背景下,旅游企业建立企业社会责任体系是合理的。

10.2.5 旅游企业社会责任体系的内容

早在 2006 年,中央电视台就把经济年度人物评选标准定为"责任、创新、影响力、推动力",伊利集团总经理潘刚也曾提出关于企业责任的看法:"一个企业真正在承担社会责任,这个企业就要成为好的企业公民,而企业公民的概念会涵盖六大体系:公司股东价值(治理和道德价值)、员工权益、环境、社会公益事业、供应链伙伴关系、消费者权益。一个合格的企业公民应该实现这六大体系的价值最大化。在这些原则的指导下,在企业发展过程中,不仅考虑到企业自身的利益和收益,同时也考虑到回馈社会。"综合考虑旅游企业的特殊性以及我们前文分析的旅游企业利益相关者图谱,我们认为旅游企业社会责任的内容应包含以下几个方面。

1) 保障投资者可实现资本增值的权利

从旅游业整体的行业发展背景来讲,促进旅游业投融资是大众旅游的新要求。我们可以判断作为顺应社会发展潮流的产业,未来中国的资本市场向旅游产业集聚将是一种趋势。资本作为整合各种要素、推动产业发展的重要驱动力,对旅游企业的成长发展是不可或缺的支撑。但同样,我们要看到旅游企业的投资面临的周期长、收益慢、不确定性等风险。旅游企业最主要的社会责任便是处理好企业与投资者间的关系,保障投资者的权益,通过保持良好的经营业绩和竞争力,创造和积累企业利润,实现投资的增值。投资者拥有要求投资企业实现资本增值的权利,旅游企业必须以盈利为最根本社会责任。

2) 维护员工权益

旅游业是服务行业,旅游企业的员工直接面对旅游消费者,与消费者产生一对一的影响。企业与员工的关系,会通过员工作用于旅游消费者。企业与雇员之间,最基本的经济关系依然存在,员工为旅游企业工作,企业根据员工的劳动能力、技术能力、服务能力及其他工作情况付给其相应的报酬。但员工与管理者之间新型社会契约关系的出现,却打破了"老板—雇员"的旧格局。新的契约关系要求旅游企业对员工权益的责任从提供长期工作保障,强调"以人为本",用增加兴趣、提供富有挑战性的工作、给予基于成就的报酬、提供培训、培育员工的企业认同感等方式,通过员工符合旅游企业文化、规范的道德、诚实行为,实现员工与企业的共同发展。员工作为企业的"大使",其对企业、对社会、对旅游者的诚信服务和优质服务,有助于帮助企业树立良好形象,提升社会美誉度。

3) 保障旅游消费者权益

在充斥着相互竞争的供应者的市场上,消费者和企业有权根据自己的意愿作出购买决策。但在信息不对称的旅游市场上,旅游消费者对信息的占有很有限。旅游产品以服务为主,无形性、不可储藏性及生产消费的同时性等特点,使旅游者在获取信息方面处于劣势,尤其是旅行社企业,对旅游目的地信息、旅行线路、旅游价格等信息披露中采取虚假广告的办法,使旅游者的预期与实际感受之间存在较大差距。旅游企业在保证产品和服务标准化的同时,保护旅游消费者的知情权、自主选择权、监督权,对产品、服务质量和安全作出信用承诺,通过旅游者口碑实现重复购买,达到旅游者满意、旅游企业盈利并建立声誉的共赢目标。

4) 参与社会公益事业

公益事业不仅是政府出资、组织实施的使整个社会都受益的事业,一个企业作为"社会人",其必须考虑对社会公益事业的参与与贡献。企业得利于社会,其生产、交换等环节既离不开社会环境,更离不开当地社区和居民,理应树立社会意识,回馈社会。在旅游开发过程中,加大对当地公益事业的投入,在文化、教育、卫生等方面配合政府,共同促进社会的良性发展。例如,携程旅游网致力于助学基金的开办,天智旅游网热力宣传青基会和儿集会等。同时,旅游企业更有责任保护环境、减少消耗、杜绝污染,尽可能把一切经济活动纳入绿色化运行的轨道。"创建绿色旅游饭店万里行"活动,绿色旅游、绿色消费、生态旅游等活动中,旅游企业在产品服务从生产制作,到投入使用的环节,注重环境、资源的保护和合理利用。积极参与社会公益事业是旅游企业社会责任体系中的重要环节,正如前文所言,承担社会责任与旅游企业发展呈现一种正相关关系,一个能够积极参与社会公益事业的企业必然会收获社会美誉度,提升知名度,而那种不参与社会公益性事业的企业我们认为其外部不经济的逐利行为,会直接造形成企业负的外部性,影响旅游企业的可持续发展。

5) 建立旅游服务供应链伙伴关系

供应链管理思想源于制造业,单纯的内部资源优化不能适应基于市场竞争的要求,企业必须充分利用外部资源,与合作伙伴协同行动,才能实现整个供应链的纵向整合,降低交易成本。旅游需求的综合性要求使旅游企业在提供产品和服务时必然是由多个供应商协同合作的,旅游服务的供应链是客观存在的,它是以安排旅游者的旅游活动顺序为依据,以旅游者为服务对象的整体性、组合性服务系统。随着互联网、通信、信息技术的发展,传统的由旅行社为核心的供应链已经逐步淡出市场。以旅游电子商务网站为代表的新型业态,重新塑造了旅游者与旅游企业、旅游代理企业与旅游产品供应者、旅游供应者之间的关系,形成了从旅游者出游前的信息检索到返程后的售后服务一条链式的服务。在互联网技术的支撑下,实现强强联合、资源整合和整体运作,强调全面整合的系统观,实现供应链伙伴关系的和谐发展。

6)培育旅游企业的社会形象

优质服务是旅游企业生存和发展的基础,也是塑造良好形象的前提,诚实信用更是企业赢得声誉的利器。现阶段,我国旅游市场同质化程度高,市场竞争激烈,损害旅游者合法权益的现象屡有发生,尤其是接触旅游者频率最高的旅行社及其从业人员经常遭到投诉,并且被媒体曝光,消费者一度对旅行社产生"信任危机",在影响本企业经营业务的同时,也损害了旅游行业的整体形象。针对这种情况,旅游企业的社会形象建设就必须深化诚信体系的建设,规范旅游企业的经营行为,加大对旅游企业的监管力度,完善旅游市场准入和退出机制,以提高企业的社会责任意识和实践能力。

10.2.6　旅游企业社会责任的承担

企业社会责任的承担不仅取决于企业内部驱动力,政策的驱动力、市场的驱动力、社会舆论的驱动力等都在直接或者间接地发挥着作用。旅游企业社会责任的承担,主要通过以下几个层面来实现。

1)引导旅游企业树立社会责任观念

企业履行企业社会责任需要一个社会基础,就是社会公众、企业对企业社会责任的内涵和重大意义的认识,在这个前提和氛围下,才能促使企业在实践中量力践行企业社会责任。

(1)加强对典范的宣传

宣传能为顾客着想,提供优质服务和产品,让旅游者满意的企业;宣传善待社会、服务社会,在从事公益活动的同时提高自身社会声望的企业;宣传尊重员工、培养员工,使企业运行于民主有序的环境,灵活度大、创新能力强的企业;宣传企业在旅游开发中勇于承担社区责任、保护环境、为民造福的企业等。同时加强对反面案例的揭发,营造社会氛围,造成舆论导向。

(2)加强旅游企业文化的培育

企业旅游产品说到底是文化产品,旅游服务说到底是文化服务,旅游营销说到底是文化营销,旅游环境说到底是文化环境。由此推论,生产产品、服务、营销、环境的企业,他的管理也必须从文化的角度出发。培育旅游企业"以人为本"的企业文化,从内外两方面着手。对本企业员工企业文化的培育,从关心员工、培训员工,树立员工的自身荣辱感、企业认同感、社会责任感,使其身体力行地将这种文化作用于日常的工作中。在旅游产品、旅游服务、旅游营销的工作和旅游环境的建设中,用相同的心态面对。

2) 推进旅游企业社会责任的法制化

加强和完善相关的旅游法规,加大执法力度,以法律手段促使企业履行社会责任。强化企业社会责任,实际上也是强化企业的守法行为,使旅游企业在经营过程中严格遵守劳动保护法、生产安全法、环境保护法等,在遵守国家各项法律的前提下创造利润。到目前为止,还没有明确的旅游基本法来调节旅游业中的各种利益相关关系,而关于企业社会责任的法律规制内容也是散见于多部法律中,一定程度上为旅游企业提供了基本的法律依据,但还应进一步系统化、全面化、完善化。

3) 建立旅游企业社会责任评价体系

无论国内外,企业社会责任目前的标准化统一进程都比较缓慢。国际上不同行业制定自己的规范和标准,最具代表性的是 SA 8000。我国企业社会责任也没有统一标准,目前仅有中国纺织工业协会制定的 CSC 9000T"中国纺织企业社会责任管理体系"。旅游发展综合性强,关联度高,社会影响广泛,提倡旅游企业社会责任适逢其时。另一方面,现在提出诚信旅游,需要形成具体的工作抓手,构建《旅游企业社会责任》国家标准和评价体系会极大推进旅游企业社会责任落实。

4) 完善旅游企业社会责任的监督机制

国家行政机关和行业协会对旅游企业的监督管理有一定的约束力,这种以行政监管和经济惩戒为主的手段具有强制性,配合以社会舆论媒介和消费者协会、工会等社会团体组织的作用,共同形成多层次、多渠道的监督体系和制度安排。信息技术和互联网的发展,新闻媒体和社会公众对旅游企业的舆论监督作用在加大。电视、报纸、杂志、网站等新闻媒体开办的旅游专栏和专题节目,除为旅游者提供咨询服务、引导旅游消费、培育旅游市场,起到对旅游业正面宣传的作用外,这个庞大的有社会责任感媒体群也起到了对旅游企业的违规行为及时披露、曝光的监督职能作用。

【案例分享】

践行社会责任　打造国际精品旅游景区

位于四川省西北部的阿坝州,旅游资源得天独厚,精妙绝伦的自然景观、悠久的历史文化和独特的民俗风情享誉中外,同时拥有九寨沟、黄龙、卧龙、四姑娘山、夹金山脉大熊猫栖息地三处世界自然遗产,是我国世界自然遗产地最集中的地区,被世界旅游专家誉为世界最佳生态旅游和民族文化旅游目的地。

九寨沟风景名胜区,是"世界自然遗产"和"世界生物圈保护区",是以独一无二的自然资源为特色的国家级 5A 级景区。长期以来,九寨沟景区以发展生态旅游为动力,以维护自然遗产的真实性和完整性为最高准则,始终坚持"保护性开发"模式,创建了环境、经济、社会良性互动机制,走出了一条"生态保护带动旅游发展,旅游发展促进生态保护"的可持续发展之路。不仅在经济、社会、生态、文化建设上取得了良好成绩,也有力地促进了"四个文明"的协调发展;不仅成为中国旅游的国际金质名片,更成为中国生态保护对外合作交流的重要窗口与平台,成为促进民族团结、世界和平的桥梁和纽带。九寨沟不仅是带动区域经济发展的龙头单位,而且在环境保护、旅游发展、社会责任践行等多个方面成为业内争相效仿的典范。

九寨沟管理局的具体做法是:

一、把服务游客作为承担社会责任的基础条件

九寨沟景区始终坚持"一切围绕游客,一切为了游客"的九寨服务理念;履行"不让一位游客留下遗憾,不让一位游客受到委屈"的九寨服务承诺。通过完善基础设施建设、创新营销方式、标准化管理手段、文明景区建设、优化旅游环境、遵循以人为本的理念,为游客提供优质服务,使游客满意度逐年提升。企业积极承担社会责任,努力消除"汶川地震""雅安地震"等带来的影响,在恢复区域旅游方面做了许多工作,为四川旅游作出了贡献。从而使游客的满意度不断提升,2011 年,游客满意度达到 97%;2012 年,游客满意度达到 98%。

二、把保护生态环境作为承担社会责任的前提条件

九寨沟风景区平均海拔 2 930 米,美丽如画的景色下的生态却是脆弱且难以再生的。近年来,九寨游客接待量逐年增加,旺季有时一天游客就达 2 万多人。但九寨沟却越来越美丽,湖光山色四海扬名。究其原因就是,我们一直坚守"生态优先"原则。

在过程中,九寨沟在全国景区创造了多个第一:

第一个实行"沟内游,沟外住";

第一个开通绿色环保观光车;

第一个建设数字景区和智慧景区工程;

第一个设立景区国际联合研究中心;

第一个建立游客中心和数字信息中心;

第一个运用智能型免水冲环保生态厕所。

……

1.实现"沟内游,沟外住"

1984 年,九寨沟被国务院划为第一批国家重点风景名胜区,建立南坪县九寨沟风景名胜区管理局,正式对外开放。开放之初,各种饭店、商场、宾馆、旅行社纷纷涌进沟内,一阵火爆之后却留下了很多问题。环境污染、秩序混乱、游客投诉等各种问题接踵而至,旅游形象受到很大影响。意识到问题的严重性后,九寨沟景区管理局于 2001 年果断实行"沟内游,沟外住"的管理方式,关闭景区内所有宾馆,拆除景区经营性房屋和违章建筑 12 万平方米,恢复植被 2 万余平方米,景区"三线"(电力、通信、有线电视)全部入地,有效遏止了景区城市化现象。这些举措为九寨沟景区内的生态环境持续改善、生态系统得以良性发展发挥了关键作用。

2."限量旅游"政策

第一个实施"限量旅游"政策,根据专家计算,景区最佳日容量为 1.2 万人次,最大日容量为 2.8 万人次。这是景区确保旅游服务质量,强化环境保护的又一重大举措。

3.改进景区交通

随着知名度不断提高,游客逐渐增多,景区内的交通问题日益突出。在这一背景下,九寨沟管理局提出"交通为动物让路,建设静音景区"的指导思想。从 2000 年开始修建环保栈道近 60 千米,抬高栈道高度为小动物让路;通过优化游线结构,投资数千万元开通绿色观光车,严禁汽车鸣笛和限制进入等多种措施,有效减少旅游交通对景区水质、植被、动物等的影响。第一个开通绿色环保观光车,在方便游客的同时,减少环境污染,增加旅游收益。

4.建立游客中心和数字信息中心

……

5.第一个运用智能型免水冲环保生态厕所

"如厕问题"在景区不是小问题,管得好,景区令人心旷神怡,管得不好,景区一定会"臭名远扬"。为此,景区大力推进了生态厕所建设工作,在景区游览线路上每数百米就会有一座绿色公厕,专人定岗,做到"绿色公厕,无蝇无味",不该看的看不到,不该闻的闻不到。

6.重视科研,严格保护生态

近年来,九寨沟坚持走"生态保护带动旅游发展,旅游发展促进生态保护"的可持续发展之路。为了科学合理地保护景区生态,九寨沟管理局于 1995 年设立科研处,2006 年建立九寨沟生态保护与可持续发展国际联合实验室,2009 年设立九寨沟风景名胜区管理局博士后科研工作站,2012 年经科技部批准建立九寨沟国家国际科技合作基地——九寨沟生态保护国际联合研究中心。同时成立专业的环保队伍——保护处,设置有负责生态环境监测站、气象监测站、地质灾害水文监测站、森林病虫害监测站和科研处等机构。通过建设生态环境监测站、自动气象监测站、瞭望塔等监测设施,完善了生态环境实时监测系统,同时加强对基础数据的收集,定期撰写监测报告,为九寨沟管理提供科学依据;加强环境巡护,定期开展不同规模的景区自然资源巡护活动,确保了景区森林生态系统安全,保存了生物物种的多样性。

7.科研合作与环境宣传

为了更高水平地保护生态环境,更高水平地服务顾客,更高水平地管理景区,九寨沟管理局积极开展国际、国内学术交流活动,建立博士后科研工作站和国际科研合作基地,通过"引智、借智、集智、用智",承担了多项国家级重大、重点科研项目,获得了一批科研成果,建立了非常好的科研氛围,培养了一支高素质的科研队伍,为建立"智慧九寨"打下了扎实的理论基础和人才保障。

在环境宣传、环境教育等方面,景区开展了大量扎实有效的工作,九寨沟的生态环境日益改善,不但成为各种珍稀动植物和谐相处的乐园,更是让游客们"为之梦幻、为之留恋、为之回忆"的天堂,为旅游产业的蓬勃发展奠定了坚实的基础。

三、把提升社会生态水平作为承担社会责任的重要任务

1.共享发展成果

发展旅游业,其出发点与落脚点就是要带动当地经济发展,提高居民收入水平。九寨沟地处藏区,以景区发展带动当地居民致富是九寨沟管理局的重要任务。管理局凝聚合力,着眼共赢,设立居民管理办公室,同时多渠道、多形式吸纳社区居民参与旅游经营和景区管理,形成社区共管局面。加强对居民的培训和政策扶持,促进社区参与旅游发展。

为实现门票经济向富民经济的转变,九寨沟管理局始终坚持以人为本,居民是景区主人而不是管理对象;居民是景区财富而不是包袱;居民是景区发展动力而不是阻力。充分调动他们热爱景区、保护景区、建设景区的积极性,使他们主动参与到景区的保护、管理和经营中去。

2005年以前,九寨沟管理局每年从景区收入中拨出836万元专项资金用于景区居民的生活保障,人均8 000元;2005年以后,管理局改为从每张门票收入中提取7元作为景区居民生活保障,确保了景区居民生活保障费随景区门票收入增长而增长。景区居民人均从门票提成中获得年收入1.4万元,加上其他收入,当年景区居民人均收入达到2.2万元。

受汶川地震的影响,九寨沟景区在2008年收入锐减,但就是在这样的情况下,景区管理局仍挤出资金,为景区居民提供了人均8 000元的基本生活保障。

与此同时,管理局还组织景区居民入股,建设并运营诺日朗旅游服务中心。诺日朗旅游服务中心集旅游管理、投诉、救护、治安、消防、旅游纪念品销售、游客休息和餐饮于一体,是九寨沟景区内唯一的综合性服务场所及餐饮接待基地。该服务中心由管理局和景区居民共同出资筹建,双方所持股份分别为51%和49%;但是在收益分成方面,景区管理局却只占23%。诺日朗游客服务中心优先安排沟内居民从事保护、环卫和相关旅游服务工作,保障居民利益,引导居民致富,做到了景区发展与居民致富的和谐统一。

2.扩大居民就业

旅游业在很大程度上解决了就业问题。

(1)九寨沟景区居民1 226人,100%就业率,其中直接参加景区管理工作的有87人,占九寨沟管理局在编员工516人的16.9%。

(2)九寨沟县旅游从业人员58 000人,其中直接旅游从业20 000人,间接旅游从业38 000人,乡村旅游业直接从业5 000人,带动就业9 000人。

(3)2012年,全州旅游直接从业人员达10万人。

3.推动区域经济发展

通过近30年的发展,九寨沟旅游业从无到有、从小到大,经历了不平凡的发展历程,使九寨沟从一条荒远幽闭的山谷发展成为当今享誉世界的旅游胜地。九寨沟旅游的快速发展不仅"富了一条沟(九寨沟)",而且"活了一条线(大九寨环线),带动了一大片(川西)"。目前,阿坝州财政也由入不敷出的"木头财政"转为以旅游产业为支柱的"绿色"财政格局。

旅游业对GDP贡献率:

(1)九寨沟景区在进行旅游开发的1984年以前,景区内居民年人均收入仅为270元。从1984年开发旅游之后,景区居民收入开始急剧增长,2011年景区居民人均收入达2.46万元,其增长速度之快、收入水平之高,远超全省和全国平均水平。不仅如此,近年来,九寨沟景区每年从每张门票中提取10元支持漳扎镇建设,这笔费用主要用于镇上的环境保洁、周边的生态保护、基础建设以及风貌改造等。仅镇上的垃圾清扫员就有近200名,保洁方面每年需支付近300万元。九寨沟旅游对阿坝州GDP的直接贡献率约为30%。

(2)九寨沟县第三产业2012年产业结构仍为"三、二、一"型的结构。三次产业结构为9∶31∶60,三次产业对经济增长的贡献率分别为6.7%、31.0%和62.3%。

(3)阿坝州 2012 年生产总值 203.74 亿元,其中旅游收入 181.03 亿元,旅游业对 GDP 的贡献率为 60.8%。

四、把促进景区文明发展作为承担社会责任的主要手段

30 多年来,九寨沟管理局坚持把社会治安综合治理与自然保护和旅游发展工作相结合,健全"群防群治"体系,以规范旅游市场秩序和文明创建为抓手,全面提升整体服务水平,倡导良好的社会风尚,营造了文明和谐的环境氛围。

社会治安环境全面改善。充分发挥基层组织在综治工作中的作用,认真落实社会治安综合治理责任制,广泛开展普法教育,法律意识普遍提高;充分发挥公安分局、景区武警中队的骨干作用,实行 110、120、119 三线联动,持续加大执法力度;严厉打击假冒伪劣产品出售,拆除违章经营铺面和不规范经营摊位,做到明码标价、公平交易、诚信服务,全面规范经营活动;切实改善景区环境卫生,狠抓食品安全卫生,确保游客餐饮质量,营造了洁净安全、生态祥和的旅游环境。

社区居民管理实现突破。从建立旅游公司,引导居民开展经营服务,到组织景区居民入股,建设并运营诺日朗旅游服务中心进行集约化、规范化经营;优先安排沟内居民从事保护、环卫和相关旅游服务工作。1984 年,景区居民人均年纯收入仅为 270 元,2007 年已达到 25 000 元,增加了 91.6 倍。

文明景区建设取得成效。坚持按照"文明开发、文明经营、文明服务、文明管理"的目标要求,深入持久地开展文明景区、和谐九寨创建活动。2002 年,九寨沟景区被评为"全国文明旅游区示范点"之后,按照《全国文明风景旅游区评选和管理办法》的要求,进一步采取有力措施,全面、深入地开展文明旅游区创建活动,使景区的环境明显改观,设施日趋完善,服务水平显著提高,秩序不断改善,管理切实加强,资源保护工作取得新成效。九寨沟有力地促进了经济、社会、生态、文化"四个文明"的协调发展,成为中国旅游的国际金质名片,中国生态保护对外合作交流的重要窗口与平台,也是象征民族团结、世界和平的桥梁和纽带。

五、把"三化"作为实现社会责任的重要抓手

标准化、数字化、智慧化的"三化"管理是九寨沟管理局经过多年反复研究和实践形成的科学管理办法,为九寨沟景区的保护和发展提供了有力支撑,也是九寨沟承担社会责任的重要技术手段。

1.以标准化提升服务质量

《九寨沟风景名胜区管理标准体系》是总结提炼出的一套适合自身发展的管理标准,在全国景区管理方面率先形成一个景区标准化管理体系。该体系以标准化原理为指导,将标准化贯穿于景区管理全过程,以增进系统整体效能为宗旨、提高工作质量与工作效率为根本目的,支撑景区的运行。体系的制订充分参考了世界遗产地管理的相关法规,质量、环境、健康管理国际标准,以及国家 5A 景区的管理标准。

九寨沟的管理标准体系刚一推出,就得到了全国旅游行业的高度关注。国家旅游局质量规范管理司标准化处处长汪黎明评价说:"九寨沟的管理标准体系建设已经走在了全国前列,今后将可能成为我国景区标准化管理的范本。"四川省内外一些兄弟景区纷纷要求派员到九寨挂职锻炼,学习借鉴管理经验;有的景区邀请制订体系的骨干人员上门培训;阿坝州

旅游局也组织全州景区部分工作人员到九寨沟参加集中培训,助推全州景区管理水平和从业人员专业技能的提高。

2.以信息化提升营运能力

九寨沟的数字化管理项目基于"管理精细化、功能模块化、信息网络化"的建设原则,在国内景区中首次运用信息技术,集成建立由景区电子商务、门禁票务、办公自动化、GPS 车辆调度、多媒体展示、智能化监控、监管信息和 LED 信息发布 8 个子系统构成,实现了景区资源的科学、高效配置,景区整体管理效率因此提高了近 40%。"数字九寨沟"景区管理平台同时将旅游产业的运营提升到互联网平台上,通过网络平台实现了相关产业的整合。截至目前,九寨沟景区的电子商务系统已安全实现网上交易 50 亿元。该项目具有先进性、实用性、创新性,是中国景区资源保护与旅游产业协调发展的解决方案。当前,景区正充分利用"数字九寨沟"一期工程构建起来的硬件基础,以集成为关键,以应用为根本,继续改造和完善"数字九寨"工程,力争实现面向景区的精细化管理、面向游客的个性化服务、面向全球的国际化营销。

3.以智慧化提升综合能力

近年来,九寨沟景区以国家项目为依托,大力开展"智慧九寨"建设。近年来,以"数字九寨"为基础,以承担多项国家级重大、重点科研项目为依托,开展智慧景区建设。

①国家"863"计划重大专项,2009—2012 年,基于时空分流管理模式的 RFID 技术在自然保护区和地震遗址的应用研究,编号:2008AA04A107,国家财政拨款 277 万元。

②国家自然科学基金重大国际合作项目,2010—2013 年,面向西部旅游经济与生态环境可持续发展的低碳景区集成管理模式研究,编号:71020107027,国家财政拨款 150 万元。

③国家科技支撑计划,2011—2014 年,智能导航搜救终端及其区域应用示范系统(国拨 4 000 万元),其中课题八——智能导航搜救终端景区应用示范,编号 2011BAF05B08,国家财政拨款 832 万元。

④国家国际科技合作专项,2013—2015 年,九寨沟水资源与生态安全保护关键技术合作研究,编号:2013DFR90670,国家财政拨款 366 万元。

六、把"六大战略"作为未来实现社会责任的主要方向

立足现实,放眼未来,我们将继续坚持可持续发展战略,深化"保护型发展模式",全力推进智慧景区建设,优化产业结构,整合旅游资源,大力改善基础设施,依法规范旅游市场,走现代化、特色化、国际化之路。为此,我们将坚持"政府为主导,规划为前提,保护为核心,科研为支撑,市场为导向,管理为重点,人才为关键,发展为目的"的工作思路,秉持"恪尽职守、与时俱进、创造一流"的工作理念,深化"保护型发展"的管理模式,实施"人才强局、富民优先、科学超前"和"差异化、多元化、国际化、可持续"的发展战略,履行"一切为了游客,一切围绕游客"的服务承诺,开创九寨沟的新未来。

为确保企业社会责任落实到位,九寨沟管理局建设具有九寨沟适应性特征的"6.9"管理体系,即"六大战略""九大管理",为九寨沟的可持续发展奠定了坚实的管理基础。

1.生态保护体系国际化战略

依托九寨沟生态环境可持续发展国际联合实验室,加强与国内外科研院校的合作,实施生态保护体系国际化战略。

2.社区体系国际化战略

积极促进景区可持续发展与周边社区可持续发展有机结合、协调发展,实施社区体系国际化战略。

3.产业体系国际化战略

加强与周边资源的合作,完善旅游产业结构,推动品牌产业化,打造国际品牌,实施产业体系国际化战略。

4.信息化管理国际化战略

依托国家、省等相关课题研究,采云计算、大数据、物联网等先进成熟的信息技术,大力开展智慧九寨建设,实施信息化管理国际化战略。

5.人才体系国际化战略

实现人力资本向能力资本的转化和个人人力资本向企业智力资本的转化,实施人才体系国际化战略。

6.营销体系国际化战略

从产品体系、价格体系、分销体系、促销体系这 4 个方面,精确定位国际国内目标市场,采用微信等新媒体技术实施营销体系国际化战略。

点评:经过 30 多年的艰苦创业,九寨沟不仅在经济、社会、生态、文化建设上取得了良好成绩,而且有力地促进了"四个文明"的协调发展;九寨沟管理局怀着高度的责任感和使命感,本着对社会负责、对历史负责、对子孙后代负责的态度,在自然生态保护和社会生态和谐发展方面作出了不懈的努力,积极承担旅游企业的社会责任,为全世界的游客提供最好的旅游产品和旅游服务,为景区内外居民生活的改善提供最大帮助,并为以九寨沟景区为核心的区域经济发展作出了巨大的努力。

事实证明,旅游业的发展总是依托于一定的社区环境,因此旅游企业必须在决策中更多地考虑企业行为所带来的社会影响,必须最大限度地降低负面影响;旅游企业是服务型企业,因此,要提高竞争力和服务水平,就必须遵循企业伦理的要求。所有的旅游企业,包括各种旅游组织都必须承担起对环境、社会、旅游者和自己员工的伦理责任,在经营中实现不同利益主体的动态平衡。从长远看,这是实现全行业可持续发展的前提条件。

中国梦,是生态和谐、社会和谐和人民幸福的综合,积极承担旅游企业的社会责任,是实现中国梦的重要方式。

思考题

1.结合实际和所学知识,试说明什么是旅游企业伦理。

2.定义什么是旅游企业利益相关者。

3.试阐述目前我国旅游企业相关利益者基本图谱。

4.试阐述目前我国旅游企业伦理现状,并探讨如何建设旅游企业伦理。

5.试阐述建构旅游企业社会责任体系的原因。

6.旅游企业社会责任体系的内容主要有哪些？结合实际说明旅游企业应如何切实履行其社会责任。

【综合案例分析】

案例1:旅游公司伪造机票行程单　消费者发现讨回差价

2014年10月28日,消费者张女士花费1700元,在上海某旅游咨询有限公司订购3张机票,其中2张成人票,1张儿童票。当时,旅游公司出具了"航空运输电子客票行程单"(以下简称"行程单"),注明成人机票价为600元、儿童机票价为500元。乘机当日,张女士发现登机牌上显示,成人机票价仅为479元、儿童票机价仅为369元。事后,张女士与旅游公司交涉,未得到妥善解决。最后,经过市工商行政管理局机场分局和消保委空港办的介入,消费者才得到了比较满意的解决方案,该案是2015年上海市十大消费维权重要案例之一。

经查,张女士在该旅游公司购买了2014年10月29日上海至哈尔滨的春秋航空的机票3张,并要求开具机票行程单。在消费者不知情的情况下,旅游公司提供了3张伪造的机票行程单,标示的价格为总计1700元,张女士予以了支付。后查明,旅游公司为张女士订购的3张机票的实际价格共计1327元,非法获利373元。在市消保委介入后,该旅游公司向张女士退还了差价并作出相应赔偿。

(于晓.旅游公司伪造机票行程单　消费者发现讨回差价,2016-09-29.)

案例分析思考:

上述案例中,该旅游公司侵犯了张女士哪些合法权益？是否违背了旅游企业伦理道德？

案例2:用行动诠释社会责任　公益路上旅游企业在前行

近年来,国家旅游局不断加大对旅游企业履行社会责任的引导。企业无论大小,都应承担起应有的社会责任。作为社会经济主体,企业的社会责任感可以促进社会的共赢发展和环境的良性循环。那么,我们的旅游企业在为经营业绩拼搏的同时,具体做得如何？

据了解,海航旅游集团"为爱而行"公益支教圆梦系列活动,从6月持续至7月;如家酒店集团携手"一道走公益联盟"开展的"幸福如家"行走喜马拉雅公益活动,7月前往西藏和尼泊尔,了解地震之后当地人的真实生活;中国康辉旅游集团的康辉一家人"圆学子环游中国梦"大型爱心公益活动,已经在江西上饶启动……

用行动诠释社会责任

一年前,由肇庆康辉旅行社发起,中国康辉旅游集团全国金帐俱乐部成员的20余家省市康辉旅行社开展了"圆学子环游中国梦"大型爱心公益活动,最终选出肇庆市怀集县的罗娇妹和黄汶镇两名学生参与。两个人一直梦想出去旅游,但因家庭原因都没有机会实现。罗娇妹和黄汶镇游历了广东、江西、福建等20余个省市,行程结束时,罗娇妹已经拿到哈尔滨医科大学的录取通知书,一直很害羞的黄汶镇则变得开朗大方起来,他说最喜欢上海现代化的美。

一直以来,中国康辉旅游集团旗下企业开展了多种形式的公益和助残活动。仅仅在2014年,上海康辉就组织杨浦区殷行社区的孤寡、困难和纯老家庭的200名老人到南浔领略江南水乡之美;辽宁康辉旅游会员俱乐部发起社会捐书公益活动,目前已募捐到千余本适合小学生阅读的书籍,并为只有3名教师、31名学生的乡村小学——岫岩县朝阳镇大河南小学送去了画笔,让孩子们描绘"外面的世界";菏泽康辉有一个"爱心基金",每组织一名游客就向"爱心基金"捐助1元钱,用于社会服务和救助……

中国康辉旅行社是由中国残疾人福利基金会创办的,所以中国康辉旅游集团原董事长李继烈常常说,康辉与公益事业有很深的渊源,残疾人自立自强、顽强拼搏的精神和为国争光的事迹,一直激励着康辉人,成为康辉人战胜困难、由小到大发展的不竭动力。

实际上,旅游企业践行社会责任、热心公益事业的案例还有很多。华侨城集团近年来除了定点帮扶贵州省天柱、三穗两县之外,2012年还发起设立深圳市华会所生态环保基金会。2014年,该基金会与深圳市人居委合作援建了深圳市华侨城湿地、仙湖植物园及福田红树林保护区3所自然学校。华侨城集团还参与"2014欢乐海岸中国自然使者行动",并整理出版《中国自然笔记》,从珍稀动物、自然环境、环保守护者3个公益角度,阐述国内自然环境保护区的现状和经验。

在港中旅集团看来,公益管理是一项系统工作。2010年,港中旅成立了慈善基金有限公司。在"4.20"四川雅安特大地震灾害发生后捐款300万元;2011年,港中旅在贵州省黎平县成立中药材种植示范基地,进行中药材引种试验和丰产栽培示范,现在种植面积现已近2万亩(1亩=666.67平方米),并联合当地农户打造"港中旅·贵州黎平扶贫绿色茶"品牌,通过销往下属遍布内地和港澳的数十家酒店带领黎平茶叶走出大山。

海航旅游集团的公益项目则偏重于青少年和大学生,近几年先后举办了"山里孩子看世界""蒲公英乐游海岛""雅安孩子看海洋""让梦想与你同飞"资助贫困大学新生等活动……

将责任融入整体运营

海航集团董事兼海航旅游集团董事长张岭说,创业20多年来,海航人内修中国传统文化,外融西方先进科学技术。从成立开始,就没有把赚取利润当成唯一目的,而是希望在创造经济效益的同时,创造更大的社会效益,全面构建企业社会责任。海航集团不但要具备世界级卓越企业的经济影响力,更要对传统商业文明和人类社会现存的发展方式进行创新,塑造一种折射出中华文化的、全新的商业文明。这种新商业文明以承担社会责任为核心,以经济、社会和环境综合价值最大化为决策准则。

张岭说,海航旅游集团在关注社会责任时,努力承担应有的经济责任、员工责任、社会责任、环境责任、利益相关者责任、国际行为准则责任等,这是海航旅游集团践行社会责任的6

个维度。

港中旅集团相关负责人认为,企业的利益相关方包括政府、出资人、客户、社区、环境、员工、供应商、同行等。企业对这些利益相关方要分别承担遵纪守法、资产保值增值、信息披露、优质服务、节能减排、公平竞争、薪酬福利、公益事业等多项社会责任。

基于这些认识,如何履行企业的社会责任,不同的企业做法虽然不同,但目标都是实现企业与社会的和谐发展。通常人们对企业的扶贫、助残、环保等公益活动关注度较高。但实际上,提升员工的满意度、幸福感,关注员工的工作压力与心理健康,提升员工的职场尊严;绿色经营,积极应用环保技术和产品;提供高品质的产品和服务;承担安全责任等,都体现着企业的社会责任。

国际标准化组织《ISO 26000:社会责任指南》提出:企业在一个地方运作,那里的文化和历史将决定企业社会责任的表现形式。ISO 26000 的社会责任体系涵盖组织治理、人权、劳工实践、环境、公平运行实践、消费者、社区发展 7 个核心主题和 37 个子议题。企业可根据自身实际情况甄别适用于自身的核心主题及子议题,确定利益相关方,并考虑用什么方式达到可持续发展的目标。

近年来,企业履行社会责任已成为国际社会的广泛共识,利益相关方对企业履行社会责任要求越来越高,并且呈现标准化、刚性约束化的趋势。世界银行等组织要求将社会责任标准融入投资活动中。西方一些国家已经或准备征收碳关税的做法就是一种具体的体现,这些都可能成为新的投资和贸易壁垒。社会责任已成为全球企业竞争的重要内容和重要标志。模范履行社会责任不仅有利于赢得更大的市场,提升企业的影响力,树立良好的社会形象,还与企业的生产经营密切相关。

据悉,自国家旅游局 2015 年 7 月发起旅游规划扶贫公益行动以来,截至当年 10 月底,全国共 223 家规划设计单位参与了扶贫公益行动。这表明,由国家旅游局推进的旅游精准扶贫工作已经进入新的阶段。

以顶层设计着眼长远

2011 年,国资委制定发布了《中央企业"十二五"和谐发展战略实施纲要》,明确要求中央企业以可持续发展为核心,以推进企业履行社会责任为载体,从 2012 年开始必须发布社会责任报告。在此前后,港中旅、华侨城、国旅集团等旅游央企,开始每年定期发布企业社会责任报告。

2014 年 10 月审议通过的《中共中央关于全面推进依法治国若干重大问题的决定》,明确提出"加强企业社会责任立法"。这意味着,在经济新常态背景下,企业履行社会责任逐渐从"软约束"升级为"硬条件"。

为此,越来越多的旅游企业在履行社会责任时,不再仅仅是参与一些临时的公益活动,而是将其与企业长远战略相结合,从顶层设计上进行中长期规划。据悉,港中旅集团已经制订了 3 年社会责任规划,明晰了 2014—2016 年企业社会责任工作重点:2014 年起步,2015 年完善,2016 年提升。按照这一规划,2015 年,港中旅全面铺开社会责任管理提升工作,建立港中旅社会责任指标体系,开展利益相关方诉求融入公司运营和决策等工作,基于利益相关方诉求优化工作流程,继续开展员工社会责任培训工作,规范化管理港中旅慈善基金会,完成《港中旅社会责任指标体系》《港中旅基于利益相关方诉求工作流程优化指导》《港中旅利益相关方沟通试行机制》,并开展一至两个有社会影响力的员工志愿者行动计划。

无独有偶,海航集团也制定了《企业社会责任 2015—2017 年发展规划》,阐述了海航集团企业社会责任的实施抓手与 3 年工作方向,说明了 2015 年海航集团社会责任的工作任务,明确规定了集团社会责任指标体系及 2015 年企业社会责任考核指标。

公益活动是企业公民应尽的社会责任,而打造公益慈善品牌是深入开展公益慈善活动的重要途径。今年是中国康辉旅游集团成立 30 周年,康辉将坚持不懈地做公益,并在坚持中不断创新和发展。他说,精细管理是确保公益慈善工作有章可循的基础,康辉将进一步加强建章立制的基础工作,确保各项重大项目科学决策、精细实施,着力打造集团公益慈善的长效机制。未来还将全面履行在价值创造、客户服务、绿色发展、员工成长、社会和谐 5 方面的责任,将全社会的共同进步作为自己履行企业社会责任的目标。

（中国旅游报:用行动诠释社会责任　公益路上旅游企业在前行 2015-12-01.）

案例分析思考:

1.通过对上述案例的阅读,请思考企业的社会责任包含哪些方面。

2.旅游企业承担社会责任的意义何在?

3.应该从哪些方面来确立旅游企业的社会责任目标?

案例 3:供应商与渠道商面临的伦理考验

2015 年 4 月 23 日,包括中青旅、众信、华远、凯撒、南湖国旅等 17 家国内大型旅行社联合声明称:“我们共同决定,停止向途牛旅游网供货 2015 年 7 月 15 日及以后出发的旅游产品。”“我们认为,应该与途牛旅游就共同维护正常的市场秩序、良性的行业发展以及合理的定价等问题进行讨论。鉴于双方在上述问题上存在重大分歧,已严重影响双方合作的基础,我们决定待达成新的共识后再进行下一步合作。”从声明中可以看出,定价问题是旅行社们决定“断粮”的直接原因。由于在线旅行社(OTA)企业价格战不断,“1 元景点门票”“1 元出境游”等大量特价旅游产品频繁出现,这直接侵蚀了传统旅行社的利益。

对于联合声明,途牛旅游网回应称,众信旅游不遵守契约精神、不顾客户体验,在没有任何沟通的情况下单方面终止合作,影响了即将出游的客户体验。为了避免对客户体验带来进一步的伤害,途牛旅游网决定即日起下线众信旅游全部产品。

众信是途牛最大的供应商,同时途牛也是众信最大的客户。曾经的合作伙伴如今变成了“敌人”,其中内因并非一朝一夕,双方的矛盾也由来已久,而它们的纠葛也可以看作 OTA 行业与线下旅行社之间积重难返的矛盾。

途牛和旅行社的纷争属于供应商与渠道商的矛盾纠纷,在商业市场中也是很常见的现象。只不过在互联网行业里,这种冲突很容易被曝光。在过去很长的时间里,途牛只是作为一个线上渠道,通过旅行社、供应商、零售商等广泛的供应网络来采购旅行产品和服务,进行相关包装后销售给客户。而近期这一关系却发生了变化,因为途牛开始加大直采力度,忽略中间环节,直接与当地旅游局、景区、地接社合作开发。但众信等旅行社并不满足只做 OTA

企业的"批发商",早在 2014 年年底,就收购了悠哉网络 15% 的股份,而悠哉网络又拟收购主要经营在线旅游业务的上海悠哉国际旅行社有限公司 100% 股权,这也意味着众信旅游将间接持有悠哉旅游股权,并由此进入在线市场,日后做 OTA 业务也没多大悬念。

国泰君安发布研报称,短期来看,在旅游局及行业协会的调解下,众信等与途牛恢复合作,纠纷事件暂时落定。随着出境游行业持续高增长,以众信为代表的批发商及以途牛为代表的分销商进行产业链的分工协作仍然是行业的主流,但产业链延伸成为诸多企业的目标,原有的产业链均衡将逐步打破,批发商和零售商之间的互相渗透及产业链博弈可能加剧。

案例分析思考:

1.如何看待途牛和 17 家旅行社的这场线上线下之争?

2.如何运用本章中所学的理论协调途牛与旅行社的博弈?

第 11 章
旅游从业人员的职业伦理

【学习目标】

通过本章的学习,学生应在总体上了解旅游从业人员职业道德的形成与发展过程,掌握旅游从业人员职业道德的内容和特征;明确导游所享有的权利和所应尽的义务,重点掌握导游的职责,并对好导游的标准有一个清晰全面的认识;最后,熟悉旅游业其他从业人员的伦理职责。

【重点难点】

- 旅游从业人员职业道德的内容。
- 导游的权利和义务。
- 导游的职责。
- 优秀导游队伍建设。
- 旅游业其他从业人员伦理职责。

【关键词】

旅游从业人员　职业道德

11.1　旅游从业人员伦理总论

旅游业是旅游从业人员为旅游者服务的行业。由于旅游活动的异地性,使得旅游者对旅游目的地信息的了解有限,而与旅游者相比,旅游从业人员掌握着旅游各环节的信息资源,在旅游活动中处于优势地位,并随着社会经济的发展,旅游从业人员的队伍迅速壮大,其职业交往关系也日益复杂。因而,在旅游活动实践中,旅游从业人员极有可能做出违背职业道德的行为。针对这种情况,必须加强旅游从业人员职业伦理建设。

在旅游从业人员的伦理建设中,良好的职业道德风尚是旅游从业人员职业素养的核心。国家旅游局人事劳动教育司编写的《旅游职业道德》一书中写道:"'德'包括政治素质与品德素质,它是第一位的,而品德素质是作为一个合格的旅游工作者的基本要求。"从这句话中便可了解"德"的重要性。同时职业道德风尚也是旅游事业发展的生命线,不断加强旅游从业人员的职业道德建设对旅游业乃至社会经济的发展都显得尤其重要。如果旅游从业人员旅游职业道德欠缺,旅游者的合法权益就难以得到保证;没有整体上合格的旅游职业道德,就没有一支合格的旅游从业人员队伍;没有这样一支队伍,中国旅游业的发展就没有后劲。因此,全面加强旅游从业人员的职业道德建设,使旅游从业人员能自觉地遵守旅游职业道德规范是维护旅游者权益的保障,是我国旅游业能保持健康快速发展的重要条件。而旅游伦理学将直接有助于解决旅游企业一线员工,特别是导游在职业道德实践中的实际问题,从而提高他们的职业道德素质和综合素质。

【案例分享】

2013 年 4 月,《六女孩泸沽湖旅游拒绝"走婚"遭导游强迫下跪写检讨》的帖子在网上引起热议。名为"莲漪 len"的微博用户发布微博称其去泸沽湖旅游时,当地一男性摩梭导游"对我们各种照顾",并在篝火晚会后邀约一起吃烧烤。"然后(导游)就类似表达各种友好之情",并邀该游客"今晚跟我去走婚"。在遭到游客拒绝后,"摩梭人态度大转变,改为破口大骂,还收走我手机","他反手过来掐我脖子,扬言要整死我和同行的姑娘"。在该游客回到住处后,与其同行以及住在同酒店的"3 个房间 6 个姑娘都被打了"。

此后,云南省宁蒗县旅游局行业管理股股长胡家瑞根据受害游客的投诉情况向记者还原了事实经过。"来自浙江的周姓游客在丽江古城报名参加泸沽湖两天一夜游。6 日晚上,周姓女子等 2 名游客应当地一名导游和一名司机的私人邀约去吃烧烤。途中,另外一名游客先行回酒店,周姓女子单独留下。而后,周姓女子回到酒店后发现手机落在烧烤城,便给导游打电话。该名导游将手机送至酒店后,与周姓女子同行的其余游客发生口角争执,并因醉酒冲动,动手打人,做出一些情节恶劣的行为。"

事实上,"泸沽湖导游打人"事件并非首次在媒体上曝光。2012 年 5 月,就曾有游客在泸沽湖旅游时因未参加导游推荐的划船项目而遭殴打。"最美女儿国"出现旅游乱象引发社会关注。

此间业界人士认为,当地旅游业的行业垄断使得导游市场"一家独大",缺乏良性市场竞争或是导致服务水平不高的原因。采访中,胡家瑞也向记者证实涉事旅行社为"泸沽湖旅行社有限公司",并称"这是泸沽湖地区唯一一家有资质从事旅游业务的旅行社"。

(光明网.旅游频道:六女孩泸沽湖旅游拒绝"走婚"遭导游强迫下跪写检讨,2013-04-15.)

11.1.1 旅游从业人员职业道德问题的形成与发展

1)我国旅游业经历的两个阶段

我国的旅游业经历了计划经济和市场经济两个历史阶段,与此相适应,旅游职业道德的建设也经历了前后相继的两个发展阶段①。

（1）第一阶段：旅游业是国家政治活动的有机构成，是中国外交活动的延伸和扩展

从中华人民共和国成立到 20 世纪 80 年代早期，中国的旅游业还没有形成自立于国家经济体系中的产业地位，旅游业的发展首先必须满足国家政治需要，其次才是服务于经济建设。在这一时期，对进入旅游业的从业人员从社会政治条件、思想文化条件和职业道德条件等方面进行严格要求。正是因为处于社会道德和社会风气普遍比较淳朴的年代，那些经过百里挑一、被严格筛选的旅游从业人员在职业道德方面也具有比较高的自觉性和可塑性。除此之外，当时的旅游从业人员接受的政治监督和纪律检查也比一般职业者更加严格，他们崇高的职业操守和严格的政治纪律也使他们享有了相对较高的社会地位和经济收入。因此，这一时期的旅游从业人员的敬业精神和职业道德精神总体上具有比较高的水准，周恩来总理有一句名言："外事无小事"，也是对我国一切涉外工作的职业道德精神和敬业精神的科学概括，其影响久远。

（2）第二阶段：我国旅游业实现由旅游资源大国向世界旅游强国的转变

20 世纪 80 年代以后，中国旅游业发生了两个历史性的变化：首先，中国旅游市场的消费者发生了巨大的变化，到中国来旅游的国外、境外人士成倍增加，国内旅游业更是飞速发展；其次，进入中国旅游业的从业人员成分发生了巨大的变化。30 多年来，中国旅游业保持了年平均增长 20% 的发展速度，一跃成为世界第四大入境旅游接待国，世界第一大出境旅游消费国，拥有着世界最大的国内旅游市场。中国旅游业也将实现从亚洲旅游大国跨越到世界旅游强国作为发展目标。2014 年 8 月 21 日发布的《关于促进旅游业改革发展的若干意见》（以下简称《意见》），是中央政府对旅游业改革发展作出的又一重大部署，提出到 2020 年，境内旅游总消费额达到 5.5 万亿元，城乡居民年人均出游 4.5 次，旅游业增加值占国内生产总值的比重超过 5%。这两个巨大变化，为旅游职业道德提出了前所未有的挑战，也对其形成了前所未有的冲击。

2) 旅游从业人员职业道德建设问题的提出

在改革开放前，我国接待的国外客人人数有限并且基本上都是经过政府邀请或选择的，接待活动的范围也比较小；改革开放以来，来华旅游的外国游客背景各异，数量激增，旅游业接待范围空前扩大，旅游从业人员，特别是导游和外国游客的交往关系范围也自然随之扩大，加上游客能够比较广泛地接触中国社会各方面，使旅游从业人员在实际工作中遇到了许多新情况，面临许多前所未见的道德问题。为适应市场经济和现代化旅游业的发展要求，旅游职业道德的基本精神和基本内容也相应地发生了巨大的变化。

一方面，改革开放以来，随着市场经济的建立，人们的自主意识、竞争意识、效率意识、务实创新意识等都明显增强，逐步形成了与社会主义市场经济相适应的职业道德体系。另一方面，由于市场经济对个人价值的过度彰显和转型期道德价值取向的多元化，在社会主义职业道德体系构建的过程中，很多行业出现了伦理失范的现象，拜金主义、享乐主义、极端个人

---

① 郭赤婴.从旅游职业道德的角度推进建设旅游伦理学［J］.北京第二外国语学院学报,2002(4):90.

主义滋长,行业不正之风盛行,并且在不断地侵蚀着社会主义职业道德发展的主流①。

旅游职业道德是社会主义职业道德体系中一个重要的组成部分,近年来,我国旅游业在迅猛发展的同时,有关旅游从业人员索要小费、收取高额回扣、不信守承诺、强买强卖、以次充优、以假冒真等职业道德失范的现象,常常见诸报端,屡屡成为广大消费者投诉的热点。一时间,旅游从业人员在人们心目中的形象急剧下滑,旅游行业存在着空前的道德危机,已经严重地影响到旅游企业的效益和旅游行业的声誉,同时也影响到当地旅游业的形象乃至国家的形象。因此,通过科学地确立旅游职业道德原则和规范体系,培养旅游从业人员的职业道德意识,激发他们在本职工作中的道德责任感,合理地调节旅游从业人员和顾客交往中的道德关系等途径来提高旅游从业人员的职业道德素质,已成为一项刻不容缓的艰巨工作。

11.1.2 旅游从业人员政治素质和品德素质的体现

1) 全心全意为游客服务

全心全意为游客服务是旅游职业道德的核心,也是社会主义旅游职业道德的基本原则之一,旅游从业人员必须自始至终贯彻这一原则。

旅游业服务的对象就是游客,游客来自不同的地区、不同的阶层、不同的职业,有着不同的职业、不同的生活习俗和个人性格,旅游从业人员如果没有全心全意的思想、态度、行动,就无法做好服务工作。对外国游客来说,全心全意的服务,会使他们感受到中国人民的热情与友好;对华侨和港澳台同胞来说,全心全意的服务,会让他们感到祖国的温暖;对国内游客来说,全心全意的服务,会使他们感到亲切和平等。旅游从业人员全心全意为游客服务,游客就会获得更多美的享受,服务者也会在游客的心目中留下良好的印象,同时一个地区,甚至一个国家的旅游业的良好形象也就随之逐步树立起来。

2) 自觉抵制不良思想的影响

改革开放30余年来,我国取得了巨大的成就,但是我们也要清醒地认识到,在对外开放和旅游业发展的大潮中,尤其是近几年新媒体技术的迅速发展,给国家的政治、文化、经济等安全带来了挑战,一些腐朽思想和文化,一些不良的道德观念和生活方式也随之涌了进来。而旅游业所受到的影响更为直接,更为突出。旅游从业人员如果觉悟不高,意志不坚定,就会受其影响,甚至走上违法犯罪的道路,严重的会给一个企业、一个地区,甚至国家带来不可挽回的损失。只有时刻保持清醒,自觉抵制不良思想的影响,旅游从业人员才能健康成长。

3) 培养良好的旅游职业道德

随着现代社会分工的发展和专业化程度的提升,市场竞争日趋激烈,整个社会对从业人员职业观念、职业态度、职业技能、职业纪律和职业作风的要求越来越高。我国《公民道德建设实施纲要》提出了职业道德的主要内容:爱岗敬业、诚实守信、办事公道、服务群众、奉献社

---

① 谢燕.转型时期我国旅游从业人员职业道德建设研究[D].武汉:华中师范大学,2006.

会。而良好的旅游职业道德既是旅游从业人员在职业活动中的行为规范,又是旅游行业对社会所负的道德责任和义务,良好的职业道德是每一个员工都必须具备的基本品质。

11.1.3　旅游从业人员职业道德的内容

根据社会主义职业道德基本规范和旅游行业职业特点,并参照国家旅游局《关于加强旅游行业精神文明建设的意见》的规定,我国旅游从业人员职业道德内容主要包括以下几个方面。

1) 遵纪守法、敬业爱岗

旅游从业人员在职业活动中除了必须严格遵守国家的法律、法令和有关政策以外,还必须自觉地执行旅游行业的各项规章制度,遵守旅游行业的纪律,执行服务质量标准。世界旅游组织和国家旅游局分别就维护旅游者合法权益作出了相应规定,作为旅游行业从业人员应熟悉并牢记这些规定,避免做出侵犯旅游者合法权益的行为。要热爱自己的本职工作,以恭敬负责的态度对待工作,勤勤恳恳、兢兢业业地履行岗位职责。

2) 热情服务、宾客至上

旅游从业人员要将热情友好贯穿于整个服务过程中。在工作过程中,不管游客对旅游人员有何想法和看法,旅游从业人员都要尊重游客,主动、热情、耐心、周到地关心游客并为他们排忧解难。视游客为"上帝",把他们的利益放在首位,始终如一地为游客着想,努力满足他们在消费过程中正当、合理的各种需求。

3) 公私分明、诚实守信

旅游从业人员要正确处理和摆正公与私之间的关系,以国家利益、集体利益为重,不贪图个人利益,不为了个人利益损害国家利益、集体利益。无论是来自哪方面的诱惑,都应有较强的自控能力,能自觉地抵制各种精神污染。要严格按照合同约定的内容和标准为游客提供服务,不得随意变更服务内容,降低或变相降低服务标准;服务项目要明码标价,做到质价相符;不做虚假广告宣传,不误导、欺诈游客,提倡旅游企业之间签订"诚信经营公约",做到信守承诺、公平交易、互助互信、共同发展。

4) 团结协作、顾全大局

旅游业是综合性的产业,旅游接待服务是由许多环节组成的综合性服务,每一个环节的服务质量,都会对整个接待服务产生影响。要顺利完成对客服务就要求旅游业内部全体从业人员团结友爱,各个工作环节和服务部门之间协同奋斗。服务工作中顾全大局要求旅游从业人员的一切言论和行为都要从国家、旅游行业、旅游企业的大局出发,要识大体,顾大局,发扬主人翁精神,工作中与有关接待单位和人员密切配合、互相支持,从而保证大局不受损害。

5）热情大度、整洁端庄

热情大度、整洁端庄是服务人员的待客之道，也是服务人员应具备的基本品德，它体现了服务人员的一种高雅情操。旅游从业人员要将热情友好贯穿于整个服务过程中，即使游客有不合理需求，也不能冷眼相对，应热情友好地进行解释。接待游客时要仪表整洁、讲文明、懂礼貌、笑口常开、举止大方，使游客有舒心、满意之感。微笑是表达尊重最有效的方法，不仅能提高导游工作的质量，还有助于问题和事故的处理。

6）一视同仁、不卑不亢

一视同仁、不卑不亢是进行国际交往、处理人际关系的一项行为准则，也是爱国主义、国际主义原则在旅游服务中的具体体现。它要求旅游从业人员能够在服务态度上、行为上做到对待任何客人都一视同仁，绝不能厚此薄彼，切忌以地位取人、以钱财取人、以貌取人和以肤色取人。不论客人拥有什么国籍、属于哪个种族、有什么身份、是贫抑或是富，都能尊重他们的人格、习惯以及宗教信仰等，满足他们正当的服务需求，真诚地为他们服务。并且，旅游从业人员在工作中要维护自己的人格、国格，坚持自己的信念；要谦虚谨慎，但不要妄自菲薄；为客服务，但不低三下四；热爱祖国，但不妄自尊大；学习先进，但不盲目崇洋。

【知识链接】

一视同仁还集中体现了旅游服务中的平等观念，体现对服务对象人格的尊重。具体地讲，一视同仁就是要求旅游从业人员在服务中做到"六个一样"和"六个照顾"。"六个一样"即高低一样（对高消费客人和低消费客人一样看待，不能重"高"轻"低"），内外一样（对国内客人和境外客人一样看待），华洋一样（对华人客人包括华侨、外籍华人、中国港澳台客人和外国客人一样看待），"东西"一样（对东方国家和西方国家的客人一样看待，不能重"西"轻"东"），"黑白"一样（对黑种客人和白种客人一样看待，不能重"白"轻"黑"），新老一样（对新来的客人和回头客一样看待）。"六个照顾"，即照顾先来的客人，照顾外宾和华侨、外籍华人和中国港澳台客人，照顾贵宾和高消费客人，照顾黑人和少数民族客人，照顾常住客人和老客人，照顾妇女、儿童和老弱病残客人。

7）耐心细致、文明礼貌

耐心细致、文明礼貌是旅游从业人员最重要的业务要求和行为规范之一，是衡量旅游从业人员工作态度和工作责任心的一项重要标准。对于旅游从业人员来说，旅游服务工作是由许多平凡的小事构成的，需要根据游客的心理和需要提供个性化服务，帮助游客解决旅途中的问题。对待游客要虚心、耐心，关照体贴入微。要尊重每一位游客，特别要尊重他们的宗教信仰、民族风俗和生活习惯。此外，作为旅游服务行业的从业人员，对游客要笑脸相迎、彬彬有礼、落落大方，具体主要体现在准时到位、礼让待人、和谐气氛、文明举止、礼貌用语和注意小节。

8) 优质服务、勤学向上

优质服务、勤学向上是衡量旅游从业人员工作优劣、是否有进取心的一项最重要、最基本的标准,也是旅游从业人员职业道德水准的最终体现。旅游从业人员要端正服务态度,树立全心全意为游客服务的思想,在服务中尽心尽力、尽职尽责,对工作精益求精。要勤于学习、善于学习,不断提高自己的业务水平,学先进、赶先进,锲而不舍,不断进取。

9) 意志坚定、沉着冷静

旅游从业人员在旅游者面前,应时时处处表现出充分的自信心和抗干扰能力,坚定不移地维护旅行社的信誉和旅游者的正当权益,坚决要求相关服务接待部门和企业不折不扣地按照事先达成的合同或合作协议提供各项服务。在遇到突发事件时,旅游从业人员应沉着、冷静地分析问题,果断、坚定地采取适当措施处理问题,使事件的影响或损失降到最低限度。

旅游从业人员职业道德规范对旅游从业人员工作具有重要的指导作用,然而对每一个从业人员个体而言,这些规范还只是一种外在的力量,只具有外在约束力。作为一名合格的旅游从业人员,必须加强职业道德修养,把这些规范的要求转化为自己内在的道德品质,变成自己的道德需要,再外化为正确的道德行为,只有这样才能提高行业职业道德水平,推动旅游行业的健康发展。

11.1.4　旅游从业人员职业道德的特征

旅游从业人员职业道德是一般社会道德和职业道德的一个重要组成部分,它既具有一般社会道德、职业道德的共性,也具有自身鲜明的职业道德特征[①]。

1) 综合性

旅游业是一项综合性的产业,为了满足游客的需要,必须依靠许多分工细致的部门通力协作。例如,旅游业的六要素——吃、住、行、游、购、娱,互相依赖,缺一不可。这些不同部门按照传统的产业划分标准原本分别属于若干相互独立的行业,但为了满足游客需求这一业务关系又把它们联系在一起,使它成为一个新的集合体——旅游业。因此,旅游从业人员在旅游经营活动中,不仅要遵循旅游行业的职业道德,而且还要遵循各要素行业的职业道德,只有这样才能通过不同岗位有效地满足旅游者各种不同需要。

2) 适应性

旅游从业人员职业道德的综合性特征,是由旅游行业服务对象的多重性决定的。旅游业的服务对象是国内外广大的旅游者,不同旅游者的身份、国籍、性别、年龄、政治态度、宗教信仰、风俗习惯、兴趣爱好、消费水平等往往也各不相同。旅游从业人员要接待好这些旅游者,为他们提供优质服务,除了需要过硬的专业技能以外,还需要根据不同游客各自的实际

---

① 谢燕.转型时期我国旅游从业人员职业道德建设研究[D].武汉:华中师范大学,2006.

情况,尽量满足大家的合理要求。不仅要做到热情友好、一视同仁地接待,还应该做到因地制宜、因人而异地灵活对待。这就要求旅游从业人员的职业道德必须具有广泛的适应性。

3）影响性

旅游从业人员的职业道德反映了本职业特殊的利益和要求。旅游业具有体验性,而旅游者能否得到美好体验的关键在于旅游从业人员的服务好坏,尤其在于旅游从业人员职业道德素养的高低。旅游从业人员的服务质量和职业道德素养,在旅游者心中的印记是非常深刻的。而旅游异地消费的特点,则会使这种印象产生广泛而深远的影响。如果一个地方的旅游从业人员职业道德很高,服务质量很好,本身就是很好的宣传与广告,广大游客自然是不请自来,这对于该地旅游业的发展同样具有积极而深远的影响。因此,旅游从业人员的职业道德无论是对旅游者而言,还是对于该行业的发展来说,影响都是十分深远的。

4）政治性

一方面,由于海外游客是我国旅游客源的重要组成部分;另一方面,在国际旅游活动中,我国公民出境旅游的人次逐年增加,使得旅游从业人员的工作具有涉外性,同时也赋予了旅游业一定的政治色彩。因此,我国国际旅游业的从业人员在进行旅游经营活动时,不仅要遵循旅游业一般的职业道德,而且还需要遵守我国的对外、侨务以及统战政策,需要配合改革开放工作宣传有关的方针政策和我国社会主义建设的伟大成就,而且这些政策与方针的贯彻和遵循情况往往是和旅游从业人员的职业道德紧密相连的,是衡量一个旅游从业人员职业道德水准高低的重要指标之一。

【案例分享】

四川将建严重失信"黑名单"促进旅游业健康发展

新年伊始,为促进旅游业持续健康发展,四川省旅发委打出治理组合拳。1月3日,记者从四川省旅发委官网获悉,《四川省旅游经营服务严重失信黑名单管理办法(试行)》(以下简称《办法》)已经出炉。它适用于四川省内的 A 级旅游景区、度假旅游区、生态旅游区、工农业旅游示范点、星级饭店、旅行社、星级农家乐等旅游经营者。

记者了解到,若经营者或其从业人员有扰乱公共交通秩序、损坏公共设施、破坏旅游目的地文物古迹、违反旅游目的地社会风俗等行为,将被列入"黑名单"。进入"黑名单"后,旅游主管部门将会向社会公示,并将数据交换至其他部门及社会信用信息平台,向全社会进行风险预警提示,对失信者进行信用惩戒。

记者了解到,所谓旅游经营服务"黑名单",是指在旅游经营服务活动过程中,严重失信的旅游经营者及其从业人员的名单。

《办法》明晰,旅游经营服务黑名单管理,是指旅游主管部门根据旅游经营者及其从业人员在经营服务过程中,形成的严重失信信息,将其列入黑名单向社会公示,并将数据交换至其他部门及社会信用信息平台,向全社会进行风险预警提示,对失信者进行信用惩戒的行为。

哪些情况要被列入"黑名单"？扰乱公共交通秩序、违反社会风俗等。

《办法》显示，旅游经营者或其从业人员出现以下情况，会被列入"黑名单"。

旅游经营者或其从业人员因侵害旅游者合法权益受到行政机关罚款以上处罚的；旅游经营者发生重大(含)以上安全事故，属于旅游经营者主要责任的；旅游经营者或其从业人员因侵权、违约行为损害旅游者合法权益，被人民法院判决或仲裁机构裁决承担全部或者主要民事责任，或拒不执行人民法院、仲裁机构生效法律文书的；旅游经营企业主要负责人或旅游从业人员因侵害旅游者合法权益构成犯罪，被人民法院判处刑罚的。

此外，旅游从业人员在执业过程中，因扰乱公共交通秩序、损坏公共设施、破坏旅游目的地文物古迹、违反旅游目的地社会风俗等行为，受到行政处罚或被人民法院判决承担法律责任的；旅游经营者或其从业人员侵害旅游者合法权益，引发在全国范围内有重大影响的旅游投诉或被媒体曝光等，造成严重社会不良影响的；旅游经营者或其从业人员违反法律法规，旅游主管部门认定应记入旅游经营服务黑名单的其他情形。

列入"黑名单"后有什么影响？行业资质、信用等级评定或受影响。

那么，对于旅游经营者或其从业人员来说，被列入"黑名单"后有哪些影响？

《办法》称，旅游经营者及其从业人员应当在被列入黑名单的第 1 个月、第 3 个月、第 6 个月和第 12 个月的月末，向所在地的县级以上旅游主管部门书面报告其整改情况。

此外，记入黑名单的旅游经营者及其从业人员是其所在地旅游主管部门的重点监管对象，旅游主管部门应对其增加监督检查频率，加大检查精细度，每半年的不定期检查、暗访次数不少于三次。

旅游主管部门在审核旅游经营者及其从业人员申请旅游行业的资质、信用等级评定、表彰奖励、优惠政策、接收金融服务等时，应当查阅其是否记入旅游经营服务黑名单，按照国家和旅游业有关规定实施禁止或限制措施。旅游经营者及其从业人员被列入黑名单的，在被列入黑名单期间旅游主管部门原则上不得批准其申请。(记者殷航)

(华西都市报：四川将建严重失信"黑名单"促进旅游业健康发展，2017-01-05.)

11.2　导游的伦理职责

导游服务是旅游服务的重要环节。根据《旅游法》第三十六条规定："旅行社组织团队出境旅游或者组织、接待团队入境旅游，应当按照规定安排领队或者导游全程陪同。"那么，什么人可以当导游和领队呢？取得导游证的人和领队证的人。《旅游法》第三十七条规定："参加导游资格考试成绩合格，与旅行社订立劳动合同或者在相关旅游行业组织注册的人员，可以申请取得导游证。"另外，《旅游法》第三十九条规定："取得导游证，具有相应学历、语言能力和旅游从业经历，并与旅行社订立劳动合同的人员，可以申请取得领队证。"

11.2.1 导游的权利和义务

导游作为公民的一员,依法享有广泛的政治、经济、文化和社会等各种权益,同时也要履行相关义务。

1)导游的权利

(1)获取劳动报酬的权利

激励机制不健全是造成旅游从业人员职业道德问题的一个重要因素。目前,我国多数旅游企业所实施的劳动报酬制度缺乏激励作用,这一点尤其突出地表现在导游群体的劳动报酬上。导游是一种脑体高度结合的复杂性服务工作,但导游的辛苦与所得却并不成正比[①]。一旦出现这种情况,导游就会缺乏工作动力,进而影响服务质量,甚至做出收取回扣、索要小费等违反职业道德的行为。所以,通过法律的形式,保证导游基本劳动收入和社会保障,增强其安全感,促使其能够着眼于如何从提高导游服务质量入手,不断提高自己合法收入显得非常有必要。

针对这种情况,《旅游法》第三十八条规定:"旅行社应当与其聘用的导游依法订立劳动合同,支付劳动报酬,缴纳社会保险费用。旅行社临时聘用导游为旅游者提供服务的,应当全额向导游支付本法第六十条第三款规定的导游服务费用。旅行社安排导游为团队旅游提供服务的,不得要求导游垫付或者向导游收取任何费用。"另外,第六十条第三款规定:"安排导游为旅游者提供服务的,应当在包价旅游合同中载明导游服务费用。"

(2)人格尊严不受侵犯权

人格权是人最基本的权利。然而,在旅行游览实践中,经常出现个别旅游者遇到不顺其心意的事情,就肆意侮辱谩骂导游,提出一些有辱其人格尊严或者违反其职业道德的不合理要求,甚至还发生殴打导游的事件。因此,维护导游人格尊严不受侵犯显得尤为重要。从伦理的角度来看,人格尊严不受侵犯不仅是导游所必须维护的一项权益,更是践行旅游职业道德的重要表现,因为在旅游服务工作中要做到不卑不亢,维护人格,坚持自己的信念,在竭力为旅游者服务的同时,不低三下四。

(3)调整或变更接待计划权

旅游合同是一种契约性文件,"重合同,守信誉"是导游必须遵守的职业道德,是旅游企业诚信经营的重要表现。所以,一旦双方订立合同后,就应当不折不扣地执行。此外,旅游接待计划虽由旅行社订立,但需得到旅游者的认可,且导游只是受旅行社的委派执行旅游接待计划,所以调整或变更旅游接待计划并不是导游的职责权限。因此,《旅游法》第四十一条明确规定,导游和领队应当严格执行旅游行程安排,不得擅自变更旅游行程或者中止服务活动。

但是,在实践中,导游在执行带团旅游任务的途中,经常会因不可抗力或其他正当原因,

---

① 白凯,王晓华.旅游伦理学[M].北京:科学出版社,2016:231.

必须调整或变更接待计划。故《旅游法》第六十七条针对这种特殊情况作出明确说明,因不可抗力或者旅行社、履行辅助人已尽合理注意义务仍不能避免的事件,合同不能完全履行的,旅行社经向旅游者作出说明,可以在合理范围内变更合同。由此,作为旅行社的代表,导游在特定情况下,享有一定调整或变更接待计划的权利。

2) 导游的义务

法律权利往往与一定的法律义务对等,因此,导游在享受一定权利的同时也必须履行相应的义务。

(1)导游进行导游活动,必须经旅行社委派

旅游活动具有异地性特点,且大多是户外活动,发生人身、财产安全的风险较大,为此我国专门实行旅游服务质量保证金、旅行社责任保险等多项保障制度,以维护旅游者的权益。如果允许导游直接与旅游团队或者旅游者进行交易,私自承揽业务,自由接待旅游者,那么每个导游就可能成为一家旅行社,旅游市场也将因无序竞争而陷入更加混乱的境地。另外,一旦发生导游卷款私逃事件或者旅游安全事故,如果没有旅行社所特有的权益保障制度,导游作为个人是无力赔偿旅游者的,旅游者的利益难以得到保障。为此,《旅游法》第四十条明确规定:"导游和领队为旅游者提供服务必须接受旅行社委派,不得私自承揽导游和领队业务。"

(2)规范导游服务的义务

随着我国旅游业的快速发展,导游、领队数量急剧增加,竞争越来越激烈,职业行为混乱和服务质量低下的问题日益凸显。如在旅行游览中,导游不遵守职业道德,缺乏敬业精神,胡乱讲解或不讲解;不尊重旅游者的风俗习惯和宗教信仰,引起旅游者的不满或者冲突;以明示或者暗示的方式向旅游者索取小费,引起旅游者的反感;不严格执行旅游合同约定的旅游行程安排,擅自增加或者减少购物、游览、娱乐活动或者时间;甚至发生诱导、欺骗、强迫旅游者购物或者参加另行付费旅游项目等违反旅游职业道德规范的行为已屡见不鲜,引起社会各界的强烈反应,这与快速发展的旅游业还不适应,与我国的国际地位很不相称。为此,《旅游法》第四十一条规定:"导游和领队从事业务活动,应当佩戴导游证、领队证,遵守职业道德,尊重旅游者的风俗习惯和宗教信仰,应当向旅游者告知和解释旅游文明行为规范,引导旅游者健康、文明旅游,劝阻旅游者违反社会公德的行为。导游和领队应当严格执行旅游行程安排,不得擅自变更旅游行程或者中止服务活动,不得向旅游者索取小费,不得诱导、欺骗、强迫或者变相强迫旅游者购物或者参加另行付费旅游项目。"

(3)不断提高自身业务素质和职业技能的义务

导游自身业务素质的高低和职业技能的优劣,直接关系到导游服务质量,影响到能否为旅游者提供优良的导游服务。而导游服务也是旅游者认识一个旅游目的地乃至一个国家的重要途径。可以说,导游的业务素质及其导游职业技能维系着区域旅游业的发展。

在服务工作中提供优质的导游服务是衡量导游是否有上进心和工作优劣的一项重要指标,更是旅游职业道德水准的最终体现。因此,导游要不断学习以提高自身业务素质和职业

技能,端正服务态度,对工作精益求精,为旅游者提供优质服务。

11.2.2 导游职业伦理现状

1)导游的职责与地位

游客接待是导游服务的主要内容和职责。导游认真履行职责是旅游活动得以顺利开展的重要保障。因此,这就要求在整个游客接待过程中,导游必须时刻照顾他们吃、住、行、游、购、娱等各方面的需求。

导游服务处于旅游接待工作的关键节点,是整个旅游服务工作的运转轴心。对旅行社而言,接待工作的主体是导游,他们位于旅游接待第一线;对游客而言,导游是游客顺利完成旅游活动的根本保证,是成功旅游的关键人员。因此,正如我国著名旅游学家王连义教授所说:"没有导游的旅游是没有灵魂的旅游。"

2)导游职业伦理问题

导游职业伦理是导游认真履行职责的道德力量。为了规范导游服务工作,推进导游队伍建设进程,必须重视导游职业伦理建设。在前面一节的论述中,我们已窥探旅游从业人员职业伦理,它是导游职业伦理的根本体现,但是由于导游服务工作的一些特性,国家旅游局根据实际要求制定《关于加强旅游行业精神文明建设的意见》,把导游的职业道德准则归纳为"爱国敬业、忠于职守;诚实守信、宾客至上;文明礼貌、优质服务;一视同仁、不卑不亢;遵纪守法、顾全大局;钻研业务、提高技能"六项内容。

近年来,由于各级部门和旅游企业对职业伦理的重视,加大了对旅游市场整顿和管理力度,目前的旅游市场秩序保持在相对稳定的状态,大部分导游基本上能遵守国家和旅行社的规章制度,把游客的利益放在首位,有良好的职业伦理,但目前导游职业伦理缺失问题依然突出。

(1)导游的欺诈行为

导游的职业道德在一定条件下对其具有约束作用,但一旦导游独立带团在外,是否遵守职业道德主要依靠个体自觉,这就要求导游具有高素质、热爱本职工作的精神。然而,当前很多导游仅把导游服务作为一种谋生的手段,甚至作为一种欺诈手段,如向旅游者提供虚假的商品信息,诱使旅游者购买赝品或以高出商品实际价值的价格购买,继而向商店收取高额回扣。国家旅游局曾"三令五申"禁止导游收受回扣,但由于商家为了招徕客源、获取利润,多以高额回扣诱引导游,而某些导游由于职业道德水平较低,受到利益驱使,往往与商家一拍即合。从伦理的角度来看,这不仅违背了导游职业伦理规范,还损害了旅游消费者的切身利益和旅游企业、旅游目的地的长远利益。

(2)导游服务不到位

旅游者在旅行过程中涉及吃、住、行、游、购、娱,一切大事小情,全靠导游一手安排。自然风光、文化古迹,也只有加上导游的解说,再穿插动人的故事,才会变得鲜活生动,才能引起游客游玩的兴致。然而,目前部分导游素质和职业道德水平较低,在提供导游服务工作过程中,缺乏礼节礼貌,服务态度恶劣,投机取巧,刁钻耍滑甚至游而不导,"赶鸭子"或"放鸽子"等,严重损害了旅游者的合法权益。

3) 导游职业伦理缺失原因

(1) 外部原因

①历史遗留体制问题。在改革开放初期,导游享受事业单位的待遇,有稳定的收入,受人尊敬,是令人羡慕的职业。然而,随着改革开放的进一步深入,导游成为受聘于企业的员工。曾经的国家工作人员变成了社会上的自由职业者,社会地位和待遇产生巨大的落差,使导游对自己的职业失去信心。加之当前我国的社会保障体制还不完善,比如养老保险、医疗保险、失业保险在导游行业中还没有完全落实,又增加了导游的不安全感,造成导游心理需求上的不平衡,因此导游违规失信行为时常发生。

②导游薪酬制度不合理。导游薪酬制度的不合理是导游职业道德缺失的根本原因。目前,我国导游的收入主要由带团津贴、回扣和小费构成,大多数导游没有基本工资,更没有保险和公积金,再加之旅游业明显的淡旺季,致使导游没有稳定的收入,在巨大的压力面前,导游不得不靠回扣为生。从长远来看,这种薪资状态也直接导致大部分导游不把导游服务当成自己的终身职业来经营,仅作为一种兼职赚钱的手段,因此他们在从业的过程中基本没有长远的规划,也不会抱着认真负责的态度去对待,自然造成服务质量下降。另外,一些旅行社为了节约成本,最大限度地赚取利润,不但不付给导游工资,还让导游在上团之前支付"人头费"或是先垫付游客的住宿、交通等费用,这样导游在上团之前就已经承受了一定的经济风险,为了维持自己的基本生活,不得不从游客身上赚取各种回扣。从更深层次来说,薪资水平较低也导致社会地位低下,游客对导游也存在歧视,认为他们是宰客的凶手,从心底里不认可导游,这使得导游在工作中陷入一种无奈的境地。失去游客的信任,导游的工作情绪和服务质量必然会受到影响。

③旅游市场秩序混乱。近些年来,大量旅行社如雨后春笋般出现,旅行社急剧扩张,而"旅游蛋糕"就那么大,这必然引起行业之间的恶性竞争。许多旅行社为了在竞争中吸引游客,以低于成本的价格向游客出售旅游产品,出现了所谓的"零团费""负团费"。因此,旅行社为获取利润,只能把竞争中的风险转移到旅游活动的一线工作人员——导游身上,他们通过取消导游的带团津贴,降低服务标准,鼓励导游带团购物赚取回扣等一系列手段来弥补低团费带来的损失,维持旅行社的正常利润。这直接导致导游在旅游活动中无心讲解景点知识,把旅游的重点都放在了购物上,导游变成了导购,旅游团变成了购物团,致使导游、旅行社以及游客陷入了"购物"的怪圈。

④游客心理不成熟。游客的心理不成熟表现在两个方面:一方面是游客的消费不成熟。随着人们生活水平的提高,旅游已经不再是少数人的专利,越来越多的人把旅游作为自己放松身心的方式,但是有些游客在选择旅游产品时只注重比较价格,而忽视旅游活动的实质性内容,他们对旅游的法律法规不了解,缺乏必要的维权意识,殊不知他们在和旅行社压价的同时,享受旅游乐趣的权益已经被剥夺。另一方面,部分游客对导游服务工作存在偏见。由

于每位游客的文化背景不同、道德水平各异,使得一些游客不能正确理解和对待导游的工作,他们认为导游就是服务人的行业,歧视导游的工作,有些游客还故意找导游的毛病,游客对导游工作的不尊重难免使导游出现一些负面情绪,影响导游的服务质量。

⑤监督管理缺乏实效性。这主要是由导游的工作性质决定的。导游在带团的过程中,往往是独立操作,而且旅行社很难控制。导游带团在外怎样做、做了什么,旅行社无法得知,所以让一些职业道德水平不高的导游有机可乘,这主要表现在以下两个方面:

第一,利益相关主体的不一致性,导致相关部门无法有效地监督管理。在旅游活动中,虽然各利益主体在表面上的目的是一致的,即都是为游客的旅游过程提供完美的服务,但是各主体追求的核心利益却是不同的。对于旅行社来说,通过旅游活动能够使自己的利润最大化是其核心利益,这是属于经济利益方面的;对于导游来说,通过旅游活动能够得到一定的收入,保障自己的基本生活水平是其核心利益,这是属于经济利益方面的;对于旅游者来说,通过旅游活动能够放松身心、增长见识,获得一次愉快的旅游经历是其核心利益,这是属于非经济方面的。由于旅行社和导游的经济利益是可以量化的,而旅游者的非经济利益难以量化,就使得两者之间常常难以达到平衡,进而难免产生一些矛盾,再加上旅游产品购买和消费的同时性以及导游服务的无形性,使得相关部门难以用统一的标准来及时衡量导游的服务质量,从而无法有效地对导游进行监督和管理。

第二,旅游主体信息的不对称性,导致相关部门无法及时地监督管理。一方面是旅游者与导游之间存在信息不对称,导游在出游之前就已经对目的地和游客的信息获得了全面的了解,而游客却不了解导游和目的地的情况,即使在当前互联网高速发展的时代,游客可以通过网络的介绍了解到目的地的概况,但这些认识也只是一种感性认识,游客无法看到目的地的真实情况。这样,导游在旅游活动中就占据着主动地位,他们利用自己掌握信息优势的权利,欺骗游客,如故意缩减景点的游览时间、延长购物时间从中获取巨大的回扣等。另一方面是旅行社与导游之间存在信息不对称,由于导游工作具有很强的独立性,他们在外带团,旅行社无法及时了解其工作状态,他们对导游的管理只是通过下团后导游的工作日志和游客的反馈来进行,这就造成监督管理的不及时,从而使有些导游在从业的过程中擅自改变旅游行程计划,增加游客的自费旅游项目从而获取回扣。

(2)内部原因

内部原因主要从导游自身的道德素质进行分析,导游素质整体偏低是影响导游职业道德水平的一个重要因素。《导游人员管理条例》规定,具有高级中学以及同等学历的人员均可报考导游资格证考试。导游人员从业门槛的偏低,使得一些非专业和低水平的人员涌入导游行业,造成导游行业整体素质不高,而导游学历水平的偏低又严重制约了其道德水平的提高。同时,由于导游当前职业的自由化和边缘化,使得旅行社在选择导游时只注重其带团经验,而忽视其职业道德水平和文化素质;与此同时,由于市场经济的趋利性,拜金主义和利己主义在社会上盛行,人们的传统观念受到冲击,不良的社会风气对导游的道德选择产生了很大的影响,在经济利益的诱惑面前,不少导游的人生观、价值观出现了混乱,他们丧失了基本的道德底线,在从业的过程中出现了违规失信的行为,在牺牲游客的利益下满足自身物质经济利益的需求。

事实上,导游服务水平的高低,除了有关规章制度的有形约束外,更重要的是靠伦理道德、道德信念等无形的力量来约束。若仅依靠相关规章制度约束,一些职业道德水平较低的导游甚至旅行社的管理人员便极易犯错,忽视职业道德,只注重追求经济利益。

4) 提高导游职业伦理的途径

导游职业伦理水平代表着整体旅游行业的发展水平。就目前我国旅游业的发展情况来看,旅游基础设施和配套设施如餐饮、住宿、景区环境等已经与国际接轨,有些地方的硬件水平可以说与发达国家不相上下,但是"软件"发展水平即导游的服务质量却远远落后于发达国家的水平,并日益成为制约我国旅游业发展的瓶颈。因此,我们必须高度重视导游职业道德建设,从实际出发,全方位、多角度地采取多种措施来加强导游职业道德建设,使导游职业道德发展水平能够适应我国不断发展的旅游业。

(1) 加强市场监督管理,规范导游从业行为

道德的自律性可以使主体把道德原则和道德规范内化为自身的信念,从而对自己的思想和行为进行自我约束和自我调解。自律性主要是通过说服和引导的方式发生作用,它的实现依靠道德主体的自觉,为了更好地发挥道德的功能,最大限度地杜绝职业道德缺失行为的产生,必须加强道德外在监督与约束机制的建立,即发挥道德的他律性。就目前我国导游职业道德建设而言,完善导游职业道德监督管理机制就是要建立行政、企业、社会、舆论四位一体的监督管理体系,形成各部门齐抓共管、协同行动,以推动整个旅游业的良性发展。

(2) 维护旅游市场秩序,净化导游生存环境

当前,大量旅行社为了增加客源,竞相推出了一系列"零团费"甚至是"负团费"的旅游产品,而游客为了省钱更是热衷于参报此类旅游团。这样,旅游市场就陷入了无序竞争的恶性循环。而旅游市场的环境与导游职业道德密切相关,规范有序的旅游市场是提高导游职业道德的外部条件。因此,维护旅游市场秩序,建立公平公正的竞争环境对于导游职业道德的提高具有重要的作用。

(3) 改革导游薪酬机制,激发导游内在动力

目前,我国导游职业道德缺失,私拿回扣之风盛行,整个行业不稳定人员流动性大等一系列问题的产生都是由于导游薪酬制度的不合理。不合理的薪酬制度,不仅不能保证导游正常的劳动所得,也不能全面衡量导游的工作质量。因此,改革当前导游的薪酬制度,建立公平公正的薪酬制度,使导游能够通过正常的带团工作取得合理的劳动报酬是势在必行的。

(4) 加强导游职业培训,提升导游素质水平

教育和培训是导游职业道德建设的重要形式,对提高导游职业道德水平具有重要的作用。目前,我国导游培训和教育大多重视岗前培训,忽视继续教育;重视专业知识技能的培训,忽视职业道德的培训。这就使得导游在培训时间和内容上出现了严重的不平衡,造成导游职业道德方面的培训缺失,不利于导游行业整体素质的提高。因此,必须加强导游职业培训,通过外在教育影响,使导游把职业道德规范真正转化为自身的内心信念,使其形成正确

的道德意识和道德责任感、义务感,从而在从业的过程中严格要求自己,自觉履行义务,形成良好的道德品质。

【案例分享】

南京导游的可贵精神

一次,带学生去南京旅游,在参观南京大屠杀纪念馆时,班里有几个学生不太安静,还在讲话,当时导游的脸色一下子变得非常严肃。他说:"各位既然选择了到这儿来,那么就请尊重这些死难的人。"几个学生觉得导游太小题大做了,当即一个学生反问道:"那么请问导游你是不是南京人?"导游答道:"严格来讲,我不能算是真正的南京市人,而是从南京周边的县镇迁居过来的,但是现在几乎所有的南京人都算不上是真正的南京本地人,因为真正意义上的南京人已几乎在南京大屠杀当中被屠杀殆尽了。"听完导游的这一席话,所有人的神情都变得凝重,在接下来的参观中自始至终都没有一个人喧哗。参观完了以后,导游还告诉我们:在南京,大部分日本团的行程当中都会有参观大屠杀纪念馆这一项,如果没有,只要时间允许,很多导游都会自己掏腰包加这个点,免费让日本游客参观。在后面的游览中,这位导游始终如一、认真负责地带我班学生走完了南京的行程,他的讲解始终都体现出一种深刻的爱国主义和尽职尽责的精神。临告别时,很多学生都向他索要了通信地址并表示了感谢。

点评:本案例中的导游充分体现出了一个导游的职业道德,他以自己的言行给这个旅游团上了一堂生动的爱国主义课,体现出的是他强烈的自尊自强和敬业爱岗精神。

(导游证考试网:南京导游的可贵精神.)

11.2.3　好导游的标准

1)从伦理视角看建设优秀导游队伍的意义

旅游伦理从道德和精神层面对人的旅游活动进行感化和约束,从某种意义上说,从伦理道德层面加强优秀导游队伍建设是旅游业健康发展所追求的目标之一。当前加强建设一支优秀的导游队伍,是旅游业发展的必然要求,是解决当前暴露的一系列问题的重要途径之一,对我国旅游业的持续健康发展具有重要意义。

(1)有助于减少旅游活动中的问题

①有助于旅游者旅游目的的实现。纵观当今世界旅游业的发展,人类正在由"观光时代"和"休假时代"转向"文化娱乐时代"和"旅游文化时代",旅游者旅游的目的也正在从简单的观光游览向知识性、趣味性、体验性、文化性等多方面发展。我国的旅游资源非常丰富,但是,无论是自然风光,还是历史名胜,都需要人们去阐释它的形成、特点、沿革以及传说,这样,才能赋予"静物"以活力。山川不言,古迹不语,它们之所以能起到陶冶人们情操、丰富人们知识的作用,在很大程度上是因为优秀的导游对旅游资源所作的解说。

②有助于减少旅游活动中的诸多问题。近年来,随着我国旅游业的蓬勃发展,越来越多

的普通大众参与到了旅游活动当中,这使得旅游活动主体的层次、水平和构成日益丰富和多样。这给导游的工作带来机遇的同时也使导游面临着诸多挑战,如游客随意挥霍旅游资源、破坏生态环境的事件时有发生。一名优秀的导游可以为游客的旅游行为指示道德方向,并内化为旅游行为习惯,提升游客的人格,从而使游客能自觉保护生态环境;能与游客和谐相处,在宽松的氛围中达到旅游的目的。

此外,近年来不断爆出的导游缺乏诚信、收取回扣、索要小费、强制购物等许多问题,对导游的整体形象带来了不小的影响。要从根本上解决这些问题,就必须加强导游伦理观念的树立和职业道德的建设,让更多优秀的导游用伦理道德约束自身行为。

(2)有助于生态文明建设

生态文明是一种全新的文明观,其提倡人类与自然和谐统一、共存共荣。随着环境保护观念日益深入人心,人们对人与自然的关系的认识也将进一步深化,这些都将影响人们旅游观念的形成,对旅游资源的开发也将产生更大的影响。在游客污染水源、践踏草坪时,导游可以引导旅游者用旅游道德规范约束自己的行为,积极而主动地促进生态系统的良性循环,从而有助于促进人与自然和谐发展。这些都增强了建设和培养一支高素质导游队伍的必要性和迫切性。

(3)有助于精神文明建设

精神文明建设需要伦理道德的有力支持。而优秀的导游可以引导旅游伦理的建立,能调节好各方面的关系,如旅游者的人际关系,这种道德规范有助于升华旅游者的人格,进而自觉创造旅行过程中和谐的人际关系;同时,优秀的导游能妥善处理好各方的关系,从而使整个社会呈现出良好的精神面貌。因此,将整个导游队伍建设和培养成一支适应旅游产业发展、适应精神文明建设的队伍,对整个社会精神文明的建设有着重要的意义。

由此可见,我们所说的优秀的导游,就是能够超越于单纯地背诵地理和历史知识,能将旅游与地理、历史、人文等方面的知识结合起来,让"静物"动起来,让历史"活"起来的导游。优秀的导游还必须具备较高的思想道德水平,具备分辨是与非、善与恶、美与丑的能力,不能将非、恶、丑的东西说成是、善、美的东西,特别是不能宣传封建迷信。正如日本导游专家大道寺正子指出:"优秀的导游最重要的是他的人品和人格。"其实就是对导游的文化素质、专业素质、心理素质、外在素质、身体素质、技术与习惯素质等方面提出了较高的要求。

2)如何成为一名好导游

(1)认清导游工作的性质

第一,明确导游工作的社会性,充分发挥导游在旅游接待工作中的主体作用,通过提高自身的职业道德素质与服务质量,推动社会物质文明建设和精神文明建设。第二,明确导游工作的文化性,通过导游讲解,将中华民族五千年的历史文化传递给世界人民,让游客加深对中国文化的了解,并为游客带去审美享受。第三,明确导游工作的服务性,提高游客的旅游质量,设身处地地为游客解决旅途困难,促进游客与当地居民的文化交流。第四,明确导游工作的经济性,提高服务满意度,扩大客源,促进创收。第五,明确导游工作的涉外性,坚持爱国主义,在服务过程中不卑不亢,积极发挥民间大使的作用,大力宣传美丽中国。

(2)明确导游服务的特点

首先,明确导游服务具有较强的独立性。导游在整个旅游过程中,需要充分考虑游客在吃、行、游、购、娱等方面的需求,独立地为游客提供各项服务,在面对一些突发性事故时,更是需要当机立断、独立决策、快速解决,并且,导游的讲解也需要根据不同游客的不同特性、不同时机进行针对性的导游讲解,以满足不同游客的精神享受。其次,明确导游服务是复杂多变的,由于服务对象复杂、游客需求多样、人际关系复杂,并且在导游工作中,导游还要面对各种物质诱惑和"精神污染",导致导游所需要面对的客观环境充满着未知和挑战。最后,明确导游服务具有跨文化性。由于游客来自不同的国家和地区,有着不同的文化背景,导游必须在各种文化差异中,甚至在各民族、各地区文化的碰撞中工作,尽可能多地了解中外文化之间的差异,圆满完成文化传播的任务。

(3)认识导游工作的作用

由于种种原因,导游的工作常常被人们误解,要成为一名优秀的导游,导游本身还应该充分认识导游工作的作用,并且充分肯定导游工作的价值。首先,导游服务是旅游接待服务的核心和纽带。导游是旅游管理者与游客保持沟通的渠道,他代表旅行社执行并完成旅游计划,同时,游客的意见、要求、建议乃至投诉,其他旅游服务部门在接待中出现的问题以及他们的建议和要求,一般也通过导游向旅行社传递,直至上达国家最高旅游管理部门。其次,导游服务质量是旅游服务质量高低的最敏感的标志。导游服务质量包括导游讲解质量、为游客提供生活服务的质量以及各项旅游活动安排落实的质量。导游与游客朝夕相处,因此游客对导游的服务接触最直接,感受最深切,对其服务质量的反应最敏感。导游服务质量的好坏不仅关系到整个旅游服务质量的高低,而且关系着国家或地区旅游业的声誉。最后,优质的导游服务能对旅游目的地的旅游产品和旅行社形象起到扩散或传播作用。旅游资源的特色需要导游的优质讲解,各种旅游服务质量和活动安排也离不开导游的业务水平和对工作的投入。导游服务质量高时,能对旅游产品的销售和旅游地形象起到正面作用,服务质量低时则起到反面作用。

(4)提高自身的道德修养

要想成为一名优秀的导游,不仅限于对导游工作性质、特点和作用的了解,导游本身的素质高低对于能否成为一名优秀的导游也是至关重要的,这就要求每一名优秀的导游都应该具备较高的思想道德素质和修养。例如,具有热爱祖国,热爱社会主义,牢固树立遵纪守法意识,树立良好职业道德,自觉抵制"旅游污染"等良好的思想品德;具备较高的文化知识和广博的社会学识,以富有思想性、趣味性、艺术性的导游讲解,给旅游者以知识和美感等较高的文化修养;在讲解时内容充实、条理清晰、语法无误,具有过硬的语言表达能力;树立"游客至上""服务至上"的意识,塑造友好使者的形象,具有高尚的人格魅力;具有整洁的仪容、端庄的举止、温婉亲切的谈吐及优雅的风度;扎实地掌握人际交往、组织协调、宣传、安全保卫、器材运用、带团、讲解、语言等导游技能等。

【知识链接】

导游语言的八要素

言之有物,言之有据,言之有理,言之有情,言之有礼,言之有神,言之有趣,言之有喻。

3)旅游伦理视角下优秀导游队伍的建设

(1)严把导游准入门槛

导游形象的黑暗化,跟管理者有很大的关系。如果管理部门和旅行社能真正保障导游的合法权益,并按照社会对导游的正当要求去做,导游形象的改善并非难事。

我国旅游业持续快速发展,全国导游队伍日益壮大,一年一度的导游资格考试场面越来越火爆。到 2013 年底,我国持有全国导游资格证书的人员已超过 90 万人。这些导游既有专职导游,也有社会导游,水平不一,良莠不齐,工作经验存在一定的差异,对管理者的素质提出了更高的要求。导游行业的低门槛使得一批思想道德水平不高的人涌入,从而降低了这个行业的人员素质水平。从业人员水平不高,进而导致社会对导游行业产生了不好的看法,使得许多高素质的人不愿加入,而这种情况又阻碍着导游队伍水平的提高,形成了恶性循环。

(2)确保导游综合素质

旅游企业要想在日趋激烈的竞争中立于不败之地,拥有属于自己的核心接待队伍,构筑稳定的接待梯队,从而形成一支能征善战的生力军至关重要。要实现这一目标,需要从以下两点入手:首先,完善管理制度,既要培养导游无私奉献的精神,同时也要从制度上确保导游的正当权益。其次,加强业务管理,对导游进行有效的培训,以提高导游专业水平。一个成功的团队,是导游有效运用知识、认真提供服务以及充分发挥经验的结果。或者说,一次旅行和游览的成功与否,固然与旅行社计调、外联的协作密不可分,甚至与游客的心态、素质及身体状况有关,但更大程度上还是取决于导游的综合素质和人格魅力,包括其知识性、服务态度以及处理问题的经验和能力。接待工作本身是导游积累经验和增长见识的途径,然而随着时代的飞速发展,知识不断更新,在旅游活动和接待工作中也会不断地出现新的问题,产生新的挑战。每个人在工作中不断会有新的成功与失败的经历,所有这些都需要一个学习、总结与交流的过程。因此,在旅游淡季或某个必要时段,对导游进行针对性的专业培训不可或缺。

【知识链接】

好游客、好导游标准公布

9 月 14 日,经过一个多月的征集,国家旅游局向社会公布"2015 中国好游客、中国好导游"推选征集标准。

"2015 中国好游客"推选征集标准

拥党爱国、遵纪守法、崇德向善、明礼诚信、尊重他人

文明旅游、理性消费、爱护环境、热心公益、广受好评

"2015 中国好导游"推选征集标准

拥党爱国、遵纪守法、爱岗敬业、明礼诚信、文明引领

至诚服务、业务精湛、沉着机智、形象健康、广受好评

（国家旅游局监督管理司：好游客好导游标准公布，2015-09-14.）

11.3　旅游业其他从业人员的伦理职责

本章第一节中已根据社会主义职业道德基本规范和旅游行业职业特点，并参照国家旅游局《加强旅游行业精神文明建设的意见》的规定，对我国旅游从业人员职业伦理道德从 10 个方面进行了归纳。这 10 条职业道德准则是我国旅游发展的必然要求，也是所有旅游从业人员必须共同遵守的职责。但是，由于经营活动内容的差异，在具体实践中，从事不同经营活动的从业人员伦理职责明显各有侧重。

基于旅游者活动内容的涉及要素（即食、住、行、游、购、娱）进行反推，旅游业的基本构成主要包括：餐饮服务部门、住宿服务部门、交通运输部门、旅游景点部门、旅游纪念品/用品零售部门、娱乐部门、旅行社等[①]。在前面已经讨论了导游、旅行社、旅游景点等相关主体的伦理职责，故在本节中，针对旅游发展实践，主要探讨餐饮服务部门、住宿服务部门、交通运输部门、旅游纪念品/用品零售部门、娱乐部门从业人员的伦理职责。

11.3.1　旅游餐饮从业人员的伦理职责

餐饮是旅游过程中不可缺少的一环，游客对餐饮的满意度影响着旅游目的地的美誉度与知名度，然而，当前旅游餐饮企业的种种不合企业道德行为严重阻碍了目的地的发展。从业人员作为餐饮企业的主体，加强其职业道德的构建对餐饮企业和旅游业的健康发展有着重要作用。

1）保证食品安全

在旅游餐饮上，部分餐饮企业受到经济利益的驱使，在食品制造过程中使用地沟油等劣质原料，抗生素、激素和其他有害物质残留于禽、畜、水产品体内，超量使用食品添加剂、滥用非食品加工用化学添加剂等问题屡禁不止，食品安全问题已经严重威胁旅游者的身体健康。从生命伦理的角度来说，有关旅游食品安全事故的发生是旅游餐饮企业无视生命价值至高无上理念的结果，即生命价值原点的缺失。企业从业者应坚持道德诚信，不断弘扬和加强生

---

① 李天元.旅游学概论［M］.6 版.天津：南开大学出版社，2009：149-150.

命价值至高无上的理念。

2) 注重生态保护

自然产生的物质是饮食的基本元素,这些材料在经过烹饪后被人们所享用,第一点就体现出人和自然之间的联系。但目前在旅游过程中,部分旅游餐饮企业为迎合旅游者猎奇的心理,通过提供烹制、销售以珍稀野生动植物为食材的"野味",牟取不法利益。这种行为极大地破坏了旅游目的地的生态平衡,损毁了目的地正常的旅游形象。我们希望"伦理的旅游"是能够在观赏自然风光的同时又对自然环境进行保护的一种旅游形式,为了目的地旅游业的可持续发展,作为当地旅游服务的重要提供者的餐饮业,其从业人员更有责任贯彻保护生态的理念,不仅要拒绝采购和制作以珍稀、濒危动植物为主的食材,还应自觉向游客传授合乎自然生态的健康饮食观念。

3) 公开餐饮消费价格

旅游餐饮企业的欺客、宰客行为在最近几年被推上了风口浪尖,成为媒体和旅游者的关注焦点,这不仅违背了企业的诚实守信职业道德,也严重抑制了当地旅游业的发展。诚信行为的确立需要政府和餐饮经营者的共同努力,政府可推广"诚信菜单"做法,而餐饮企业要严格遵循"诚信菜单"中菜品、点心、茶品、菜肴、小吃、食品的用料标准、质量和价格,要做到明码标价,控制价格上限,以诚信立身,以餐饮行业的价格诚信、合法经营,保障餐饮市场持续健康稳定发展。

11.3.2　旅游住宿从业人员的伦理职责

旅游住宿业与旅游业相辅相成,旅游住宿是旅游业发展的物质依托,是人们在旅游活动中必不可少的驿站,住宿业的稳步快速发展离不开其从业人员的职业道德建设。

1) 保障安全

旅游住宿为南来北往的旅客提供了温馨的居住环境,但在旅游住宿过程中存在一定的安全隐患,主要涉及人身、财产等个人安全和火灾等公共安全问题。为保证旅游者的旅游质量,旅游住宿从业人员应努力提升住宿设施的安全保障,并秉承"生命第一"的原则,对住宿者进行安全教育。安全问题至关重要,旅游住宿行业的从业人员需要对国家旅游局最新颁布的《旅游安全管理办法》中的相关规定进行认真学习并内化为自觉行为,要将保障旅游者的安全作为其最基本、最重要的伦理职责。

2) 绿色经营

住宿业经营单位广泛地分布在那些自然环境最脆弱的地方和历史古城中,这一结构意味着住宿业在宏观和微观两个层面上对环境产生的影响都非常显著,游客住宿会耗费大量水电,一定程度上影响了其他经济活动。此外,住宿业在经营中通常会制造大量对环境敏感的液体和固体垃圾,对这些废物的处理和循环不当会对环境造成破坏。为保证住宿业的可持续发展,住宿经营人员除了要坚持节能降耗、保护环境的住宿设施建造标准外,在日常的经营管理中,要在为旅游者创造舒适、健康、温馨的居住条件的同时坚持环保,将对环境的负面影响降到最低,进行绿色经营。

11.3.3 旅游交通从业人员的伦理职责

由于旅游的异地性,旅游交通在旅游活动中处于十分关键的地位,不仅关乎旅游活动的顺利进行,更关乎旅游者的人权保障。旅游交通从业人员伦理职责主要包括以下两个方面。

1)提供安全的服务

随着科学技术的进步和人们生活水平的提高,旅游者可自由选择铁路、公路、水路(轮船)或空运(国际航班)等各种便利的交通运输渠道到达旅游目的地。无论哪一种交通方式,都不是绝对安全,都可能有人身损害情形发生。例如,"陆红诉美联航空损害赔偿一案"[1]、"游客诉天鹅客运公司——海上旅客运输人身和财产损害赔偿纠纷案"[2]。在我国,旅游运营车辆管理不规范、司机疲劳驾驶、不规范操作等是造成旅游交通事故的主要原因。要排除以上安全隐患,在硬件条件规范的同时,必须强化旅游交通从业人员安全意识。

【案例分析】

强行超车导致西藏发生30人伤亡的重大旅游安全事故

2007年7月13日中午,在西藏318国道曲水段桃花村境内发生了一起重大旅游交通事故。一辆西藏博达旅游客运公司的金龙牌37座旅游大巴(内乘游客28人、司机1人、导游1人)在前往日喀则的途中,行驶至拉萨市曲水县境内,因司机强行超车,导致车辆坠入离路面80米的雅鲁藏布江,事故造成包括司机、导游在内的15人死亡,2人失踪,13人受伤。经拉萨市公安局交警支队鉴定,此次事故系江苏籍驾驶员范晓东超速行驶,在超车过程中临危采取措施不当所造成的,驾驶员负全部责任。此次事故是自1980年西藏对外开放旅游以来,发生的第一起重大旅游道路交通事故。

发生事故的旅游团是一个"拉萨—日喀则2日游"散客拼团,游客分别来自四川、河北、陕西、广东、内蒙古、江苏、河南等地,由西藏青年旅行社、西藏中国旅行社、西藏高原散客接待中心及西藏天友交通国际旅行社4家旅行社的门市部分别收客,交给西藏赛康旅行社接待,由其负责安排旅游团的2天行程。

事故发生后,西藏自治区旅游局迅速启动应急预案,成立了"7·13事故善后处理领导小组",积极协调相关部门,妥善处理遇难者家属的接待、重伤员的就地治疗和后期转院、轻

---

① 陆红乘坐被告美国联合航空公司UA801飞机,由美国夏威夷经日本飞往中国香港,在日本东京成田机场起飞时,飞机左翼引擎发生故障,机上乘客紧急撤离,陆红在紧急撤离过程中受伤。

② 游客登上天鹅客运公司所属的"天鹅"号客轮,行至C港时,游客转由天池客运公司所属的"天池"号客轮送达目的地B港,"天池"号客轮中途行李舱起火,行李付之一炬,火势蔓延至客舱,致10名游客烧伤,一名老年游客因受惊吓,心脏病突发死亡。

伤员治疗后返回原籍、遇难者保险金的赔偿和支付等善后事宜。经过多次协商,涉及事故的旅行社与遇难者家属达成赔付协议,每位遇难者家属获赔 25 万元。轻伤员在拉萨治疗期间的费用和重伤员转往内地治疗的交通费和医疗费及遇难者赔偿金由西藏人保财险支付。2007 年 8 月 20 日,伤员全部陆续出院、转院回内地,遇难者家属领取赔偿后全部返回内地,事故善后处理圆满结束。

（西藏自治区旅游局:强行超车导致西藏发生 30 人伤亡的重大旅游安全事故,2007-07-13.）

问题:结合所学内容,试探讨旅游交通从业人员伦理建设的必要性。

2）遵守交通法规

旅游景区交通拥挤已经是普遍的现象,尤其是在黄金周期间。旅游景区拥挤对游客的旅游体验、景区的旅游形象等方面产生了很大的影响,引发一些社会、经济、环境等负面影响。旅游交通从业人员伦理职责失范是导致交通拥堵的重要原因。在利益的驱使下,部分旅游交通从业人员为了实现自身利益,不顾交通法规,强行超车或在出现一定拥堵的情况下强行进入旅游景区的现象屡见不鲜。所以,为了缓解当下旅游交通拥堵问题,保证旅游者的人身安全,旅游交通从业人员必须恪守交通法规,并将其作为一项必须遵守的伦理职责。

【案例分析】

旅游景区拥挤问题理论分析与解决方案研究

——以五台山景区为例

五台山是我国著名的佛教旅游胜地,1982 年被国务院公布为首批"国家重点风景名胜区";1992 年,被林业部授予"国家森林公园";2007 年被国家旅游局审定为 AAAAA 级景区。经过 20 多年的发展,2008 年五台山接待游客人数达到 281.02 万,已经成为国内人气最旺的景区之一。2009 年 6 月,五台山终于登录《世界文化遗产》名录,预计年接待量将又创新高。五台山地处太行山系北端,旅游交通呈现以下特点:

（一）交通需求不断增长

目前国内旅游逐年增长,世界遗产作为稀缺资源是游客追逐的热点之一,再加上五台山作为宗教圣地和避暑胜地,在未来几年内五台山旅游交通需求将继续增长。

（二）交通基础设施发展困难

根据《保护世界文化和自然遗产公约》和《风景名胜区管理条例》,在景区内开山采石铺路受到相关条例法规的严格限制,交通基础设施发展受到限制。

（三）交通环境比较复杂

由于五台山属于山岳型景区,地形多样,景区内部有山道、石阶等,交通环境比较复杂。

（四）交通工具形式多样化

五台山景区内的交通工具有环保汽车、计程车、游览索道、马匹等,游客在不同类型的交通工具间不断转换,也给景区交通管理带来很大压力。

（五）团体出游的交通方式占到景区游览的主流

五台山景区 85% 以上的游客都依赖团体形式的交通工具。

由于五台山进山公路的通车等交通条件的不断改善，以及近年来国内旅游市场的飞速增长，前往五台山景区的旅游人数不断增加，在 2004 年突破 200 万人次大关，2009 年接待游客人数达到了 380 万人次，每位游客在景区的游览时间为 1.8~3 天，如果算上重复进山的人数，实际游览景区人数超过 400 万人次。如果再考虑免票进入景区的人数，游客接待人数规模相当之大。但是，景区的交通基础设施却增加甚少，交通管理方式也没有多大的改进，以致景区出现拥挤现象。

另外，由于出游时间相对集中，拥堵情况愈发严重。根据五台山景区多年来的数据分析，景区旅游人数旺季出现在每年的 5 月、7 月、8 月和 10 月，其中既有宗教动机因素，又有避暑动机因素。在这 4 个月的旺季，日均游客数量在 1.5 万~3 万人之间。同时，游客在五台山景区的停留时间为 1.5~3 天，在相似的时间绝大多数采取了相似的游览模式，又几乎都是上午上山，下午下山，出游时间高度集中，导致景区拥挤现象高度集中。

（郭娟.旅游景区拥挤问题理论分析与解决方案研究——以五台山景区为例[J].山西农业大学学报:社会科学版,2010(4):476-479.）

问题:结合所学内容，试探讨旅游交通从业人员伦理建设的必要性。

11.3.4　旅游商品销售人员的伦理职责

旅游购物是旅游者重要的一种旅游活动，对旅游者具有很强的吸引力，甚至成为很多旅游者必不可少的经历。目前，我国旅游购物市场商品售卖人员职责道德失范的现象屡见不鲜，这在一定程度上阻碍了我国旅游购物市场的健康发展。因此，强化旅游商品售卖人员的伦理意识迫在眉睫。

1) 热情服务、宾客至上

热情服务、宾客至上是旅游从业人员必须遵守的职业道德规范。目前，旅游商品售卖企业的一些管理人员和一线从业人员的服务意识薄弱、服务态度较差甚至恶劣已成为制约我国旅游购物市场健康发展的一个短板。旅游商品售卖人员是旅游者了解旅游商品信息的重要渠道，是促成旅游购物，繁荣旅游购物市场的关键。所以，为了充分发挥旅游购物市场对经济的推动作用，必须注重强化旅游商品售卖人员的伦理意识，在提供具体的"面对面"近距离购物服务时，做到热情服务、宾客至上。

2) 诚实守信、注重信誉

诚信原则是旅游业经营之本，是旅游从业人员特别是旅游商品售卖人员必须恪守的职业道德规范。在旅游购物活动中，诚信具体表现在以下两个方面:一是"按质论价"。在现实中，由于游客人生地不熟，旅游商品售卖人员与游客相比具有无可比拟的信息优势，导致信息不对称现象产生。游客在旅游购物活动中处于明显的劣势地位，其合法利益易受到侵害。比如，售卖人员故意隐瞒旅游商品真实信息，做出以次充好、恶意提价或虚假报价等道德失范的行为。二是"恪守信誉"。旅游商品售卖人员需做到遵守旅游合同,不擅自与导游联合起来欺骗消费者或强迫购物。

11.3.5　旅游演艺从业人员的伦理职责

旅游演艺是演艺业和旅游业结合的新型旅游形式,其最初的表现形式是和娱乐项目结合在一起的,随着旅游演艺的发展不断深入,逐渐成为一项专项产品,受到旅游者的喜爱以及相关政府部门、旅游企业的普遍关注和重视①。旅游演艺从业人员不仅包括直接参与演艺的人员,更包括旅游演艺项目开发管理人员。为了促进我国旅游演艺事业不断发展,旅游演艺从业人员必须遵守以下几方面伦理职责。

1) 重视旅游者的旅游体验的满意度

旅游演艺因在丰富、提升旅游体验方面,具有其他旅游产品不可替代的显著作用,正日益成为旅游业发展不可或缺的部分。旅游演艺只有被旅游者认可,才能向资本市场证明其投资价值。因而即使出于营利的目的,向旅游者提供新鲜、刺激、愉悦等旅游体验的旅游演艺也必须是旅游演艺所有从业人员都必须承担的伦理职责,是景区牢固树立"以游客为中心"服务理念的表现。

2) 保护和发展地域文化

旅游演艺产品易成熟也易衰退,只有通过不断地从地域文化中汲取创意,对旅游产品适时有序开发,形成合理有序的产品序列,才能维持旅游产品的持久吸引力和生命力。但伴随着城镇化和现代化的快速发展,地域文化无论是从物质层面上讲抑或从精神、制度层面上讲都发生了改变,在现实生活中已经难以寻觅原生态的地域文化。因此,有必要加强对地域文化资源的保护和开发,特别是少数民族和偏远地区的文化更是要进行"活态保护",以保持地域文化特色和真实内涵,形成对旅游演艺持久的促进。

思考题

1. 简述导游如何才能给客人留下良好的第一印象。

2. 怎样才算真正热爱旅游事业? 为此你应该如何努力?

3. 旅游从业人员具体包括哪些? 其伦理职责内容各是什么?

4. 结合我国旅游发展实际,谈谈新时期如何加强旅游从业人员伦理道德建设。

---

① 方世敏,杨静.国内旅游演艺研究综述[J].旅游论坛,2011,4(4):152.

【综合案例分析】

案例1："中国好导游"王丹丹

从"临海市优秀导游"到"台州市金牌导游"到"中国好导游"。

人物名片：王丹丹，1987年生，临海人，2008年进入导游行业，获国家旅游局"2015中国好导游"称号。

王丹丹说，除了会讲解，还要有控团和应变能力，以及一颗真诚待人之心。

敢讲、会讲到慧讲，导游要有自己的讲解词

2008年，尚为新人的王丹丹进入杭州的一家旅行社，成为"华东线"一名地接，即是当地接待人员，为外地旅行社组织的旅行团提供接待服务。"华东线"属于国内游的王牌线路，涵盖华东地区六省一市，因此对导游个人工作能力以及素质有较高的要求。

实习期间，"新人"王丹丹就要在最短的时间内，掌握杭州、上海、无锡、南京等几大城市重要景点的讲解词。"厚厚的一沓，大概三四百页，全部都要消化掉。平时没事我就骑着自行车在杭州景区转悠，对涉及的旅游路线作透彻了解。"她说，"毕竟导游主要靠出色的讲解来征服游客。"

王丹丹认为，导游讲解能力进阶，需要经过"敢讲""会讲"到"慧讲"3个阶段。"至少，导游面对十几人的小团，或是七八十人的大团，要做到不怯场，熟练运用教材讲解词，完成基础性的讲解。"

此外，基础的讲解词并不能满足所有游客对所见所闻的好奇心。"导游成长到一定阶段，就要融入自己的风格，这也要求导游有一定的自学能力。"像苏州私家宅院里堆砌的太湖石，导游新人大多都基础讲解太湖石的皱、瘦、漏、透、丑等特征，而王丹丹则挖掘了太湖石背后的隐逸文化，太湖石是当时身份地位的象征，引出宅院主人一生仕途变幻的故事。

她告诉记者，导游讲解风格迥异，有的导游靠轶闻或带团趣事、幽默风趣的话风博人一笑，有的是中规中矩的讲解型，王丹丹属于后者，她笑称自己总是太实诚，"导游承担了寓教于乐的责任。我总希望游客尽可能全面了解当地最具特色的景点和文化，要不然就会有一种亏欠感。"

而所谓"慧讲"，就是根据客人的喜好，现场灵活调整讲解形式。旅游团的游客层次不尽相同，"其实观察游客的眼神就能作出判断，喜欢听你讲解的人，会一路跟随，专注倾听，当然有倾向自由行动的游客，我也会点到为止，留足充足的活动时间，并告诉他们沿途不容错过的景点以及注意事项等。"王丹丹认为，具备讲解能力的导游，是人气的代表，而在旺季的时候，高人气导游一个月内，带团行程基本都排满。

真诚服务态度，之前带过的旅客指明要她带团

3年的"华东线"地接经验，让王丹丹成长为一名资深导游。2011年，她回到家乡临海，进入当地台运旅行社。当时临海旅游资源有待开发，她的工作内容以长线带团为主，地接

为辅。

在王丹丹看来，一名资深导游要具备讲解、控团、应变能力以及一颗真诚待人之心。"导游从新人到独当一面，能带七八十人的大团，起码要两三年时间的磨练。"

"导游就像高级管家一样，带着大部队去外地，要做好与当地地接的交接工作，同时要全程关注游客的人身安全，协调团队秩序，需要具备扎实的控团能力。此外，途中若出现紧急状况，导游也要有敏捷的临场应变能力。"

就像旅途中，"夕阳红"群体是导游尤为操心的对象。王丹丹曾带领 53 位老年团从临海出发去西安，途中连坐火车也是个"头疼"问题。据介绍，旅行社承包了几节车厢，而床位安排成了棘手问题。"老人们年事已高，腿脚不便，爬上铺非常困难。"王丹丹回忆，她当时只能硬着头皮求助隔壁车厢的乘客，希望他们能行方便调换床位。"当时有十几个床位需要调换，工作难度很高，一直坚持到深夜 12 点才把床位安排好。"王丹丹介绍，此外，因老年团多为经济团，部分老年人对房间环境不满意，拒绝入住，"我会尽量帮助大家换到满意的房间。类似这种突发情况，导游必须当机立断尽快解决问题，并要以真诚的态度服务好每一位旅客。"

胃病、关节病、咽喉炎往往是导游的职业病，"忙起来连吃饭甚至上厕所的时间都没有。"王丹丹说。

以诚待人，努力和付出让王丹丹获得多项殊荣，连续多次被评为"临海市优秀导游""台州市金牌导游"；2015 年通过网选获得"中国好导游"称号。王丹丹告诉记者，经常会有之前带过的旅客指明要她来带团，这比荣誉更让她高兴。

旅游产品多样化，"采摘游"每年吸引近两万人次

临海旅游资源开发较晚。据了解，以前游客来临海，能玩的只有江南长城—东湖—紫阳街—龙兴寺经典线路，临海地接导游数量也相对较少。

王丹丹在临海做导游有 5 年时间，她介绍，临海虽是南方小城，但在人文或自然上都有优势。近几年，临海旅游线路也开始多样化，如江南大峡谷、桃渚风景区、羊岩山度假园等。"像孔丘村等古村落，是临海古城文化旅游一大特色，尤其受来自大都市的游客青睐。"

与此同时，旅行社也根据不断增长的客户需求开发出新的旅游产品。王丹丹介绍，近两年，"采摘游"和"亲子游"成为新趋势。比如每逢蜜橘成熟时，也是临海旅游业一年中的新旺季。据王丹丹所在旅行社数据统计，"采摘游"吸引台州以及周边城市游客前来，平均一年达到近两万人次游客量。"像我们地接导游为游客解说时，也会结合临海历史文化，让游客印象更加深刻，就连小小的橘子也蕴含博大精深的文化。"

据介绍，如今临海旅游旺季可以从 4 月持续至 11 月初，目前当地专职导游大约有五六十名。"像 5 月到暑假这段时间，临海旅游市场特别火爆，我们人手根本不够，有时候还要求助已经离职的老员工。"王丹丹介绍，旺季因人员紧缺，导游的收入也会随行情水涨船高。

"旅游乱象"，解决出路在哪？

"强制购物""辱骂游客"等，各种"旅游乱象"的问题，是大众对导游这一职业的"诟

病"，而这类负面现象的出现与导游的薪酬和激励制度挂钩。

王丹丹介绍，专职导游的收入包括基本工资、补贴和佣金，但因行业内工资标准混乱，主要表现为基本工资偏低，导游收入的绝大部分要"仰仗游客消费"。在旅游淡季，甚至出现导游月工资只有 800 多元，远低于当地最低工资标准的情况。而临海旅游市场秩序较规范，"旅游乱象"并不多见。

针对旅游业乱象问题，临海市总工会共通过组织 3 次"谈薪"，欲打造导游薪资的"临海模板"。"比如导游基本工资不低于当地县级市最低工资标准，再是社会举办导游大赛，让导游这个职业更能被社会认可。"王丹丹说。

身为一名导游，王丹丹也会觉得无辜。如今有些旅行社为保住客源，强行降低旅游团费而造成亏损。而为了弥补其中的损失，旅行社需要消费者在当地进行消费，这也导致"强制购物"等现象出现，如果把责任完全归到导游身上并不能彻底解决问题。

"毕竟羊毛出在羊身上，我还是呼吁游客要理性消费，像一元特价旅游团，如此不合理的价位，应该得到大家的共同抵制。"王丹丹说。

采访手记

采访时，记者提问，导游是否是吃"青春饭"的职业？王丹丹表示不赞同。放眼国外，其实从事导游工作的多数是退休的教师、教授等，他们不论在人生阅历还是知识储备上都非常充足，为旅客提供的讲解内容也是引人入胜，而年轻导游因经历和资历不足，是无法比拟赶超的。

但她认为，中国导游"年轻化"算是一种常态，这和导游的流动性有关。"坚持从事导游这个职业，必须要有浓厚的兴趣和热爱支撑，就像在临海能找到工作 10 年多的老导游实属不易。"

案例分析思考：

1. 结合上述案例中王丹丹的事迹，试说明游客心目中的好导游需具备哪些基本素质。

2. 结合所学知识及上述案例，说明新时期如何加强我国导游队伍职业道德建设。

案例 2：心理契约与导游小费制度

2004 年广东中旅将西方的小费制度引入导游薪酬体系，引发社会各界的广泛争论。

一、导游服务中的心理契约

心理契约最早用于组织行为学中，学术界普遍认为是阿吉里斯最早引入了心理契约概念，他用"心理工作契约"术语来描述雇员与雇主之间的关系。沙因推广了心理契约这一概念的使用。她认为，"心理契约理念意味着个人对组织具有许多期望，同时组织对个人也有许多期望……这些期望虽然没有写入雇主与组织之间的任何正式协议，但它们却是行为的有力决定因素。"

因此，心理契约反映的是组织与员工彼此间对对方所抱有的一系列微妙而含蓄的心理期望。心理契约的特点主要体现在：一是心理契约是一种主观上的感受体验。如果没有个体的知觉，组织所提供的一切为了维系心理契约的措施都将成为无本之木。二是心理契约不是可以用文字按照固定的格式签订的书面合同,而是在内心深处对组织和个人双方责任和义务的认知,管理人员难以从外部进行考察。三是心理契约不是静止不变的,不同的阶段、不同的环境下,同一对象的心理契约也会有差异。心理契约的研究经过几十年的发展,其外延不断丰富,从最初用来描述组织与雇员的工作关系,发展到现在一般化地用来描述许多关系,如房东与租户之间的关系、师生之间的关系、渠道成员之间的关系、买方和供应商之间的关系、战略伙伴之间的关系、顾客接触人员与顾客之间的关系等。

心理契约同样也可适用于导游和游客之间的关系研究,因为导游与游客之间除了正式的经济性契约外,显然彼此间还存在着许多隐含的期望,在预料与期待对方能满足自己某些期望的同时,希望对方产生自己所希望出现的某种行为。可以说,双方的这种期望带有较浓厚的博弈色彩,是一种相互制衡、相互影响的过程。如果这些期望遭到违背,虽然不像经济契约的违背那样会带来法律上的责任,但是会产生一系列消极后果。

因此,导游与游客之间存在着重要的心理契约,如游客期望导游提供优质的服务和用心的关怀等,导游则期望游客遵循旅游的规则,并给予自己适量的小费等。这些彼此间的期望并没有体现在文字合同或口头的协议上,而是隐含在双方的内心,作为评价的指标和行为的指导,期望的满足与否对彼此的心态和表现有直接的影响。

二、我国的导游小费制度

(一)我国尚不具备导游小费制度推行的良好环境

由于心理契约不具备法律的约束力,仅受到道德和义务的约束,因此,小费也不具备经济契约规定的价格那样的确定性,而是带有很大的弹性。刘文认为,小费不是文明程度的反映,与人的素质高低也无关,对此本文并不赞同。心理契约的遵循需要人们具备一定的文明程度,无法想象在野蛮的时代人们会重视对方的心理期待,并为此付出努力。同样,没有法律效力的小费制度,能否顺利地实施也需要一定的社会文明程度和人们素质水平的支撑。(当然,并不是说文明社会一定要实施小费制度。)

小费制度在西方某些国家是一种社会潜规则,但是目前在我国并不具备社会普遍性,也没有相应的文化土壤(古代看戏的"赏钱"并不是规范的小费制度,也没有推广性)。我国的导游小费制度从 2004 年广东中旅引入至今,一直争议不断,国家旅游局也明令禁止导游以明示或者暗示的方式收取小费,这是有一定道理的。小费制度与社会文明程度、社会习俗以及游客个人素养、习惯有一定的关系。只有在一个普遍重视契约(经济的和心理的)的社会,小费制度才能扎根、推广,也只有在一个把支付小费当作一种商业习惯的社会,小费制度才能更好地发展、完善。

(二)导游小费制度在我国的发展

过去没有、现在也不适应的事物并不代表在未来没有生命力。导游小费制度作为一种新生事物,是导游和游客心理契约的产物,在理论上具有非常好的存在价值,同时在国外很多国家也有很多可以借鉴的案例。针对我国旅游市场存在的导游拿回扣、宰游客以及旅行社无序竞争等导致的旅游产品质量低下、旅游机构和从业人员形象差等问题,很多学者和专家提出从改革导游薪酬入手,而导游小费制度就是一种比较好的思路。笔者认为,导游小费制度在我国发展,只能是在"纯玩团"内采取自愿性小费的形式。

纯玩团:从"导购"回归"导游"

在导游服务的"吃、住、行、游、购、娱"6个方面中,"游"是重点和核心,但是很多导游却把"购"当成了重点和核心,"游"成了"购"的辅佐,导游的功能变成了"导购",哄骗诱导游客买下一堆他们并不需要的东西后拿高额"回扣"俨然成了导游行业潜规则。导游的很多行为处在法律线以上、道德线以下的灰色地带,虽然没有违背与游客间的经济契约,却大大破坏了彼此间的心理契约。"纯玩团"这种经营模式的出现是旅游市场的理性回归,虽然团费相对目前经营模式的旅游团的团费较高,但在游程中取消了定点购物和自费景点等日程安排,充分保证了游客的游览时间,并且很大程度上保证了导游的服务质量。"纯玩团"的做法维护了游客的利益,尊重了游客的选择,也有利于遵守与游客间的心理契约。笔者认为,在我国只有在"纯玩团"内部,讨论导游小费制才有意义和实现的可能。

自愿性小费:我国导游小费制的主要形式

学者刘文将小费分为自愿性小费和强制性小费,建议在我国采取强制性小费制度来遏止游客的机会主义行为。这种观点值得商榷。心理契约与经济契约的最大区别就是它的隐含性、非强制性。小费与一般价格的最大区别也在于它不是固定的,带有随机性。如将小费强制固定下来,那跟明码标价的服务价格有什么不一样呢?这样虽然遏止了游客的机会主义行为,却增加了游客的经济负担并助长了导游的道德风险,即便是作为一种过渡形式也是不可取的。我国的导游小费制虽然也是一种制度,却应该是一种可以选择的制度,游客支付小费应该遵循自主、自愿原则。遏止游客的机会主义行为应该重视游客与导游、旅行社之间的心理契约,努力履行心理契约。一方面,旅行社应该改进旅游产品和服务,加强导游的管理与培训,为游客提供更多特色线路、超值服务;另一方面,导游应该加强自身学习、提高修养,真正把游客当作上帝和朋友,提供更人性化的服务。只有心理契约得到真正的尊重和履行,自愿性的小费制度才能得到更多导游和游客的拥护。我国旅游市场的发展路径如下:在竞争格局上,从无序竞争走向有序竞争;在经营模式上,从"购物团"走向"纯玩团";在着眼点上,从重视与游客的经济契约走向重视与游客的心理契约;在赢利模式上,从"团费+回扣"模式变成"团费+小费"模式。

(李军.心理契约与导游小费制度[J].旅游学刊,2007(9):41-44.)

案例分析思考:

1.结合所学知识,试说明小费制度是否符合导游伦理道德。

2.在小费传统背景下,国外导游收取小费是否符合伦理道德?

3.如何看待旅游市场上导游向旅游消费者索要小费的现象?旅游主管部门如何治理这种现象?

第 12 章
旅游统计伦理

【学习目标】

任何领域都具有伦理道德,旅游统计领域也如此。本章学习过程中,学生不仅需对旅游统计数据的价值有一定了解,更要对目前旅游统计存在的问题进行充分的把握,同时掌握统计的伦理特性,试图从伦理角度对统计本性进行分析和把握。

【重点难点】

- 正确理解旅游统计数据的价值。
- 明确和规范旅游统计存在的问题。
- 统计责任。
- 旅游统计伦理特性。

【关键词】

旅游统计　统计伦理

12.1　旅游统计数据

统计学是一门古老的科学,迄今已有两千多年的历史,统计学的实践活动则可追溯到更早。统计学的产生和发展是和生产的发展以及社会的进步紧密相连的。随着旅游实践活动的不断深入以及统计学应用的不断拓展,旅游统计逐渐发展起来。进入大数据时代,每一份科学的报告、每一项合理的决策,更是在很大程度上取决于统计数据,旅游研究亦是如此。高质量的旅游统计数据,不仅为旅游企业在投融资决策、运行状况评价、经济活动效应核算等方面提供重要依据,更是旅游科学研究质量的保证。

根据不同的数据获取方式,我们把统计数据分为一手数据和二手数据,其中,一手数据也可称为原始数据,是指那些研究者通过访谈、直接观察、间接观察等方式首次亲自收集并经过加工处理的数据;而二手数据是指那些来源于他人调查和科学实验的数据①。

与其他数据一样,在对旅游统计数据进行分类时,我们也可以根据旅游统计数据的采集方法来对其进行分类,在旅游研究中,一般可以将旅游统计数据分为一手旅游统计数据和二手旅游统计数据。其中,一手旅游统计数据是指采用实地调研法,在旅游目的地或者是旅游景区,通过观察、问卷调查、深度访谈等方法,所获取的一手调查数据;二手旅游统计数据是指通过利用研究机构、统计机构的调研报告、统计年鉴等资料所能够获取的数据材料②。

旅游统计数据来源很多,大到国家级的数据统计机构发布的统计报告,小到个人所做的小规模问卷或访谈统计,都是能够获取旅游统计数据的渠道,但由于不同的旅游研究需要不同的旅游统计数据的支持,在运用旅游统计数据进行研究时,需要充分考虑一手旅游统计数据与二手旅游统计数据的特性,根据研究需求来选择所需旅游统计数据。经过对获取旅游统计数据的方法的分析,我们可以看出一手旅游统计数据与二手旅游统计数据都具有鲜明的特征:

一手旅游统计数据:①统计范围相对较小。采用实地调研法获取数据,并且调查方法主要涉及观察法、问卷调查法、深度访谈法、游客跟踪法等,这一类调查方法一般需要旅游研究者设定调查受众范围,自行进行调查统计或委托统计机构进行数据统计工作,对数据的收集整理具有相对的局限性,既耗时又耗力,如果统计调查范围较大,则调查的难度也相对较大。②数据具有特定用途。这一类旅游统计数据都是根据特定用途,在特定的范围内获取特定的旅游统计数据,一般仅供统计者或统计机构委托者所用。③原数据为统计者私有。一般统计者在对旅游统计原数据进行收集后,会根据研究需要对旅游统计数据进行处理,详尽、完整的调查数据一般不会直接反映在研究中,完整的原数据一般不直接对外公开。

二手旅游统计数据:①数据统计范围相对较大。一般研究机构、统计机构的调研报告以及国家、地区发布的统计年鉴,都是基于宏观层面对旅游统计数据进行收集整理,统计范围相对较大。②数据发布时间具有周期性。由于统计范围较大,数据统计工作量也较大,并且结合权威机构工作的特性,二手旅游统计数据发布的时间大多是固定的,并且具有周期性。③完整数据可获取性较强。二手旅游统计数据一般直接由权威机构通过公开渠道进行发布,获取较容易。例如,从旅游统计公报、旅游统计出版物、官网等渠道,我们都可以获取相对完整的二手旅游统计数据。

此外,由于旅游统计数据体量大、繁杂,我们在应用时也存在不少问题。

【案例分享】

中国国家图书馆面向公众免费开放 175 个数据库

目前,中国国家图书馆已面向公众免费开放 175 个数据库。用户可以免费远程使用这些数据库,并且没有年限,北京优先,北京以外地区也可通过部分高校图书馆免费申请。

---

① 沈婷婷.社会学研究者对二手数据利用行为分析[J].情报理论与实践,2016(5).
② 李君轶.旅游数字足迹:在线揭示游客的时空轨迹[J].思想战线,2013,39(3).

在中国国家图书馆,读者可以远程在线访问到 3 类资源:国家图书馆采购的商业数据库(一百多种数据库);国家图书馆数字化加工的馆藏特色资源;从地方图书馆征集来的特色资源。

资源类型包括电子图书、论文、期刊、报纸、古籍、音视频等多种,文种包括中文和外文。国家图书馆读者卡用户可远程免费使用的数据库多达 175 个。例如,SAGE Journals Online 数据库,国家图书馆可访问 SAGE 出版社出版的 648 种期刊的全部内容;同时可访问 381 种回溯期刊全文,最早可回溯至第一卷第一期。涉及商业、人文科学、社会科学、自然科学、医药学等学科。登录后可显示国家图书馆机构名(Institution:NATIONAL LIBRARY)。

如何远程免费访问国家图书馆的数字资源?在北京居住的,可以凭身份证直接去国家图书馆(自助)办理读者卡;北京以外,也有部分地方高校图书馆开通批量申请代办服务。

国家图书馆数字资源服务须知:

1.请自觉遵守《中华人民共和国计算机信息系统安全保护条例》《中华人民共和国信息网络国际联网管理暂行规定》《计算机信息网络国际联网安全保护管理办法》《中华人民共和国著作权法》等国家相关法律及法规。

2.为了保护数字资源的知识产权,保障我馆读者使用电子资源的合法权益,在使用数字资源时须重视并遵守以下规定:

(1)严禁使用任何自动下载软件或智能机器人下载工具下载数字资源。

(2)严禁整卷、期批量下载数字资源。

(3)严禁短时间内以超过正常的阅读速度连续、系统、集中、批量地进行下载、浏览、检索数据库及数字资源等操作(通常正常阅读一篇文献的速度至少需要几分钟)。

(4)保证所获得的资源的使用完全符合《中华人民共和国著作权法》等相关法律法规及有关司法解释关于作品合理使用的规定,不得进行任何商业化使用。

3.违反以上规定者,国家图书馆工作人员将视情节轻重予以提醒、警告、置停读者卡 3 个月、置停读者卡半年、拒绝服务等处罚。

情节严重且触及法律者,将依法追究其法律责任,同时由此而引起的法律上的一切后果由违规者自负。

(中国国家图书馆·中国国家数字图书馆:读者指南.)

12.2 旅游统计数据的应用

12.2.1 旅游统计数据分析

随着大数据时代的到来,人们存储数据的工具的基本单位也由 KB(Kilobyte,千字节)、MB(Megabyte,兆字节)转变为 GB(Gigabyte,吉字节),甚至到 TB(Terabyte,太字节,或百万兆字节),各种各样的数据也被广泛应用到我们的生活、学习当中。

就目前学术研究情况来看,包括旅游学科在内的大部分学科经常使用的分析方法主要有两种,即定性分析和定量分析。定性分析也可称为"非数量分析法",这种分析方法常用于一些没有或不具备完整的历史资料和数据的事项;而定量分析则是依据统计数据,建立数学模型,并用数学模型计算出分析对象的各项指标及其数值的一种方法。事实上,定性分析与定量分析是相互补充的。基于科学研究的严谨性,我们通常会用数据来支撑新的理论或验证相关的事实,而每一项研究都基于概念性的理论定性分析,因此定性分析往往先于定量分析,并作为定量分析的基础支撑。在一定程度上可以说,没有定性的定量是盲目的、毫无价值的定量。反之,当我们建立新的理论的时候,充分的数据支撑使得理论更加能够让人信服,促使定性分析得出广泛而深入的结论,保证定性分析更加科学、准确,由此可见,两者相辅相成,而数据统计的重要性日益显现。

统计工作包括收集、加工整理基础统计资料,依据资料进行分析。统计的意义在于客观反映经济社会发展的基本情况,通过对数据进行分析,找出其中的规律,发现存在的问题,并提出工作方向和政策建议。一般来说,统计职能包括信息职能、咨询职能和监督职能。统计的信息职能,是指根据科学方法采集和提供信息,是统计工作最基本的职能,是保证咨询、监督职能得以有效发挥的可靠基础和基本前提。统计的咨询职能,是指利用丰富的统计信息,进行综合分析,提出咨询或对策建议,是统计信息职能的延续和深化。统计的监督职能,是指通过信息反馈来检验决策方案是否科学、可行,并对决策执行过程中出现的偏差提出矫正意见,它是在信息、咨询职能基础上的进一步拓展。这3种功能彼此依存,相互联系,彼此制约,相互促进。① 旅游统计与其他统计一样,也具有信息职能、咨询职能和监督职能。

从旅游统计的职能可以看出,旅游统计分析的现实作用如下:

一是引导旅游业科学发展,提供宏观决策依据。旅游业作为国民经济中的重要支柱,其发生、发展和运行也一样受到各种经济规律支配。宏观调控决策之所以有利于旅游业科学发展,就是因为这项决策是基于大量准确、有效的统计数据,进行了科学分析、预测,既符合旅游经济运行的客观规律,又符合国民经济总体运行规律。旅游统计分析的过程就是运用旅游经济运行客观规律,在基础旅游统计数据与旅游决策之间建立联系纽带的过程。没有统计分析,统计数据只能停留于抽象。为了对旅游发展情况进行统计分析、统计预测和统计监督,必须保证旅游统计数据收集、整理过程严谨,分析方法和工具使用得当。也只有这样,通过旅游统计数据才能客观、真实、充分地反映旅游发展的现实情况,从而为发展决策提供基础性依据。

二是为引导资本流向、扩大旅游投资规模提供微观决策依据。旅游统计数据是一定时期内旅游目的地旅游发展规模、水平等的综合反映,无论是对一手旅游统计数据进行分析,还是对二手旅游统计数据进行分析,它们的整个过程都离不开对旅游目的地旅游发展情况进行分析。科学、专业的旅游统计数据分析,能够为旅游投资者提供投资决策依据,使旅游投资者能够充分看到旅游目的地的投资价值,从而有利于扩大旅游目的地的旅游投资规模,起到引导资本流向的作用。

---

① 莫曰达.统计职能的历史演变和提出统计整体功能的重要意义[J].统计研究,1990,7(6):12-20.

三是作为战略性支柱产业,旅游统计分析的发展也可以促进旅游统计体系、国民经济统计体系的不断完善。一方面,就旅游统计体系的发展而言,正确的旅游统计分析是一个具备严谨科学要求的过程,这个过程不断对旅游统计数据、旅游统计制度的时效性和完备性提出要求。只有通过统计分析运用,我们才知道哪些旅游统计口径尚待规范,哪个统计指标还需重新构建,哪种数据过于冗余,哪种调查方式更加可取①。同时,旅游统计体系的不断完善也有利于确保更科学、合理的统计分析,从中可以看出旅游统计分析的发展与促进旅游统计体系具有密不可分的联系。另一方面,作为我国的战略性支柱产业,旅游业对我国社会发展的影响也体现在方方面面。旅游统计分析的不断发展,在促进旅游统计体系完善的同时,也为国民经济体系的完善提供了一定的经验借鉴与调整导向。

【案例分析】

携程发布《2017 年春节旅游大数据报告》

据携程此前发布的《2017 年春节旅游大数据报告》显示,截至报告公布之前的携程出游数据表明,从 1 月 23 日起出发人数就开始明显升高,到 1 月 25 日达到出行最高峰,甚至比 1 月 27 日假期第一天还高,估计有近 5 成市民选择拼假提前出行享假期。

并且 2017 年春节,估算出境旅游人次将超过 600 万,中国春节将成全球黄金周。

据悉,2017 年春节期间我国游客从国内 242 个城市,到达全球 85 个国家和地区、1 254 个目的地城市。春节出境游的人次和消费,超过国内旅游。59% 的春节游客选择出境旅游,41% 的春节游客选择国内游。最远乘坐破冰船抵达南极,一次春节旅行的订单金额最高超过 50 万元。而具体的线路行程方面,跟团游依然是较为主流的出境游出游方式,行程天数主要集中在 5~6 天。

而据阿里旗下的飞猪对春节出行目的地热度的显示,消费者对目的地的选择较为"传统",最火的目的地与往年差异不大。值得一提的是,境外游还是泰国拔得头筹,但像美国、澳大利亚、迪拜等长线目的地也已逐渐成为人们的常规选择。国内游很有意思的现象是南北方人民的大交换,南方人热衷于去北方看雪,北方人则流行南下看海晒太阳。

根据飞猪对"85 后"年轻群体旅行消费的分析,相对于"70 前""70 后",甚至 1980—1984 年出生的人,"85 后"在消费理念、消费特征方面,表现出了独特的人群性格。

如根据飞猪对春节旅行共同出行人的综合分析,去海外旅行的人基本是"成群结队"地去,3 人或 4 人一起出行的占比合计达 85%;而国内游的消费者则热衷"单枪匹马",1 个人或者 2 人结伴去玩的占到了 78%。其中,独行侠"85 后"占比最高,为 48.56%。

"85 后"是互联网下成长起来的一代,被称为网络原住民,这一特征也反映在了他们的旅行商品购买上。根据飞猪的统计,出境旅行租赁 WiFi 的用户中,"85 后"高达 60.2%。

根据飞猪对其技术产品"未来酒店""未来景区"的用户群分析,"85 后"用户占到了71.26%,年轻群体期待也乐于接受互联网技术革新给他们的生活带来更多便利。

---

① 黄雅萍.如何做好旅游统计分析[N].中国旅游报,2014-03-28.

根据飞猪的数据统计,春节出去旅行的消费者中,"85后"占比达到了63.2%;从全年数据来看,乘坐头等舱的消费者,"85后"占比最高,甚至超过了经济实力可能更高的"70前"群体。

问题：结合案例及所学知识,试试对2017年春节旅游大数据进行分析。

12.2.2　旅游统计数据存在的问题

2015年12月,国家旅游局数据显示,2014年旅游业总收入3.73万亿元人民币,全年全国旅游业对GDP的综合贡献为6.61万亿元人民币,占GDP总量的10.39%[1],而国家统计局数据显示,2014年旅游及相关产业增加值为27 524亿元人民币,占GDP的比重为4.33%[2];两部门公布的数据存在较大差距。事实上,这种情况并不只是发生在旅游数据统计中,在很多行业也都存在着这种问题,这就使得旅游统计数据的使用面临困难,不一样的统计数据可能得出的分析结果会天差地别。造成这种结果的原因也有很多。

从根本上来讲,旅游统计数据工作中存在的问题主要有以下几个方面。

①旅游统计制度尚不完善,部门之间统计口径不一。就我国的宏观旅游数据而言,由于我国国家机构的构成特性,每个机构都有各自独立的工作体系,在进行数据统计时,执行的口径也存在差异。国家统计局与国家旅游局两个关键部门在进行旅游统计工作时,多执行本部门的统计口径,缺少必要的配合,导致两个机构所统计出来的数据存在较大差异。同时,在旅游统计机构的设置上不均衡,统计力量薄弱,与工作任务不相匹配。

②旅游统计指标体系不健全,可比性不强。不管是世界各国,还是国内,目前对于旅游数据统计缺乏统一的统计标准,再加上对于旅游产业内涵与边界的界定较为复杂且困难,大大削弱了国家间、地区间旅游统计数据的比较意义。

③地方旅游统计工作规范性不足,存在数据不实问题。目前,国家统计局旅游统计工作主要采取抽样统计方法,抽样次数较少,选点随机性过大,对季节性数据变化把握不足,统计数据代表性不强。同时,抽样调查表内容较为单一,出现调查结果偏离实际的情况。国家旅游局节假日旅游数据申报系统中,虽然数据具有一定连续性及完整性,但由于政绩评价引发的浮躁之风依然存在,易出现虚报、谎报、错报等不端现象。且省域、市域旅游统计往往以行政区域为单位,由于旅游活动存在跨行政区域的流动性,同一旅游者的跨区域旅游活动易被重复统计。

④旅游统计结果与真实情况存在差距,应用价值降低。由于统计标准、外界因素等原因,导致中国旅游统计数据失真且不可比,并且这种现象是长期存在的。旅游统计数据的这些缺陷制约了中国旅游学术研究,也使依托于统计数据得出的结论及预测的准确性、科学性受到影响,不能准确描述和分析旅游发展中的问题,有效指导旅游决策,影响了相关政策的制定。

⑤旅游统计方法创新不足,分析缺乏深度。大数据时代,传统的旅游数据统计方法远远

---

① 国家旅游局.2014年中国旅游业统计公报,2015,12.

② 中国国家统计局.2014年全国旅游及相关产业增加值统计,2015,12.

不能满足旅游业整体的发展要求,新兴统计方法的运用推广度较低。同时,对于旅游统计数据的重视度不高,存在重数据统计、轻数据分析现象,旅游统计分析及预测方法相对简单,缺乏对统计资料的深层次分析,缺乏综合应用统计学与经济学方法的系统分析。

⑥旅游统计数据可得性差,数据发布渠道分散。一方面,主管部门对部分统计数据暂不公开的状况长期存在;另一方面,基层行政单元的旅游统计数据发布也存在不及时、不连续等问题,致使旅游企业、科研机构获取相关数据存在一定困难[①]。

无论对于社会经济发展还是学术研究来说,旅游统计数据的价值都是不容忽视的,但是目前旅游统计数据工作中的很多问题是有待解决的,特别是涉及数据真实性等伦理问题,更需引起我们的重视。本书就目前旅游统计存在的问题进行了一些伦理分析,旨在促进从伦理视角思考如何提高旅游统计的真实性、有效性。

【案例思考】

案例1:国家统计局与国家旅游局的旅游统计数据口径

2014 年对中国旅游业的经济贡献测算,国家统计局是按照国家统计局制定的《旅游及相关产业增加值核算方法》,对旅游及相关产业增加值采用生产法和收入法进行核算。核算所需的数据来源于国民经济核算资料和旅游及相关产业消费结构一次性调查结果;国家旅游局的测算是根据联合国世界旅游组织《2008 年旅游卫星账户:推荐方法框架》,以既有的国际国内游客抽样调查数据为基础,结合投入产出法测算的。通过测算说明描述及其数据值来推断,《2008 年旅游卫星账户:推荐方法框架》的口径大于《旅游及相关产业增加值核算方法》的口径。

(李享,吴泰岳,王梓利,等.旅游统计科学性与测算的可比性[J].旅游学刊,2016(4).)

案例2:"十一"黄金周上海各部门旅游统计数据

据上海假日办最新统计,2008 年"十一"黄金周,上海共接待观光游客达 495 万人次,同比增长 7.12%;黄金周 7 天实现旅游收入 38.02 亿元,同比增长 15.06%。

上海 6 条高速公路道口 9 月 28 日上午 8 时至 10 月 5 日上午 8 时,进、出沪客车分别为 49.91 万辆次、53.32 万辆次,分别同比增长 17.60%、39.92%。上海旅游集散中心 7 天累计接待游客 11.82 万人次,发送车次 3 196 班次。

据中国移动上海公司统计,9 月 28 日零时至 10 月 4 日 24 时,外埠手机漫入上海 433.63 万部次,沪籍手机漫出上海 996.21 万部次,分别同比增长 26.68%、27.51%;中国联通上海公司统计显示,外埠手机漫入上海 247.67 万部次。

问题:阅读上述两个案例,试分析旅游统计数据存在差异的深层次原因。

---

① 张辉,范容廷,赫玉玮.中国旅游统计问题与改革方向[J].旅游学刊,2016(4).

12.3　旅游统计与伦理

12.3.1　统计伦理的特性

在人类社会中,任何领域都具有伦理道德,统计领域也如此。在旅游统计伦理学习中,要把握统计的伦理特性,实质上是从伦理角度对统计本性进行分析和把握。在统计的伦理特性范畴中,统计具有永恒性和共同性的特性。

与伦理道德一样,统计善恶观念和标准也具有发展性以及社会历史性。无论是在不同时间点上,还是在不同的国家、地区之间,人们所持有的具体统计伦理观念和价值前提也是千差万别,但在人类文明的发展过程中,人们对统计已然形成了共同认识,即诚信、合法、尽职等。有了伦理道德的传承,任何的差别都排斥不了旅游统计共性价值观念的存在,这也验证了统计的伦理基础在某种意义上具有永恒性和共同性。

当然,统计的伦理特性的共同性并不是说统计伦理规范的具体内容是永久不变的,随着社会的发展,为适应时代需求,统计伦理规范是不断变化与发展的,它表现了伦理要求的变化与发展。因为在我们讨论统计的伦理特性问题时,必须以历史唯物主义的辩证理解为前提。从本质上说,我们可以认为统计伦理规范是历史性与永恒性的辩证统一。

12.3.2　旅游统计数据中的伦理

在任何社会形态下,诚信都是道德观念中最重要的美德之一,人无信不立,社会更是如此。无论是在国家还是地区层面,目前我们所能够获取到的旅游统计数据与实际旅游数据都存在着一定程度的偏差。不规范的统计手段和对旅游数据真实性、客观性的不重视等现象的普遍存在,为了业绩虚报、谎报旅游数据,重复计算数据等,造成大多旅游统计数据存在虚高的现象,这不仅违背了社会诚信,同时也有悖于统计伦理。

1）旅游统计责任

在进行旅游统计数据工作之前,我们应明确其中的统计责任。这里的统计责任,可以指统计主体、全体公民以及各类组织团体,在进行旅游统计数据工作时,对提供的统计数据所应承担的在法律上和道德上相应后果的规定及约束。我们可以通过两层含义来理解统计责任:第一层是指旅游统计主体在提供统计数据的过程中,自觉依法履行统计职能,即依法统计;第二层是指作为全体公民以及各类组织团体的统计客体,必须依照《中华人民共和国统计法》和国家相关法律规定,如实向旅游统计主体提供统计资料,不虚报、拒报,不伪造、篡改。从统计责任的承担者来看,无论是统计方还是被统计方,都有如实、诚信上报旅游统计数据的义务。可以看出,统计责任的伦理意义就在于,无论是统计主体还是统计客体,都有"实事求是报实数"的统计责任。

2) 旅游统计责任的规范

从伦理学的视阈来分析旅游统计责任,可以发现,德性的培养在于调整行为的动机,而制度规范则是用于规范行为的效果。旅游数据统计也是如此,规范旅游统计责任实质上是培养旅游数据统计主体与客体在进行旅游统计数据时,始终贯穿着诚信工作的理念、明确自身的责任,从而提供真实、有效的旅游统计数据,"不能报假数,不敢报假数,不愿报假数"。

为了解决旅游统计数据中的伦理问题,我们应该对旅游统计责任进行规范:

首先,优化方法,规范制度。在旅游统计工作中,要不断优化统计方法,规范数据统计制度体系,对数据统计工作层层把关,形成层层制衡的机制,完善各个统计环节的报数安排,全力杜绝数据被虚报的可能,从报数的源头将有可能报假数的动机逐个化解归零。

其次,严格监督,有违必究。目前对于数据虚报、谎报的监督难度较大、力度较小,大多数人不在意虚报、谎报是否有悖统计伦理,因此,有必要针对虚报、谎报的各利益主体,进行严厉的民事和刑事处罚。通过出台操作性更强、更为严格、更具威慑力的惩处措施,让个别统计机构、统计人员不敢钻统计制度的漏洞,不敢打统计制度的擦边球,更不敢跟统计制度玩火,使统计制度成为维护透明统计的强力手段,无论谁违反了统计制度,都会受到应有惩处,以达到以儆效尤的目的。

最后,始于源头,奖惩结合。一方面,建立适当的奖励机制,对于那些严格遵循统计规范伦理的工作人员进行奖励,基于统计法律法规规定的奖惩机制以及统计制度明确的统计行为规范,打造统计道德意识观念旗帜,营造浓厚的恪守统计职业道德的统计人文氛围,引领统计人员走实事求是报实数、不出假数的求真之道,以求统计数据之真、务统计工作之实为天职。另一方面,要建立统计数据质量责任制度和统计数据虚假惩戒制度,坚决一改以前多年造假利大于弊的局面,与此对应要大幅提高统计违法违规违纪的经济成本。统计法律法规是统计数据质量的法治保障,其根本目的就是为统计数据质量保驾护航[①]。

3) 统计旅游数据应遵循的原则

第一,统一性。由于国家、地区之间统计标准体系存在巨大差异,导致旅游统计数据"不可加,不可比",这不利于国家预测和分析决策,同时,也影响了旅游学术研究的准确性、科学性。这就要求国家、地区之间建立统一的旅游统计数据标准体系,并且,在进行旅游统计数据工作的时候,国家、地区、部门之间要加强沟通,相互合作。

第二,严谨性。就目前而言,旅游统计数据标准体系的缺乏、统计部门工作的不严谨等,都造成旅游统计数据与现实的数据存在着一定的差异,这就要求我们在进行旅游统计数据工作的时候,尊重统计数据的科学性,采用统一的统计标准体系,培训基层统计人员严格执行统计标准,不虚报、谎报数据。

---

① 李群.统计责任与统计责任动机的伦理解读[J].统计科学与实践,2013(5).

第三,实用性。旅游统计数据应该充分为人所用,我们要充分认识到旅游统计数据的价值,根据决策需要、研究需要,适当公开一定的旅游统计数据,充分挖掘这些数据的深层价值,让它不再是一堆数据,而是被实实在在用来分析和解决实际问题,促进旅游学术研究的发展。

旅游统计伦理的研究价值在于,我们在充分认识旅游统计数据的价值后,更加重视旅游统计伦理问题的解决,只有运用旅游统计伦理督促旅游统计者,旅游数据采集者、提供者和使用者把诚信真实贯穿于自己的工作全过程中,才能够使旅游统计数据真正的为产业发展所用。同时,旅游统计伦理的研究也丰富了我们对旅游伦理学的研究,拓宽了旅游伦理学的研究视角。

【案例分享】

坚持依法统计依法治统　确保统计数据真实准确

2016年10月11日,习近平总书记主持召开中央全面深化改革领导小组第二十八次会议,审议通过了《关于深化统计管理体制改革提高统计数据真实性的意见》,要求遵循统计工作规律,完善统计法律法规,健全政绩考核机制,健全统一领导、分级负责的统计管理体制,健全统计数据质量责任制,强化监督问责,依纪依法惩处弄虚作假,这为统计改革发展指明了方向,是做好新形势下统计工作的行动纲领。贯彻落实会议精神,就要坚持依法统计依法治统,坚决防范和惩治统计造假,切实把提高统计数据质量作为统计工作的生命线,作为统计事业发展的核心任务,全力以赴予以推进。

统计法治工作取得显著成效

1983年12月8日,全国人大常委会审议通过《中华人民共和国统计法》,为依法统计依法治统提供了法律依据。30多年来,统计法治工作取得显著成效。

统计法律制度逐步健全。全国人大常委会两次对《中华人民共和国统计法》进行了修订,国务院先后出台了统计法实施细则、经济普查条例、农业普查条例和人口普查条例等多部统计行政法规,各省(区、市)都制定了统计地方性法规,国家统计局陆续颁布了一系列统计规章,基本形成了科学、系统、完备的统计法律制度。

统计法律意识明显增强。开展声势浩大、形式多样、内容丰富、效果显著的统计普法宣传教育活动,认真落实国家"一五"至"七五"法治宣传规划要求,全社会学习统计法、遵守统计法、执行统计法、敬畏统计法的意识普遍提高,基本形成了自觉履行统计法定职责、积极支持配合统计调查的社会氛围。

统计法律制度得到有效执行。依法构建起比较完备的统计组织体系和统计调查方法体系,建立了集中统一的统计系统,形成了统一领导、分级负责的统计管理体制,基本实现了统计数据生产的电子化和网络化,为党中央、国务院和地方各级党委政府、社会公众提供大量真实准确的统计信息和优质高效的统计服务。

防范和惩治统计违法行为机制基本形成。出台了比较完备统一的统计执法流程和规范,建立健全了依法查处统计弄虚作假等违法案件制度,依法查处了一批统计弄虚作假案件,对责任单位实施了行政处罚,对相关责任人进行了严肃的党纪政纪处分,有效震慑了统计违法者。

适应新形势新要求全面贯彻执行统计法

统计是经济社会发展的重要综合性基础性工作,统计数据是国家宏观调控和决策管理的重要依据。充分发挥统计在了解国情国力、服务经济社会发展中的重要作用,适应新形势新任务对统计工作的要求,必须坚持依法统计依法治统。

坚持依法统计依法治统是贯彻落实党中央治国理政新理念、新思想、新战略的迫切需要。目前,我国正处于全面建成小康社会决胜阶段,党中央确立了"两个一百年"奋斗目标,作出了统筹推进"五位一体"总体布局,协调推进"四个全面"战略布局,适应把握引领经济发展新常态,牢固树立新发展理念等一系列重大决策部署,提出了经济保持中高速增长、脱贫攻坚、着力加强供给侧结构性改革、促进"双创"发展、深化"放管服"改革等一系列重要战略任务。落实重大决策部署,完成重要战略任务,需要统计部门严格依照统计法律法规组织实施调查,加强对统计违法行为的治理,努力为揭示经济社会发展科学规律提供扎实可靠的量化依据,为党中央、国务院实施宏观调控,地方各级党委政府科学决策管理以及社会公众参与经济社会发展提供优质统计服务。

坚持依法统计依法治统是落实全面依法治国、全面从严治党战略的必然要求。党的十八届四中全会对全面依法治国作出全面部署。党的十八届六中全会要求各级党组织和全体党员必须反对弄虚作假、虚报浮夸。《中国共产党纪律处分条例》规定,对于弄虚作假直接责任者和领导责任者依据情节严重程度,给予警告直至留党察看处分。习近平总书记、李克强总理、张高丽副总理多次指示要提高基础数据质量,严惩统计弄虚作假。当前,一些地方统计造假、弄虚作假时有发生,违反统计法律法规,违背党的思想路线,触犯党的纪律底线。坚持依法统计依法治统,严肃惩治统计造假、弄虚作假行为,有利于维护法治,有利于维护党和政府的公信力,有利于贯彻执行党的思想路线,有利于维护党的纪律。

坚持依法统计依法治统是推动统计改革发展的基本前提。党的十八大以来,习近平同志为核心的党中央高度重视统计工作,国务院对统计工作提出了新的要求。党的十八届三中全会提出,加快建立健全经济核算制度。十二届全国人大讨论通过的《中华人民共和国国民经济和社会发展第十三个五年规划纲要》明确提出建立现代统计调查体系。中央领导同志十分重视推进新经济统计等统计方法制度改革。只有依法健全统计指标体系,依法完善统计调查项目及其调查制度,依法组织实施统计调查,依法变革统计生产方式,依法提供统计保障,依法规范管理统计行为,才能把党中央、国务院关于统计工作的决策和要求真正落到实处。

把依法统计依法治统贯穿于统计工作始终

坚持依法统计依法治统,要求统计部门坚持用法治思维和方式推动统计事业发展,把统计工作各个方面和各个环节都纳入法治轨道。

切实加强党对统计法治工作的领导。统计事业是党和国家事业的有机组成部分,统计机构是政府的工作部门,党的领导是做好统计法治工作的根本。我们要更加紧密地团结在以习近平同志为核心的党中央周围,认真学习贯彻党的十八大和十八届三中、四中、五中、六中全会精神,深入学习贯彻习近平总书记系列重要讲话精神,认真贯彻落实中央领导同志对统计法治工作的重要讲话指示批示精神,坚持党的实事求是思想路线和求真务实工作作风,全面贯彻落实《关于深化统计管理体制改革提高统计数据真实性的意见》的各项要求,认真履行好各级统计机构主要负责人作为推动统计法治工作第一责任人的职责。

加快完善统计法律制度。认真总结统计改革建设经验,充分揭示统计工作规律,将统计发展成功实践纳入统计法律之中。积极推动《统计法实施条例》出台,为统计工作发展提供更为健全的法律保障。研究制定《民间统计调查管理条例》,规范民间统计调查行为,推动民间统计健康发展。全面推进统计地方性法规的修订,加快完善统计规章、规范性文件。

严格依法组织实施统计调查。增强国家统计局对全国统计工作组织领导和协调能力,强化上级统计机构对下级统计机构的业务领导和监督管理,切实维护统计机构、统计人员独立统计职权不受侵犯。依法设立统计调查项目,制定统计调查制度,组织实施统计调查。依法指导管理统计业务,强化统计调查项目及制度审批与备案,推进部门行政记录在统计调查中的应用,加快建立统计信息共享机制。依法监督检查统计工作,推动各级统计机构有效履行监督检查职责。

坚持执法必严、违法必究。对各种统计违法违纪行为实行零容忍,让违法者真正付出高额的成本,努力形成不敢违法、不能违法、不想违法的社会氛围。积极鼓励社会各界检举统计弄虚作假等违法行为,坚持有案必查、查案必实、实案必惩,对于查实的弄虚作假等统计违法案件,不管涉及什么地方、什么部门、什么单位、什么人,都严格依法予以惩处。积极推进统计执法"双随机"抽查,公平、有效、透明地进行事中、事后监督。

加大统计普法宣传力度。按照"谁执法谁普法"的要求,全力做好统计普法宣传教育,积极推动全社会了解统计法、熟悉统计法、遵守统计法、维护统计法。加大对领导干部学法守法的普法教育,增强领导干部带头遵守统计法律的自觉性和主动性。加强对统计人员执行统计法的普法教育,筑牢统计人员知法、守法、尊法、用法的自觉性。加强对调查对象和社会公众知法守法的普法宣传,不断提高社会公众对统计工作的支持和配合。

点评:在大数据时代,各种各样的数据充斥在我们的生活当中,数据的价值也越来越被人们重视,旅游统计数据分析对于我国旅游行业的发展也是至关重要的。但是目前,我国对于旅游统计数据工作缺乏一个完善的标准体系,这使得目前我国的旅游统计数据存在着一定的不真实,这既不利于国家决策,也不利于旅游学术研究,要从根本上解决旅游统计数据伦理问题,还需要国家政策支持。很显然,国家领导对旅游统计数据尤为重视,也通过一系列的政策、规范、方针对旅游统计数据工作进行规范,相信在不久的将来,我国的旅游统计数据将会更加真实、有效地促进国家经济社会的发展。

(网易新闻:坚持依法统计依法治统 确保统计数据真实准确,2016-12-08.)

思考题

1.结合实际和所学知识,试说明旅游统计的意义。

2.旅游统计数据如何应用? 应用时存在哪些问题?

3.从伦理角度,试阐述目前我国的旅游统计数据工作中存在哪些伦理问题。

4.结合实际和所学知识,思考如何明确旅游统计责任。

【综合案例分析】

案例1:国内旅游统计指标

多年来,旅游接待人数与旅游收入成了旅游工作的指挥棒,2013 年 31 个省份 GDP 总和约为 63 万亿元,超出全国 GDP 总量 6.1 万亿元,差距为 10%。而目前 31 个省份与新疆生产建设兵团公布的旅游人数与收入之和超过了全国公布数据的两三倍,反映了旅游业统计中的水分之大。这是以速度、规模为特征的旅游业发展方式在统计工作上的表现,而这种统计反过来又助长了这种发展方式。全国旅游统计数据虚实难辨,地区之间旅游统计数据攀比成风,统计数据成了旅游业转型升级的拦路虎。

从国家旅游局公布的《改革完善国内旅游接待统计体系试点工作主要指标表》(2012 年数据,以下简称《指标表》)来看,在保留旅游人数、旅游收入等传统的规模性指标的同时,还设置了过夜游客人数、平均停留天数、常住居民人均接待游客数和旅行社接待人数占国内游客人数比例等结构性指标。通过多维度的分析评价,在一定程度上反映各地国内旅游的发展阶段、特征及其强势与弱点,有助于各地发挥优势、化解弱点,促进旅游供给的优化配置,全面提高旅游的经济效益、社会效益和生态效益。与以往的统计指标相比,无疑是一大进步,也与国际标准接轨进了一大步。

但是,从该《指标表》公布的数据来看,若干指标仍有可商榷之处。

《指标表》设置了"接待国内过夜客人数"与"住宿单位接待国内过夜游客人数"两个指标。从公布的 21 个省份的数据来看,除内蒙古、宁夏两区这两个数据完全一致外(表示全部过夜游客都住在旅游住宿设施中),其余 19 个省份前者数据均大于后者,大多差距在20%~50%,似不可信。以北京市为例,"接待国内过夜客人数"为 13 620 万人次,"住宿单位接待国内过夜游客人数"为 7 469 万人次,有近半数的过夜游客不住在旅游住宿单位。据北京市旅委公布的数据,2012 年全市接待国内游客 2.26 亿人次,其中外地来京 1.36 亿人次、本市居民在京旅游 0.9 亿人次(包括 6 个城区居民去京郊游 10 个远郊区旅游和 10 个远郊区居民到 6 个城区的都市游)。《指标表》数据表示,13 620 万人次全部是外地来京的过夜游客,不包括本市居民在京郊游中的过夜客人。显然这个数据有误,因为在京郊游的市民中有35.7%的游客过夜住宿,难道京郊的"农家乐"和度假饭店旅馆的客房不算"住宿单位"?北京"住宿单位接待国内过夜游客人数"7 469 万人次,其余 6 151 万人次在哪里过夜?

《指标表》还设置了"住宿单位接待国内游客人数占国内游客比重"指标,但是该表没有设置包括一日游游客在内的全部游客指标。《指标表》中,北京市"住宿单位接待国内游客人数占国内游客比重"为 33%,北京市旅委公布 2012 年共接待国内游客 2.26 亿人次,"33%"的数据与这个"2.26 亿人次"是相符的,但该表中没有这一栏。

《指标表》还设有"住宿单位接待国内过夜游客平均停留时间",这是一个表示客源市场特点的重要指标。一般来说,过夜游客平均停留时间较长的城市,或是游客中商务、会展、文教交流的较多,或是旅游资源丰厚、著名景点众多,如北京;过夜游客平均停留时间较长的省份,如远在南方以度假为主的省份,如海南;地处边陲、地域辽阔、城市景点距离遥远的省份,如西藏、新疆。《指标表》中西藏自治区游客平均停留仅 1.75 天、排位第 12,似不可信;内蒙古自治区只有 1.41 天也不可信,这两个数据与它们的区位、地理条件与交通状况不相吻合,它们"住宿单位接待国内游客人数占国内游客比重"指标高达 86%、85%,位居第一、第二,也无法自圆其说。

(人民网:旅游数据统计水分惊人,2014-04-27.)

案例分析思考:

1.为何案例中的旅游统计数据存在如此大的差异?你认为这些统计指标存在什么问题?

2.结合实际及所学知识分析目前我国旅游统计体系存在哪些问题。

案例 2:旅游统计改革的"天台样本"

2015 年 9 月,天台被确定为浙江县域旅游统计改革试点县,正式启动省级县域旅游统计改革之路。

2015 年 11 月开始,赤城街道旅游办的小汤,与街道抽调的其他 6 名同事一起,组成了一支摸底调查队伍,穿梭在青山绿水间,走访了每一户农家乐、民宿、休闲农庄等,对辖区内相关旅游要素单位开展摸底建库行动。这期间,他们一共参加了 4 次旅游统计业务培训。和他们一样忙碌在一线摸底调查的,全县共有近百名干部。

该县在此次试点中,对纳入产业测算的单位名录进行全面梳理,共梳理出纳入旅游测算的涉旅行业 23 170 家。经过 2 个多月时间的摸底调查,从中梳理出 1 725 家作为旅游统计样本单位,建立了以乡镇(街道)为单位的基层旅游基本单位名录库和全县全口径旅游基本单位名录库。内容从原有的景区、旅行社、旅游住宿单位,延伸到旅游餐饮、旅游购物、旅游娱乐、旅游交通、乡村旅游食宿接待(农家乐民宿)、乡村旅游点(综合类,即农业观光采摘、休闲农庄、乡村休闲游乐设施等)9 大类,全面反映了天台"一业融五化"全域旅游下,旅游业带动和促进经济社会协调发展的成果。

2016年4月初,天台县全域旅游统计全面启动,并实施了网上统一报送。由于统计内容的扩面,统计人员也从原来的31名增加到407名。赤城街道统计中心的统计员,之前从未涉及旅游统计工作,该街道只有旅游办的同志每季度上报省旅游局确定的9个抽样村情况。现在,乡镇(街道)统计中心和旅游办的3名专兼职旅游统计人员,每月需要共同完成本辖区内涉及6大类、上千个统计数据,汇总到74个基层单位的数据审核、催报,或直接采集上报。

该县自2015年11月8日召开天台县旅游统计试点动员现场会以来,对乡镇(街道)主要领导、分管领导、统计专职人员及基层样本单位统计人员进行了全面的培训,并落实乡镇对辖区内基层单位进行业务指导培训。

县政府主要负责人说:"抓好旅游统计工作,就是要夯实基础,建好队伍,提质扩面,科学分析,做到应统尽统。"当前,全县建立了纵向县、乡、村、企业四级,横向覆盖"吃、住、行、游、购、娱"全要素的旅游统计网络队伍。县统计局也把旅游统计工作纳入日常统计,打通旅游统计网上报送系统与天台县智慧景区数据中心的数据接口,与智慧旅游体系共享共建数据库,建成了全县全域旅游数据中心。

在无经验可循之下,该县旅游统计摸着石头过河,经不断地摸索、磨合,初步建立了一套与全域旅游发展相适应的县域旅游统计数据采集分类、大数据分析运用制度。不止于此,该县立足天台智慧旅游这一基础,与第三方合作,建立了一套基于游客出行交通、出行消费以及景区游览等大数据的旅游统计分析系统,建立健全了全域旅游数据中心,探索建立了适应全域旅游的新业态、新特点、新趋势设置评价指标和旅游服务质量评价体系。

2015年的检验结果不言而喻:天台县旅游产业增加值总量为27.68亿元,全县国内游客人均消费为1 182.5元,旅游从业人员占社会从业人员比重的18.7%,农民人均收入中有20.2%来源于旅游收入。全县共接待旅游者1 219.19万人次,同比增47.3%;实现旅游总收入123.2亿元,同比增长55.1%。各种荣誉也纷至沓来,这一年,天台县连续斩获国家5A级旅游景区、浙江旅游发展十佳县、全国休闲农业与乡村旅游示范县、国家生态旅游示范区等荣誉。

这一个个喜人的数字,一块块金字招牌,为天台山旅游带来崭新气象的同时,也有力证明了天台树立"旅游为本"发展理念、实施"旅游主业化、全域景区化、一业融五化"战略是践行"两山"理论,推动山区经济转型升级的有效路径;证实了天台创建国家全域旅游示范区工作推进扎实,富有成效。

(网易新闻:旅游统计改革的"天台样本",2016-10-31.)

案例分析思考:
1.结合案例材料分析天台山旅游统计做了哪些改革。
2.结合实际和所学知识思考天台山统计改革对我国旅游统计有什么启示。

第13章
旅游营销伦理

【学习目标】

通过本章的学习,学生应了解旅游营销的概念,以及旅游企业在进行营销活动的过程中应树立的伦理思想,在此基础上掌握旅游企业营销伦理缺失的现象和原因,并明确旅游营销伦理构建的途径,从而净化和规范旅游市场营销环境。

【重点难点】

- 旅游营销的伦理思想。
- 旅游营销伦理缺失的表现。
- 旅游营销伦理的构建。

【关键词】

旅游营销　旅游营销伦理

13.1　旅游营销伦理思想

在旅游市场中,营销已成为一种广泛深入的经济活动,由于旅游营销是一个人与人相互交流的过程,在这个过程中不可避免地会涉及伦理道德问题,因此旅游企业树立并践行伦理思想以规范其营销行为是旅游市场的必然要求。

13.1.1　旅游市场营销

市场营销一词源于英文"Marketing",是企业在创造、沟通、传播和交换产品中,为顾客、客户、合作伙伴以及整个社会带来经济价值的活动、过程和体系,主要是指营销人员针对市场开展经营活动、销售行为的过程。而旅游市场营销是市场营销在旅游业的具体运用,它可以理解为旅游经济个体(个人和组织)对旅游产品的构思、定价、促销和分销的计划及执行过程,以满足旅游者需求和实现旅游经济个体目标为目的[①],可具体分为景区旅游营销、酒店旅游营销、旅行社旅游营销等。旅游市场营销在发展旅游事业、获得经济效益方面的作用越来越明显,主要体现在以下几个方面。

一是解决生产与消费的矛盾,调节旅游市场供求关系。在市场经济条件下,旅游企业的生产和旅游消费者的消费之间存在着空间和时间上的分离,容易导致双方在产品、价格、信息等多方面存在矛盾。而旅游市场营销通过市场调查、研究、分析,描绘出消费需求对旅游产品的预期,以及旅游市场的供求态势、竞争状况等,从而促使旅游企业因时、因地推出适销对路的产品,实现生产与消费的统一。

二是实现旅游产品的价值和增值。旅游市场营销通过产品创新、促销优惠、增加服务等手段提高企业、中间商、消费者之间相互满意的交换关系,使产品中的价值和附加值得到社会的认可。由于强调消费趋向的引导和潜在需求的转变,所以旅游市场营销使潜在交换变为现实交换,从而使旅游生产和消费向更深、更广的方向发展。

三是避免社会资源和企业资源的浪费。旅游企业从市场的供需状况和消费者需求角度出发,根据需求条件安排生产,最大限度地避免产品超量生产和滞销的情况出现,避免了社会资源和企业资源的浪费。

四是满足旅游消费者需求,提高消费质量。旅游企业市场营销活动的根本目标是获得利润,而利润的产生需要通过各种手段最大限度地满足旅游消费者需求,最终提高旅游消费者的消费质量。

13.1.2　旅游营销伦理

市场营销的重要作用决定了旅游企业对营销的广泛运用,营销活动作为企业的社会行为,其在营销过程中也应遵循一定的伦理道德,以防止因逐利而产生的不良营销行为。旅游企业在从事营销活动中所具有的基本道德准则是判断企业营销活动是否符合消费者及社会整体利益、能否给广大消费者及社会带来最大福利的一种价值判断标准。因此,旅游营销伦理是指基于道德伦理规范、社会评价旅游企业各项市场营销行为标准的总和。旅游市场营销蕴含的伦理思想主要有以下几点。

1) 顾客至上

市场营销"顾客至上"的经营原则,既是营销原则,也是营销伦理原则。市场营销伦理反映了用户至上、尊重人、与人为善、成人之美的道德精神,使得企业市场营销的一切活动全部围绕着更好地满足消费者的需要而展开。做到以消费者为中心,而不是以利润为中心;以"人"为营销活动的出发点,而不是以"物"为企业经济活动的出发点;不单注重经济活动中"物"的流转,更为注重消费者需要的满足,通过提供能满足顾客需求的特定产品或服务来努力获取企业的最大利润,达到互利双赢的目的[②]。

---

① 宋国琴.旅游市场营销学[M].杭州:浙江大学出版社,2016:6.
② 袁波.企业营销伦理探讨[J].企业经济,2007(10):64.

2) 义利兼顾

义利兼顾的思想既是西方伦理学在道德评价中主张道义与功利相结合的思想体现,也是我国传统"义利观"的反映。在传统道德上崇尚"先义后利""义然后取",认为"君子好义",而"小人好利",主张从自身修养上要摒弃"利"的观念,而市场的经济性促使多数经营者单纯追求经济利益,从而导致义利的冲突。因此要求企业树立义利兼顾思想,在营销活动中处理好利己和利他的关系,在追求利益的同时,既要考虑消费者的利益,也要顾及社会整体和长远的利益,利是目标,义是要遵守达到这一目标的合理规则,二者应该同时加以重视,遵循义利兼顾的思想。

3) 诚实守信

诚实守信是道德要求的最基础部分,是企业经商道德最重要的品德标准,是其他标准的基础,在我国传统经商实践中,被奉为至上的律条,在当今也仍是旅游企业进行市场营销活动应把握道德界限的重要基础规则。企业应做到诚信经营,对顾客真诚无欺、信守诺言,包括产品质量上的诚实,不假冒;广告中要诚实相告;价格上明码实价,童叟无欺;交易中履行合同责任,信守承诺,以及市场调查数据真实。

4) 理性和谐

理性和谐原则是企业经营活动道德化的理想目标模式。在市场营销中,理性就是提倡企业的市场营销活动应保持在适度竞争的水平上,过度的竞争会导致盲目投资和生产引发的资源浪费、两败俱伤的结局。在市场营销中的和谐就是正确处理企业与市场各相关利益者的关系,以和睦相处为基本原则,创造出天时、地利、人和的市场经营氛围。

综上所述,伦理道德可以和市场经济相互促进、共同发展,旅游企业按照营销伦理的要求进行营销活动,不仅不会受束缚,反而会在诚信经营、负责任营销的同时获得自己应有的利润。

13.2　旅游营销伦理现实

营销伦理是企业营销的必然要求,但由于我国相关旅游法律制度的不完善、企业伦理文化的缺失等原因导致旅游企业在市场营销活动中出现了许多违反伦理道德的现象,旅游营销伦理的发展远远滞后于旅游市场营销的发展。目前旅游市场营销伦理失范主要可以概括为以下几方面。

13.2.1　产品策略的伦理缺失

旅游市场竞争日益激烈,旅游企业为了争夺市场份额,采取违背道德的营销行为屡见不鲜,主要涉及旅游企业所提供的包括食、住、行、游、购、娱在内的旅游产品,存在品牌冒充、质量低劣、包装信息不真实、质价不相符等问题。

1)品牌冒充

旅游品牌是旅游经营者凭借其产品及服务确立的代表其产品及服务形象的名称、标记或符号,或它们的相互组合,是企业品牌和产品品牌的统一体,它对增加旅游产品的附加值、稳定和扩大旅游市场具有重要作用。旅游品牌管理是旅游业发展的关键,但目前我国大部分旅游企业只重视打造品牌,忽视保护品牌,并且由于品牌的巨大效益驱使部分企业不尊重其他企业的知识产权,做出疯狂克隆品牌等违背商业道德的行为。

2)以次充好

旅游产品的质量低劣涉及旅游的 6 大环节,但是以购物店商品最为典型。旅游者购买商品时追求货真价实,而商店经营者为获取暴利,不遵循诚信原则,故意夸大或隐藏产品的真实信息,在销售的商品中掺杂、掺假、以假充真、以次充好,用不合格商品冒充合格商品,再以高价格向游客进行推销,这不仅严重侵犯了旅游者的知情权,损害了商家声誉,甚至损坏了区域旅游业的形象。

3)质价不符

质价不符的问题不仅涉及旅游产品,同时也涉及旅游服务。虚假广告宣传导致旅游者对产品与服务设定高期望值并愿意为此支付高价,但在实际消费过程中才逐步发现,企业的广告承诺信息与实际消费品质相去甚远,明显存在质价不符的现象,从而引发旅游者的不满和投诉。

13.2.2　分销策略的伦理缺失

旅游产品的分销策略对于更好地满足旅游者的需求,使旅游企业更快捷地进入目标市场,缩短旅游产品传递过程,节省产品的销售成本具有重要作用。旅游企业为强化分销作用,增加旅游产品的销量,不遵守伦理道德的分销策略也逐渐成为一种常见现象,其主要涉及两个方面。

1)生产商与中间商之间的矛盾

一方面,生产商为获得更多利润,利用其产品、品牌等各种资源优势对中间商进行过分压榨,降低佣金,或者生产商因产品原料短缺原因向中间商提供质量或规格不符合合同规定的产品。另一方面,中间商利用自己接近目标消费群体,掌握市场动向、了解市场偏好等优势威胁生产商,要求压缩厂商利润空间或被支付高额佣金。无论哪种矛盾发生,都会使双方利益受损,最终常以牺牲消费者的根本利益为最终解决途径,违背市场伦理原则。

2）中间商与旅游者之间的矛盾

由于部分中间商掌控产品或者服务的区域销售权,作为独家代理或者少数代理之一,采用高价策略或者因其不规范经营导致游客利益受损,如某些旅行社所提供的产品和服务不符合事先签订的旅游合同,擅自增加自费项目、删除某些旅游景点,或者更改旅游线路,这些都会激发与旅游者之间的矛盾。

13.2.3   定价策略的伦理缺失

建立合理的价格体系是旅游企业市场营销的重要一环,旅游产品的价格必须以价值为基础,而一些旅游企业所进行的不合理定价、不明码标价行为严重违背了公平原则。

1）价格的透明度

在游客与旅行社所签署的旅游合同里所规定的旅游产品的价格指的是食、住、行、游 4 方面价格的总和。其中,食、住、行的价格都有明确的标注,一般是以每餐、每天和每人为单位进行计费;但是针对游的价格却没有明确表示,只是用旅游企业所安排的旅游景点所需总费用来表示,至于旅游过程中具体景点所涉及的单项费用,大多数旅游企业并不会明确告知消费者。这就使旅游消费者难以了解自己在参与旅游过程中的各项费用,至于那些来不及去游览的景点是否已经被收取过门票、哪些项目可以免费参观更是不清楚,这种不透明的产品价格容易诱发营销道德缺失现象的产生。

2）价格的合理性

旅游企业经营者利用游客贪图便宜的心理,采用价格欺诈、误导性定价、暴利价格等虚假方式招徕旅游消费者。特别是许多旅行社推出低价游的营销手段,这一报价远低于成本,甚至在旅游的热点省份,一些中小旅行社为了赢得客源,推出零团费甚至负团费旅游,先吸引旅游者到达旅游目的地,然后迫使其购物,使其参观许多并无价值但是回扣高的景点,从中赚取高额回扣,这种价格欺诈行为严重妨碍了交易的公平公正性。

13.2.4   促销策略的伦理缺失

旅游企业通过各种宣传、吸引和说服的方式,将有关旅游产品的信息传递给旅游产品的潜在购买者,促使其了解、信赖并购买自己的旅游产品,以达到扩大销售的目的,其促销策略包括人员推广、广告、公共关系等。作为服务业的旅游企业对广告更加依赖,包括新闻、网络、杂志等常规性广告,随着竞争的加剧,旅游企业纷纷打起“广告战”,各种华而不实、夸大其词的广告屡见不鲜。例如,在节假日,许多旅游企业加入网络促销活动中,各种促销旅游产品以超低的价格吸引着消费者,然而很多便宜产品背后,却隐藏了一些附加条款,甚至有些产品即使低价买到手,也不一定真能成行。这种不真实的广告严重欺骗了消费者,容易造成消费者投诉纠纷,是一种不道德营销行为。

13.3　旅游营销伦理的构建

在市场经济条件下,企业营销活动不仅是一种盈利性活动,而且是一种社会活动,是一种致力于满足消费者需求的活动。针对企业营销伦理普遍缺失的问题,只有通过将伦理思想贯穿于旅游营销传播的各个环节之中,企业才能在恪守伦理原则、尊重市场规律、对己对人负责的前提下赢得更多的顾客,才能把握竞争的主动权,在竞争中立于不败之地。

13.3.1　传播者——旅游企业和营销人员

旅游企业和营销人员作为营销的主体、信息发布的源头,树立和加强其伦理观念是旅游营销伦理构建的重中之重。

1) 树立现代营销观念

旅游企业树立现代营销观念不仅是企业参与市场竞争的指导思想,同时也是营销伦理的最高层次,也就是自律建设阶段。因此,企业首先要树立"以消费者为核心"的营销观念,并把它放在首位,不宣传与产品不相符的虚假信息,不出售质量低劣等不合格产品,使企业对消费者利益的重视是主动要求,而不是被动行为。同时,还要树立重视社会效益的营销观念,随着旅游的生态环境被破坏、交通拥堵等问题日益严重,旅游企业应顾及消费者利益与社会利益,讲求社会公德,承担社会责任和义务,这是企业营销伦理建设的最根本措施。现代营销观念代表着成熟的市场经济和经济行为的理性"自律"建设,能够积极引导企业把顾客利益、社会利益、企业利益有机地结合在一起,能够从内心深处接受消费者意愿,自觉地为顾客提供优质的产品和服务,自觉地回报社会。

2) 开展营销伦理教育

一个优秀的企业应该是道德的楷模,它们不但遵守社会公认的伦理规范,而且形成具有自己特色的良好的企业伦理文化,并通过各种途径向公众传达,以提高企业的美誉度。按照营销伦理的要求,企业应全面制订一系列制度来规范营销人员的行为。一方面,要从思想上向他们灌输正确合理的营销伦理规范,使其树立正确的义利观,形成是非善恶的判断标准,做到防微杜渐;另一方面,要对营销者偏离伦理规范的各种行为及时地进行纠正和引导,使这些败德行为不至于引发严重后果。

3) 建立道德激励及约束机制

旅游企业为了使旅游企业员工遵循道德准则,使整个营销活动符合本企业道德标准,严格执行营销人员道德激励及约束机制是必要的。道德激励及约束机制的制订应确保营销人员在遵守行为准则时,得到公平公正的正向激励,包括精神激励和物质激励。反之,违背行为准则时也应受到相应的惩罚。旅游企业在实施旅游人员道德激励约束时,可将道德评价纳入企业的薪酬制度体系,将员工薪酬与道德激励挂钩,进行相应的物质报酬奖励,以确保道德激励的有效展开。

13.3.2　内容——旅游信息

旅游企业在营销中传播的有关产品开发、广告促销、定价、服务等内容必须符合伦理规范,不应危害旅游者的相关旅游权利。由于在产品内容的传播上极易出现虚假失真的信息,某些旅游企业经受不住高额利润的诱惑而做出一些有损于旅游者利益的行为,即使企业受到了社会公众的一致谴责,但如果企业在物质上没有受到相应惩罚且又不关心精神方面的追求的话,营销伦理也很难对其发挥作用。这就要求进一步健全和完善旅游法律法规,市场的自由发展离不开政府的干预,必须使某些有关消费者切身利益的伦理规范与具有强制力的惩戒措施密切配合起来,才能切实促进旅游企业遵守营销伦理规范,进行负责任的旅游市场营销。

13.3.3　媒介——传播渠道

旅游产品信息的传播需要依赖一定的媒介,而媒介在保持信息的原真性方面具有重要作用,因此各媒体应秉持实事求是的原则,杜绝为谋利而进行的虚假宣传。此外,对于企业的非道德营销行为,各种媒介可通过实时报道来监督和约束。一方面,可以通过舆论的力量促使其遵守营销伦理规范;另一方面,也可以通过广泛宣传把不遵守营销伦理规范的企业信息通报给消费者,避免消费者上当受骗。总之,要通过媒体监督,促进企业加强与旅游消费者、社会公众和宣传媒体的沟通,形成企业对自身经营行为自省,促进营销伦理的进一步升华。

13.3.4　受众——信息归宿

作为旅游信息的最终接收者,旅游者在购买产品前应认真鉴别旅游企业所传播信息的真伪,遵从理性消费,避免因盲目追求低价消费而使自己权益受损;在购买产品时,应仔细核对产品营销信息与产品本身的差异,留意相关说明与标识信息,及时采用最快捷方式进行查证核实,避免上当受骗;在购买产品后,为保证权益受到侵犯时有足够的证据维权,应养成保留发票等购物信息载体的习惯,以便在投诉维权时提供给相关机构和部门。

思考题

1.结合旅游营销存在的伦理问题,思考旅游营销伦理缺失的具体原因。

2.如何构建旅游营销伦理?

【综合案例分析】

案例1：免费游成了营销陷阱

62岁的重庆南川人李某花2 980元购买上市公司云南龙润集团有限公司（下称龙润集团）的贴牌产品"三七胶囊"保健品后，获赠2016年11月中旬由该公司组织的一次云南"六天五夜"游。一起车祸，让"购买保健品获免费旅游"的一些内幕，逐渐呈现在公众眼前。2016年11月12日，这支100余人的旅游团队在前往西双版纳旅行的途中，其中一辆商务车发生交通事故，致李某等6名游客、司机受伤。多名游客反映，他们被送往昆明医院治疗一段时间后，因无钱继续医治，被医院驱逐出门，其后投诉无门。

"购买保健品获免费旅游"已成为针对老年人的相当普遍的产品营销方式，甚至成为最火爆的老年产业模式。当前，我国老龄化问题越来越突出，老年产业也一致被看好，不少商家绞尽脑汁思考怎样从省吃俭用的老人们口袋里赚到钱。一些商家敏锐地发现老年人对价格较为敏感的特点，免费产品或服务对老年群体更具有吸引力，于是各类免费产品或服务不断涌现。"免费旅游"便是其中的代表，老年人有时间，但是大都省吃俭用，以"免费旅游"作为诱饵还真切中了老年群体的软肋，再加上相关产品的借势营销以及旅游行程中贯穿全程的"亲情式"游说与贴身式关怀，即便是再有定力的老年人，恐怕也难以守住自己的钱包。在实践中，这一模式几乎成为老年产业营销的惯用伎俩。

（王万春.百余老人购保健品获免费云南游，多人出车祸遭旅行社甩包袱，2017-01-04.）

案例分析思考：

1.利用老年人心理弱点的营销模式，是否有违商业原则和营销伦理？

2.谈谈旅游者如何避免虚假营销的危害。

案例2：亿万富翁与浙江农妇结婚

一则关于"亿万富翁与浙江农妇结婚"的故事被网络转载，迤逦山水间的传奇让人神往——这位西班牙华侨因邂逅借宿的农妇，竟舍弃了海外亿万资产搬进山里，甘愿做一名农夫。但记者调查发现，这个故事脱胎于一则旧闻，而当时的内容并非如此传奇。故事的主角姚南山向记者表示，自己并不是亿万富翁，两个人也只是像普通老年人一样，希望老来找个伴儿。

这则普通的故事是被谁改编成爱情童话的？改编者又是出于何种目的？据记者调查，这则故事最早于2015年12月发布在浙江丽水当地的一个旅游公众号"指尖丽水"上，2016年1月《钱江晚报》又再次进行了报道，但是当中的内容并没有现在这么夸张，也并没有引起什么反响。之后，当地旅游局请通讯员再次写了这篇文章并发表，但仍然没有任何较大反响。之后，当地某杂志在前期的基础上加工升华，用文学手法去重现这段爱情故事……

地方政府部门推广自己优质的旅游资源，并非坏事，初衷也是善意，但方式方法上不能

违背新闻传播伦理,仍然要坚持用事实说话。还要遵守互联网传播的一些规定,拒绝炒作和恶俗营销。

（王传涛."亿万富翁与农妇结婚"——原来是恶俗营销,2016-04-15.）

案例分析思考：

1.媒体在营销信息的传播中应发挥什么作用?

2.营销主体应遵循哪些伦理思想?

第5编
旅游伦理局限

本编导读

  第二次世界大战后,旅游业在世界范围内得到迅速发展,被誉为21世纪最具发展潜力的朝阳产业。但是,伴随旅游业的纵深发展,旅游资源的破坏、旅游区环境质量下降等问题逐渐突显;在更深层次上,保护与发展的矛盾,传统与现代的矛盾,旅游者与原住民的矛盾也不断激化,这都值得我们从伦理的角度进行深思。本编探讨了旅游伦理作用现实、旅游伦理难题及未来展望3个方面的内容。旅游伦理作用现实表明,由于道德与利益诉求的非一致性,以及目前伦理建设的滞后性导致旅游伦理作用有限。同时,正是因为这种局限,设想仅通过旅游伦理建设解决贯穿旅游业发展始终的伦理难题——保护与开发的关系是行不通的。最后,探讨在未来设法使旅游伦理深入人心并与行政和法制完美结合,缓和或解决旅游伦理难题。

第14章
旅游伦理作用现实

【学习目标】

　　正确理解旅游伦理的作用是发挥旅游伦理作用的前提,本章以旅游伦理争论的道德与利益诉求的问题为切入口,通过对本章节的学习,学生应理解并掌握目前旅游伦理作用为什么是有限的,明确旅游伦理可能导致的非道德化后果,从而为学生能更全面地理解旅游伦理提供思考视角。

【重点难点】

- 道德与利益的关系。
- 理解旅游伦理作用范围有限。
- 旅游伦理实践的非道德化。

【关键词】

　　作用范围　　非道德化

14.1　道德与利益诉求的非一致性

　　我们强调要通过旅游伦理对旅游活动进行约束,所有各方关系与互动所引发的各种过程、各种活动及其结果,都必须予以伦理学视角的考量,我们试图用相应的伦理规范避免旅游过程中的不和谐现象,实现"伦理的旅游"。旅游伦理是一门应用型伦理学,旅游伦理研究必须保持以旅游实践为价值导向。旅游伦理发生作用时,我们会发现真正的"伦理的旅游"有待于整个社会的文化和道德素质的提高,而在这一目标的达成过程中,旅游业所具有的经济属性会对旅游的文化内核构成威胁,不利于实现"伦理的旅游"。旅游伦理不是泛泛而谈的空口号,理论和现有的实践都呼唤旅游伦理成为切实可操作的规范体系。

　　道德与利益的非一致性是旅游伦理真正符合应用型理论要求的阻碍,人们在选择伦理方式的时候必须要放弃某些利益,在道德和利益之间寻求平衡点。我们强调二者关系的非一致性而非二元对立或一元统一。一方面,道德和利益确实存在冲突,利己这种观念是出于人性本能,否认这种人性的本能只会招致更多的对旅游伦理规范的批判和反对,有学者指出那种通过"鼓吹'合乎道德的'替代性形式来努力使我们对于拥有的两个星期的乐趣感到内疚"的观点容易招致反对。我们试图建立一种不为个体的偏好所左右,而且对个体的偏好、价值追求还起矫正作用的伦理规范,但现实中合乎伦理的市场行为选择并非像理论分析中的那样容易做出,即使是我们都分得清什么是合乎道德的选择,但出于利己的原因,依然有可能在旅游活动中表现出失范的一面。正如上文提及的,伦理的旅游需要建立在全社会一定高度的精神文化境界上,然而人性的复杂,整个社会不同的阶层对于伦理的满足程度是存在差距的。另一方面,我们认为道德和利益也可能是一元统一的,亚当·斯密认为市场经济条件下自由竞争会达到人与人之间的互利和整个社会的协调一致的状态,市场经济本身就体现着利己和利他相互统一的伦理精神。但夏赞才在分析《全球旅游伦理规范》中的良好的意愿并未得到积极的响应时,指出其要求市场经济的支持是一个明显的错误主张①。正是由于市场经济的种种弊端产生了旅游的不公正,强调依靠市场经济实现道德与利益的一元统一也是不切实际的看法,只会使旅游者陷入道德和利益的两难,如果道德和利益真的完全统一,也就没有必要划分利益相关者,各利益相关者正是因为利益诉求不同而划分的。

　　道德和利益的关系是不一致的,而非绝对统一或对立,我们必须认清伦理的功利性内在实质和反功利性外在表现,在道德和利益之间寻求平衡点,特别是旅游活动牵涉面极广,这种平衡实际上是各方博弈和妥协的过程,理论上旅游伦理同样主张通过"利他"实现"利己"进而实现平衡,但现实情况表明旅游利益各方在寻求平衡的过程中所遵循的往往是先实现"利己"而后考虑"利他"。比如,社区居民希望旅游企业承担社会责任,在解决就业和当地基础设施建设方面由旅游企业积极发挥作用;旅游者希望先获得满意的旅游产品和服务而非先考虑提升自身道德素质做文明游客;当地政府首先希望旅游在带动就业,促进就业增长方面发挥作用,而后才考虑是否扶植企业发展;旅游企业的目的始终是盈利,虽然前面我们谈及旅游与慈善的问题,但终究旅游企业对于社会责任的承担往往追求宣传效果而非实际效果。

　　旅游伦理的作用已经得到各界的认可,这是毋庸置疑的,但道德与利益的非一致性始终阻碍旅游伦理规范向应用型伦理转化的进程。在了解这一问题的基本前提下,我们继续了解旅游伦理的局限,了解旅游伦理作用的情况。

14.2　旅游伦理作用范围有限

　　旅游伦理所适用的范围非常广泛,涵盖人们在旅游活动中应遵循的道德规范,旅游活动

---

① 夏赞才.《全球旅游伦理规范》的脆弱基础和错误主张[J].伦理学研究,2007(6):47-51.

中人与自然、人与历史、人与他人，以及人与自我身心之间的关系都在旅游伦理研究范围内。但与这种涉及广泛的适用范围相悖的却是旅游伦理作用范围有限，我们试图构建一种约束旅游活动涉及各利益相关者的旅游伦理规范体系，本书对旅游涉及的多个利益相关者也进行了有益的旅游伦理探讨，对各个利益相关者提出了合理行为的规范，但实际旅游伦理的作用并非能够全部解决旅游活动中各类不合理的行为。旅游伦理所能作用的范围受到多方面的限制，甚至要付出一定的代价，最终导致旅游伦理的实践价值贫乏。那种将做伦理的决策视为"一劳永逸"的看法是盲目乐观的。

14.2.1 旅游伦理研究的滞后性

旅游牵涉到第一、第二、第三产业的多个方面，而且与一、二、三产业关联日渐加深，呈现出融合互动的态势，旅游资源范围不断扩大，旅游产业链条不断延长，旅游市场边界不断拓展，可能出现的涉及伦理的问题也不断增多，理论上旅游伦理的适用范围也随之更加宽广。这种交叉融合的态势不断深入，各种"新旅游"形式不断出现，但现有的旅游伦理研究总是滞后于旅游业的发展，特别由于旅游伦理研究时日尚浅，尚未孕育成熟，旅游伦理不得不从新的高度和层面来审视各种"旅游后"问题或者"旅游后"现象，以期能有作用于"旅游前"的活动。这种由审视各种"旅游后"问题或者"旅游后"现象所总结的伦理规范是否具有普遍价值是值得怀疑的，所有的旅游不合理问题都具有一定的迫切性，依靠一种缓慢生成的伦理道德来应对并不能满足我们的需要。可以说，时空局限所致的旅游伦理研究滞后性是导致旅游伦理作用范围有限的一个重要原因。

由于旅游伦理研究的滞后性，现实中我们往往只能在各种不合理的旅游伦理问题出现后才产生各种规避或补救此类问题的规范，而且这种伦理规范出台缺乏一个具有统一制定、统一协调的综合管理部门，各种旅游伦理规范甚至存在各自为政的现象。这也是为什么目前国内旅游伦理的研究成果对政府、旅游企业、游客及旅游地居民所面临的伦理道德问题几乎没有实际影响的原因所在。一旦"伦理的旅游"无法与旅游实践实现对接，旅游伦理实际作用就容易招致怀疑，作用范围"窄化"，失去对旅游活动的约束意义。

14.2.2 旅游伦理约束机制的缺乏

我们把道德和伦理看成人类行为标准的总和，把伦理学看成一种对人应当如何行为的系统反思和研究。旅游伦理是为了促进旅游活动健康有序发展，不得不做出的一种对各利益相关者行为的约束和规范。但这种规范是非权力规范，旅游伦理对于各主体规范力和约束力的局限性，使得作为"非权力"的"规范"在旅游活动实践中不免处于尴尬的境地。我们认为制度设计是倡导伦理道德的必要手段，而我国旅游发展实践中存在的许多问题以及管理制度中相关规范与处罚条例等约束机制出现的混乱状况，正是由于缺乏相应机制的约束导致旅游伦理作用范围的有限。在现实情况中，我们发现存在着一个景区多个部门管理的不良状态，据相关统计，目前我国旅游景区归属部门多达 12 个，有建设、林业、环保、文化、文物、宗教、国土、海洋、交通、水利、旅游和科学院系统等，一旦出现伦理问题，各部门都从本部门的利益出发，容易出现相互推诿的现象，没有制度约束。旅游伦理规范缺乏权威效力,看似旅游伦理对上述部门都有一定的约束力,但以上的部门、单位并非隶属于旅游系统,旅游伦理规范对其的约束是很难进行的,最终出现旅游伦理作用名不副实的状况。

缺乏约束机制的完善,又何谈将这些规范内化为各旅游利益相关者的行为自觉,旅游伦理作用的发挥不能完全寄望于各个利益相关者道德素质的跃升、伦理道德的自觉。在考虑发挥旅游伦理作用之前,最好先考虑旅游伦理规范如何被"认可"。好的制度能形成一个社会对旅游利益相关者的监督、旅游利益相关者相互之间的监督、各旅游利益相关者对于自身的监督三者有机结合的道德监督体系。

【案例思考】

围观机闹:少谈"素质",多谈问题

近日,在亚洲航空曼谷飞往南京的航班上,有乘客向空姐撒泼热水大闹航班致飞机返航,涉事游客已受到罚款及支付赔偿的处罚。国家旅游局也发出通知,拟对涉事旅行社和旅游团领队进行相应处罚,拟将涉事游客纳入不良记录。(12月14日《京华时报》)

该如何围观机闹事件? 至少,所有的批评与指责应该建立在事实清楚的基础之上。虽然这起事件中,向空姐"泼热水",扬言要"炸飞机"等细节已是满天飞,但事件的来龙去脉,却仍缺乏权威性的结论。如对于返航后闹事者是否存在着拒下飞机的细节,就出现了不一样的说法。亚航确认,"抵达后涉事乘客拒绝离开飞机,并在廊桥占据停留表达诉求"。然而,南京禄口机场公安方面表示,"没有听说拒下飞机情况"。而网友的微信又称闹事者拒下飞机的"诉求是要求亚航工作人员出具书面证明网上传言与事实不符"。到底哪种说法是真相,网上传言又是否与事实不符,这些都需要相关部门给出严肃调查,不能将机闹的一方置于"丢人"的标签下而模糊事件真相,这应该是起码的公平态度。

类似的事件多次发生,每一次都引发强烈关注,也进一步迎合了一些人的"素质论"。但很显然,如何提升这部分乘客的素质,却不应该只有道德维度。比如常见的罢机甚至拦机现象,一个重要由头即是因为飞机晚点不能及时被告知或赔偿而出现的乘客维权不畅。当常见的维权通常只能以"闹事"的方式才能实现,很自然会塑造与强化乘客"闹事"的习性与"不闹难解决"的心理暗示。而面对自身的欠缺,很多航空公司对于乘客的过激行为也只能采取息事宁人的办法。在这样的"互动"中,乘客与航空公司方面"体面"的对话只能成为稀缺品。长此以往,这种"维权"方式迁移到国际航班上,也就不足为奇。可见,以良好的服务来培植乘客的"理性",已然不可或缺。

刑法中明确规定,对飞行中的航空器上的人员使用暴力,危及飞行安全,尚未造成严重后果的,处五年以下有期徒刑或者拘役;造成严重后果的,处五年以上有期徒刑。但在现实中,处理都往往限于乘客与航空公司之间的私了。这种处理模式,一是由于航空公司方面有着"大事化小,小事化了"的心态,另一方面还是因为发生于飞机上的冲突的严重性,在法律上的认识程度还不够,并未将之有效地纳入公共安全的范畴来看待。

一起"依法处理",已然胜过无数次的道德批判。此次事件中,国家旅游局迅速作出反应,拟对涉事旅行社和旅游团领队进行相应处罚,并拟将涉事游客纳入不良记录,应该说是一种难得的重视。不过,这种高规格的处理,更应该常态化,不能是因为"丢人丢到了国外"而予以特别对待。此外,对于国际上通行的航空旅客黑名单制度,在我国虽然有个别航空公司也在试行,但由于缺乏相应的法律规范,其效果并未显现,还须进行针对性的补缺。

对于不顾公共安全,以闹事的方式来"维权"甚至是无理取闹,舆论当然应该鲜明地反对。但这样的反对不能沦为彻底的舆论与道德批判,更要从中多剖析酝酿冲突的问题与土壤,如此才能避免事件在"丢人"的"素质论"中无解的循环。

（朱昌俊.围观机闹:少谈"素质",多谈问题,2014-12-15.）

14.2.3　旅游伦理教育缺乏

旅游伦理教育缺乏是影响旅游伦理作用范围有限的最基本因素,我们会发现真正的"伦理的旅游"有待于整个社会的文化和道德素质的提高,旅游伦理作用的发挥需要一个适宜旅游伦理发挥作用的大环境。旅游伦理教育不仅能够提升旅游者和各个利益相关者的道德素质,其作用更体现在形成这样一个全社会"从众"接受旅游伦理的环境。

旅游伦理教育的内容可分为旅游者的伦理教育(包括社会公德教育、生态伦理教育、交往伦理教育),以及旅游利益相关者的伦理教育(包括职业道德教育、经济伦理教育)①。然而目前,我国在以上旅游伦理教育的各个方面都较为缺乏和落后,这也极大地限制了旅游伦理作用的范围,无论旅游者还是其他利益相关者都没能将旅游伦理内化为行为自觉。

14.2.4　旅游伦理需要多元化的伦理理论基础

旅游的无国界趋势,使得在旅游伦理发挥作用时出现了由什么价值观主导的争议,旅游伦理回答的是有关旅游"公正"的问题,但就现在而言,旅游伦理规范是以西方哲学背景下的公平理论、自由观念、平等理念以及相关的善恶、是非、应当不应当的道德标准来构建的,这是否构成了新形式的"文化霸权"? 特别是当下的旅游实际上是由西方主导的,旅游者大都来自西方发达国家,西方的价值观是否已经对第三世界国家的民族文化、道德传统和价值观念带来了消极影响,而这种西方价值观主导的"全球旅游伦理"又是否真的具有普适性? 目前对于旅游伦理主导价值观的质疑警示我们要将更为多元的伦理理论引入旅游伦理体系建设当中来,那些以"零碎形式"散落在不同宗教及社会群落里的教义、观念是建设真正全球意义上的旅游伦理体系不可或缺的砖石。

地域性的价值观会在更持久的时间范围和更广泛的空间范围内约束人们的行为。但旅游伦理在整合这些多元的伦理理论时需要先处理好文化之间的差异,事实上旅游中出现的不合理行为在很大程度上是因为文化差异。在传统上,中国文人旅游过程中有题字的习惯,但现代旅游中中国人随便乱涂乱画的问题已经成为一种典型的不文明行为,"到此一游"成为国人十大旅游陋习中最受厌恶的一条,破坏旅游资源,特别是文物古迹的行为当然是不可取的,但我们要看到文化之间较大的差异是旅游者实现"入乡随俗"的阻碍。当下旅游伦理

---

① 韩玲.浅议旅游伦理教育[J].道德与文明,2005(4):67-71.

规范又缺乏多元伦理理论基础,在发挥约束规范作用时,其往往难以被真正认可,类似考究"秦始皇于此砌石韧字"或"拜伦刻字于石柱上反而使西庸城堡声名远扬"来为当下中国人不文明行为辩护的言论观点正是旅游伦理规范未被认可的写照。

14.3 旅游伦理实践的非道德化

旅游伦理是必不可少的,约束了旅游活动中不合理行为的出现,给旅游者创造了极佳的旅游体验,其他利益相关者也得到各自满意的利益,旅游伦理似乎成为可以解决一切旅游问题"一劳永逸"的途径。表面上,我们只需要通过制定和践行各种伦理规范就能实现"伦理的旅游",但旅游伦理的效应也并非全部是正面,不幸的是有关旅游伦理的负面效应并没有引起重视和思考。这在很大程度上影响着旅游伦理作用的发挥,如果付出的代价与需求的满足状况不成正比,旅游者或是各个利益相关者很有可能选择放弃合乎伦理的行为。因而在这一章中谈论旅游伦理作用现实的过程中,专门用本节讨论旅游伦理践行中可能导致的非道德化的行为后果。

在伦理的重压下,人类不仅可能失去其生气,而且可能会扭曲其人格①。旅游伦理规范是"旅游角色的社会规范",但这种制定好的"角色"使得旅游失去原有的意义,对旅游者而言,其出游的目的可以简单地分为休闲、消遣、度假、观看、求知、探险等,实现这些旅游目的最重要的是保障旅游者的自由,而实际上各种旅游伦理规范以不同形式、不同角度对旅游者的行为加以约束限制。旅游伦理规范是理性的,它总是告知旅游者如何在恰当的时机表现合适的行为,然而人并非总是合乎理性,"强调人际道德的结果是旅游者的负罪感和焦虑不安""伴随着旅游的道德负担已产生威胁,对无论老的还是少的旅行者的冒险精神产生了束缚",其坚持"旅游需要的只是享受,而无须进一步的辩解理由"②。旅游伦理对当地社区居民的约束同样可能会导致正常的生活"舞台化",旅游伦理规范要求社区居民承担应尽的义务,去处理好与旅游者以及其他利益相关者的关系,他们会为了满足旅游者眼中的"真实性"而"舞台化"地调整和集中地展示他们的生活场景,真实的生活场景需要经过加工才能成为旅游者眼中的真实,当地社区居民可能因为长期的商业化文化表演而对真实的文化元素和含义逐渐淡忘。旅游目的地的社区居民在看似合乎伦理的情境中生活,但却"潜移默化"地失去了民风民俗赋予的生活气息和灵魂。对于其他利益相关者而言,旅游伦理规范也都造成他们不同程度的"失去生气",出现了旅游伦理正竭力避免的非道德化的行为。

伦理是为着追求一种有道德的社会生活而建立的,而它的某些实践恰恰造成了不道德,这才是最大的讽刺,社会由此才会付出最大的代价。旅游伦理不应该成为一切旅游行为的

---

① 郑也夫.伦理与道德的局限和代价[J].浙江学刊,1995(2):63-65,127.
② 王寿鹏,高天好.基于伦理维度的旅游研究综述[J].旅游学刊,2011,26(4):20-25.

尺度,在施用旅游伦理规范的同时最好坚持弹性原则,以实现"从心所欲,不逾矩"的旅游境界。

思考题

1. 结合实际和所学知识,试辨析旅游中道德与利益的关系。
2. 影响旅游伦理作用范围有限的因素有哪些? 结合实际说明哪些问题是旅游伦理难以发挥作用的。
3. 试阐述旅游伦理实践后果的非道德化是否可以消除或降低,并讨论旅游伦理规范是否对你的旅游带来一定的困扰。

【综合案例分析】

旅游与负罪感

联合国去年发布的一份报告指出,航空运输排放的温室气体占年排放总量的6%。这份报告预测,截至2020年,全球旅游人数将翻番,温室气体排放量将随之大幅增长。如今,越来越多的游客意识到自己的出行可能破坏环境。在泰国旅游的斯韦恩夫妇表示,他们现在正尽可能减少旅行。面对压力,泰国旅游业开始大力发展环保旅游,以此缓解旅客们的"负罪感"。

根据加拿大会议局最近的调查显示,大部分加拿大旅游者对自己的旅行给环境带来的负面影响表示关切,甚至有些人有负罪感,他们愿意努力减少这种负面影响。这项调查还显示,有将近70%的加拿大人愿意支付飞机附加税,即在购买飞机票时,从每1 000加元中拿出10加元作为发展加拿大政府提倡的绿色能源基金。哥伦比亚省和魁北克省的民众更加积极,分别有17%和14%的人愿意拿出50加元作为绿色能源基金。另外,一项关于选择环保旅游产品的调查结果显示,26%的加拿大人计划在旅游中选择"绿色环保游",另外22%的加拿大人则表示会支持政府关于"减少温室效应"的旅游项目,只有15%的旅游者表示他们不会参加任何项目。

案例分析思考:

1. 结合环境变化的趋势以及旅游对环境的影响,分析旅游者是否过分承受了旅游伦理的代价。
2. 如何看待旅游者因对环境的负罪感选择尽可能减少旅行?

第15章
旅游伦理难题

【学习目标】

旅游伦理作用具有局限性,因而旅游伦理难题也是客观存在的。通过本章学习,学生应能了解目前国内外旅游资源开发现实以及旅游资源保护现实,掌握如何平衡因开发而带来的旅游经济的发展和旅游资源本身及其所在环境破坏之间的关系,特别是了解保护与开发之间的辩证关系,明确现阶段旅游伦理难题。

【重点难点】

- 旅游资源开发现实。
- 旅游资源保护现实。
- 旅游资源保护与开发的辩证关系。

【关键词】

保护与开发

15.1　旅游资源开发现实

旅游资源是指能够为旅游业开发和利用的一切自然资源和人文资源,其在地理区域内的集中程度和品位高低往往具有自然赋予和历史积淀的特点。因而,资源不仅为一定区域旅游发展奠定基础,更易成为该地旅游经济发展的优势,进而使该地旅游业在旅游市场中获得无法比拟的有利地位。然而,要使资源优势转化为产业优势和经济优势,必须对旅游资源进行有效的开发和利用。

旅游产业发展伊始便伴随着旅游资源开发活动。在某种程度上,旅游产业或旅游经济发展现实从侧面反映旅游资源开发现实。第二次世界大战以后,人们的旅游活动逐渐开始恢复,而且需求规模出现前所未有的快速发展,使旅游成为全世界所关注的社会现象。根据世界旅游组织相关统计数据,全世界国际旅游活动的规模从 20 世纪 50 年代的约 2 500 万人次发展到 2015 年的 11.84 亿人次,增长近 47 倍。而从国内旅游的角度,旅游产业和旅游经济发展同样成就显著。以我国为例,旅游经济强劲发展,根据预测,到 2020 年,国内游人数将达 68 亿人次。由上述数据不难看出,不论是基于整个世界的考量,还是从国内发展视角,旅游规模均增幅显著,旅游已成为一支重要的社会和经济力量。我们有理由相信,旅游产业或旅游经济的快速发展是以旅游资源的深度开发为前提和基础的。

15.1.1 旅游资源开发深度

1)旅游资源类型不断丰富

旅游经济发展以满足旅游需求为重点,面对越来越成熟的旅游者以及多样化的旅游需求,旅游资源开发内容逐渐从单一走向多元,旅游资源也逐渐冲破了传统的历史遗迹、名山大川等类型,各种新型的旅游资源逐渐被纳入旅游业供给体系,如主题乐园、工业厂房、节事活动等。另外,如今旅游的边界也越来越模糊,旅游业的多元、综合、跨界特点变得越来越明显。伴随"旅游+"的深入发展,在形成一批新业态的同时,更为旅游企业提供取之不竭、用之不尽的旅游资源,旅游资源的概念进一步扩大。

2)旅游资源开发品质不断提升

近年,随着旅游资源开发活动的深入开展,人们在追求规模化的同时,更注重精品化和品牌化。例如,2007 年国家旅游局开展 5A 创建工作,筛选出一批质量过硬、满足境内外游客需求、在国际上有竞争力的景区(点),使其在国内成为真正标杆。随着 5A 创建工作的逐步推进,我国涌现出一大批精品旅游景区,截至 2016 年,我国 5A 级旅游景区从最初的 66 家增至 227 家(图 15.1)。这在一定程度上反映了旅游资源开发品质不断提升。

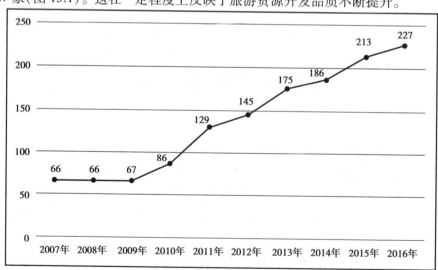

图 15.1　我国 5A 旅游景区数量变化情况①

① 国家旅游局:5A 旅游景区名单,2016.

3) 旅游资源开发模式从单一走向多元

在旅游市场刚刚发展的时候,以观光旅游产品为主,发展旅游的出发点往往是资源的数量和品质,对资源品位高、吸引力较强的旅游地进行深度开发,而对市场、政策、自身开发配套条件考虑较少。但是随着旅游活动的深入开展及现实需要,单一选择资源导向或产品导向开发模式已经难以实现生态环境、社会文化、经济发展的多重效益,灵活整合资源导向、产品导向、生态安全导向、社区共管导向等已成为旅游资源开发的必然趋势。

15.1.2　旅游资源开发广度

旅游景区空间分布情况是旅游资源开发广度的一个重要指标。在我国,旅游资源开发在空间范围上主要体现于中西部崛起,成为我国旅游景区新兴的富集区。在 21 世纪初,我国各地旅游景区发展很不均衡,旅游景区主要集中在一些旅游经济发达的地区。随着我国"西部大开发""中部崛起"等一系列国家战略的实施以及各地经济社会的全面发展,特别是交通条件的全面提升,各地普遍加强了对景区的投入,旅游景区得到全面发展,特别是中西部地区旅游资源优势逐渐得到发挥,许多资源不断得到开发,向世人揭开神秘的面纱。

【案例思考】

黑河中游湿地生态旅游资源开发模式研究——以张掖市为例

一、生态旅游资源评价

(一)湿地概况及分布

黑河流域是我国西北地区典型的内陆河流域,被莺落峡和正义峡分为上中下三部分:莺落峡以上为上游,包括青海祁连县和甘肃肃南县部分地区;莺落峡和正义峡之间为中游,包括甘肃张掖市的山丹、民乐、甘州、临泽、高台等县(区);正义峡以下为下游,是河湖尾间消失区。中游张掖市地处河西走廊中部,属大陆性中温带干旱气候,降水少,蒸发量大,太阳辐射强烈。特殊的气候环境条件孕育了这里绿洲、森林、草原、湿地植被及荒漠植被镶嵌分布的独特植被类型分布。该湿地资源对维持黑河流域乃至甘肃河西地区生态平衡有重要作用。

(二)生态旅游开发潜力

黑河中游湿地生态旅游资源丰富,在湿地生态旅游开发上具有以下优势。

1.植物种类繁多

黑河中游湿地区域分布的高等植物种类有84科399属1 044种,其中蕨类植物7科13属14种;裸子植物3科6属10种;被子植物74科380属1 020种;乔木有48种,灌木有145种。且保存有一些珍贵稀有的植物资源,如裸果木系中亚荒漠的特有植物及起源于地中海旱生植物区系的第三纪古老残遗成分。

2.动物种群复杂

黑河中游地区在动物地理区划上处于青藏区青海藏南亚区、蒙新区西部荒漠亚区。由于地处青藏、蒙新高原交汇地带,气候、地质、地貌等因素的差异及繁多的植被类型使境内自然条件十分复杂,湿地及其周边的动物资源尤其是鸟类资源丰富。据调查,仅脊椎动物就有5纲、30目、65科,计312种;鱼类1目、3科、13种;鸟类是张掖脊椎动物中最丰富的一类,有17目、39科、206种。每年3月中旬、4月下旬、9月上旬、11月上旬约有10万~15万只水禽在黑河中游湿地集结和停歇。

3.地理区位优越

张掖位于武威和嘉峪关两个国家历史文化名城旅游热点之间,是"丝绸之路"旅游线路的重要一环,地理位置十分优越。同时,黑河中游湿地分布于张掖境内黑河干流沿岸,与城镇距离较近,且区内国道、高速公路纵横交错,既有助于湿地生态旅游开发,也利于自然融合湿地文化与城市地域文化,为旅游产业开发提供良好的生态旅游资源。

4.人文景观独特

张掖是全国历史文化名城之一,文物古迹众多:始凿于魏晋时期的马蹄寺、金塔寺与优美的祁连山风光、浓郁的裕固族风情相映生辉。初建于北周的木塔寺历经沧桑,流韵千古。始建于西夏的大佛寺,拥有全国罕见的西夏少数民族宗教殿堂、亚洲最大的室内泥塑卧佛和明代手书金经等数以千计的馆藏精品文物。此外,还有山丹军马场、北凉国都城之一的高台骆驼城等800多处闻名遐迩的文化遗迹。

二、生态旅游资源开发模式——社区共管模式

黑河中游湿地与城镇距离较近,湿地生态旅游开发更是与当地居民生活密切相关。在其开发过程中应实行社区共管模式。注重与当地政府部门、居民群众及社会各界建立伙伴关系,通过对黑河中游湿地区开展湿地保护教育,鼓励当地居民参与生态旅游管理与保护开发的决策、制定、实施和评估过程,并最终参与收益分配。第一,参与湿地生态旅游教育培训。可在高台县、临泽县、甘州区三地设立社区共管示范乡、村,通过举办自然保护知识竞赛,办专栏,提高社区村民的保护意识,并帮助社区改善基础设施,发展社区经济。第二,参与湿地生态旅游发展决策,一方面培养社区居民的东道主意识,另一方面使生态旅游开发规划更具操作性。第三,参与旅游收益分配,政府和开发商在湿地生态旅游发展过程中应尽量保证本地居民优先被雇佣的权利;旅游商品尽量采用本地原料进行加工,从而带动地方相关产业的发展;向居民开放为旅游者而兴建的相关设施。

(张晓琴,石培基,潘竟虎,等.黑河中游湿地生态旅游资源开发模式研究——以张掖市为例[J].中国沙漠,2010(3).)

问题:阅读上述案例,结合所学内容试分析社区共管模式是否合适,是否有其他合适开发模式可供选择。

15.2　旅游资源保护现实

　　旅游资源开发只是一种手段,而使旅游资源得到有效利用,实现环境、经济与社会效益才是根本目的。作为一种手段,旅游资源开发并不承担开发结果所附带的潜在风险,这些潜在风险往往具有隐蔽性,并伴随资源开发的深化逐步显现,最终有可能使资源本身受到致命损害,造成旅游资源品质的下降,影响其吸引力;甚至有可能致使这些旅游资源依赖的生存环境遭到毁损,从而使该地旅游业逐步失去存在的基础。旅游资源的保护不仅包括对旅游吸引物本身进行保护,使之不至于因开发和使用不当而遭受破坏,而且还涉及对其所在环境进行保护①。目前,世界各国都十分重视旅游资源的保护,并视其为旅游业可持续发展的根本保证。

15.2.1　政府层面

1) 旅游资源保护意识不断增强

　　可持续发展是实现代际公平的重要保证。可持续发展思想自 1982 年在里约热内卢联合国环境与发展大会上提出就一直被世界各国所认可和倡导,我国更是将其作为一项基本国策来遵循。近年,我国政府陆续提出的绿色旅游、生态旅游、文明旅游等旅游方式,不仅对旅游者行为进行规范,也试图通过旅游规划、环境影响评价与监控等具体手段实现资源开发与保护并举,实现资源及产业的可持续发展。这在相当程度上体现政府层面旅游资源保护意识的不断增强。

2) 旅游资源保护立法不断强化

　　旅游资源保护立法是旅游业发展的重要保障。近年,随着保护意识的逐步增强,各国政府制定并出台了一系列法律法规,以规范旅游资源的开发、利用和保护行为。这也将保护旅游资源提到了法律的高度,对旅游资源的保护起了极其重要的作用。以我国为例,从 20 世纪 80 年代以来,我国政府十分重视对各类旅游资源的保护,不断加强旅游法制建设,目前已颁布、实施的旅游法律法规多达 40 多部,主要有《风景名胜区条例》《中华人民共和国自然保护区条例》《森林公园管理办法》《中华人民共和国环境保护法》《中华人民共和国城市规划法》等(表 15.1)。

---

① 李天元.旅游学概论[M].6 版.天津:南开大学出版社,2009:139.

表 15.1　我国旅游资源保护法律概览①

自然旅游资源保护立法	《中华人民共和国自然保护区条例》《中华人民共和国森林法》《中华人民共和国野生动物保护法》和《中华人民共和国野生植物保护条例》中的相关规定
人文旅游资源保护立法	《中华人民共和国文物保护法》《中华人民共和国城市规划法》《中华人民共和国环境保护法》《中华人民共和国海关法》《中华人民共和国治安管理处罚法》中的相关规定;行政法规主要有:《风景名胜区条例》《全国重点文物保护单位名单》《中华人民共和国文物保护法实施细则条例》《国务院关于进一步加强环境保护工作的决定》《中华人民共和国河道管理条例》《国务院关于进一步加强文物工作的通知》,以及由国务院批转的国家建设部门《关于保护我国历史文化名城的请示》等;部门规章有:《文物出境鉴定管理办法》、原国家计委和国家环境保护委员会颁发的《建设项目环境保护设计规定》、国家文物局颁发的《全国重点文物保护单位保护范围、标志说明、记录档案和保管机构工作规范(试行)》等
风景名胜区旅游资源保护立法	《风景名胜区条例》《旅游景区质量等级的划分与评定》

3)旅游资源保护体系不断完善

建立保护地是旅游资源保护的一种有效途径。目前,世界上大多数国家都根据自身实际情况建立了保护地管理体系,将天然或近天然的区域划作保护地,以期保护生物及其栖息地,维持自然生态过程,以及保护地理、风景或文化价值。以我国为例,1956 年建立了第一个自然保护区,通过不断完善保护地管理体制,逐步建立起以自然保护区、风景名胜区、森林公园、地质公园、湿地公园、水利风景区等为载体的保护地体系,保护地数量也由最初的 1 个变为如今的数千个,使旅游资源保护空间范围迅速扩大(表 15.2)。

表 15.2　我国主要的保护地类型

保护地类型	主管部门	保护对象	立项依据	数量
自然保护区	环保、林业	珍稀野生生物、自然遗迹等	《中华人民共和国自然保护区条例》	452
风景名胜区	住房与建筑	森林人文景物等	《风景名胜区条例》	225
湿地公园（含试点）	林业	湿地景观	《国务院办公厅关于加强湿地保护管理的通知》	570
地质公园	国土资源	地质遗迹	《国家地质公园规划编制技术要求》	202
森林公园	林业	人工森林、原始森林	《森林公园管理办法》	779

---

① 刘雪萍.旅游资源保护的立法完善[J].学术问题研究,2011(2).

续表

保护地类型	主管部门	保护对象	立项依据	数量
水利风景区	水利	水库、城市河湖、海区	《水利风景区管理办法》	719
海洋特别保护区	海洋	海洋生态	《海洋特别保护区管理办法》	27
沙漠公园	林业	荒漠生态	《国家沙漠公园试点建设管理办法》	33

注：表格数据截至 2015 年 12 月底。

15.2.2　协会组织层面

1) 旅游资源保护组织不断增多

随着保护意识的增强，整个世界范围内出现了一大批与旅游资源保护相关的组织，比如联合国环境规划署、世界自然保护联盟、多伦多绿色旅游协会、英国旅游与环境论坛等。这些组织的成立对于旅游资源保护起到了巨大的推动作用，在一定程度上抑制了相关破坏行为。

【知识分享】

联合国环境规划署（United Nations Environment Programme，简称 UNEP），成立于 1973 年，是全球仅有的两个将总部设在发展中国家的联合国机构之一。所有联合国成员国、专门机构成员和国际原子能机构成员均可加入环境署。到 2009 年，已有 100 多个国家参加其活动。在国际社会和各国政府对全球环境状况及世界可持续发展前景越加深切关注的 21 世纪，环境署受到高度的重视，并且正在发挥着不可替代的关键作用。

联合国环境规划署的宗旨是：促进环境领域内的国际合作并提出政策建议；在联合国系统内提供指导和协调环境规划总政策，并审查规划的定期报告；审查世界环境状况，以确保可能出现的具有广泛国际影响的环境问题得到各国政府的适当考虑；经常审查国家和国际环境政策和措施对发展中国家带来的影响和费用增加的问题；促进环境知识的取得和情报的交流。

世界自然保护联盟（International Union for Conservation of Nature，简称 IUCN），创建于 1948 年，总部位于瑞士格朗，由全球 81 国家、120 位政府组织、超过 800 个非政府组织、10 000 个专家及科学家组成，共有 181 个成员国。共有国家的、政府机构的以及非政府组织（NGO）的会员 915 个，遍及 133 个国家。

IUCN 是个独特的世界性联盟，是政府及非政府机构都能参与合作的少数几个国际组织之一，每 4 年召开一次，是联盟的最高层管理机构。大会（以前称"全会"，General Assembly）制定整个联盟的政策，通过联盟的工作计划，并选举联盟主席及理事会成员。

IUCN 开展的工作中，总是把人类的利益考虑在内，即在持续发展的前提下保护自然与自然资源。拯救濒危动植物种;建立国家公园和保护区;评估物种及生态系统的保护并帮助其恢复。所保护的环境包括陆地环境与海洋环境。联盟集中精力为森林、湿地、海岸及海洋资源的保护与管理制定出各种策略及方案。联盟在促进生物多样性概念的完善方面所起的先锋作用已使其在推动生物多样性公约在各国乃至全球的实施中成为重要角色。

2)旅游资源保护国际公约对现行法律的补充

目前,出于旅游发展现实的需要,各种旅游组织在处理国际旅游事务中扮演着越来越重要的角色,其颁布的国际公约得到众多国家的批准和承认,甚至与其本国法律具有同等效力。目前,国际上通用的涉及旅游资源保护的国际公约主要有《保护世界文化和自然遗产公约》《关于发生武装冲突时保护文化财产的公约》以及《关于禁止和防止非法进出口文化财产和非法转让其所有权的方法的公约》等。

15.2.3 旅游企业层面

1)旅游资源粗放型开发向保护型开发转变

一直以来,粗放型开发是旅游资源被破坏的重要原因。随着旅游资源保护意识的增强,旅游资源开发方式逐步由粗放转向集约。越来越多的旅游企业意识到,集约开发不仅可以保证资源在转换成生产力的过程中实现"低投入高产出",避免破坏后修复等不必要投入,更可以在开发的同时兼顾保护,实现经济生态双重可持续。因而,企业在旅游资源开发时,强调开发前的整体规划和环境影响评价;开发过程中,尽量减少甚至避免对周边环境的破坏,并采用轮歇开发即开发一片保护一片以及预防性保护等措施,使得保护贯穿开发过程始终。

2)旅游资源保护手段科技化、多样化

随着科技的发展,越来越多先进的科技手段被运用到旅游资源保护中来,如数字三维技术、三维建模、3D 打印、4K 技术、防震技术、VR 技术等先进技术广泛应用于旅游资源保护领域,促进了旅游资源保护事业的发展。以数字三维技术为例,一方面,旅游企业可利用数字三维技术对文物古迹进行数字化三维还原,能全方位、多角度体现文物的细节,不仅能有效减少实体文物的使用次数,达到文物保护的目的,也能让更多文物、遗产遗迹的活化与合理利用成为可能,丰富了资源类型,增加旅游资源开发深度与广度;另一方面,也可为文物保存一份完整的数据,在文物意外受损时能根据这些数据进行修复,甚至还能在计算机中虚拟修复文物,避免直接的不当修复造成的本体损害。此外,旅游企业也不断变换资源保护方法。比如,针对目前风景区季节性和局部性的饱和、超载现象,旅游景区除了利用传统的提高门票等准入门槛和限制人流量等措施,也采用新闻媒介、新媒体等便利旅游出行的新技术及时向社会大众发布风景区旅游冷热,甚至景区空间冷热的信息,避免和减少人们出游的随意性和盲目性;在较热门景点用信息引导游客主动分流,从而在较大程度上提升游客旅游体验品质。

【案例分析】

VR 技术融入贵州旅游产品的研究

VR 技术,是虚拟现实技术(Virtual Reality)的简称,它利用计算机生成三维空间的虚拟世界,模拟人的听觉、视觉、触觉等感官所能感受到的事物和场景,给使用者一种身临其境的感觉。这种技术是一系列高新技术的集合,主要包括:计算机图形学、多媒体技术、人机接口技术、人工智能、传感技术以及高度并行的实时计算技术。

贵州省是典型的喀斯特地貌省,也是全国唯一没有平原支撑的省份,贵州省奇特的地貌风光是吸引外来游客的利器。经济的发展为人们带来可观的收入,但也陷入了工业化带来的不便,如城市的喧嚣和空气污染,所以人们逐渐趋向于大自然,向往最本真的生活,这为贵州的旅游带来了新的发展契机。自然景观是不可再生的,破坏了就不存在了,历史文物也是如此,因为时光不会倒流,所以对旅游资源的保护也变得尤其重要。

很多旅游资源是不可再生的,一旦被破坏就很难恢复,特别是文化旅游资源,因为它们往往是唯一的,不可替代的。为了保护的目的,对于很多文物史料,游客是不能用手去触摸的,甚至要近距离观察都变得不容易,往往只能站在远处观赏,这样一来就大大降低了游客的旅游质量。虚拟现实技术的应用,就可以很好地解决"保护与开发"这个矛盾,运用虚拟现实技术建立一个虚拟景区,通过数字编码可以保证虚拟景区的景色以及其中物品的各类属性的感觉,这与现实景区给游客带来的感觉是相同的。虚拟现实技术具有沉浸性和互动性,游客在其中漫游就如同置身于现实景区一样。而且,相对于现实景区而言,虚拟景区在游客数量的限制上要宽泛得多,并且也避免了大量游客拥挤的情形。

(邱询立,张梦婷.VR 技术融入贵州旅游产品的研究[J].时代经贸,2015(24):83.)

问题:阅读上面案例,试讨论以 VR 技术为代表的高科技是否可以完全解决"保护与开发"的旅游伦理难题。

15.2.4 社会层面

旅游资源保护不仅关乎政府、行业协会组织、旅游企业,而且关乎社会中的每个个体。近年,为了使宝贵的旅游资源免遭破坏,在社会层面掀起了旅游资源保护风潮。例如,播放公益广告以提高旅游者保护旅游资源的自觉意识;强化旅游教育,唤起社会大众保护资源、参与资源管理的责任意识,减少人为破坏;建立奖惩机制,约束旅游者行为;等等。通过这些社会层面的努力,旅游资源保护取得了一些实际的成效。

由以上分析可以看出,不管是在政府、协会组织、旅游企业层面还是社会层面,当前旅游资源保护取得了较大进展。但是,由于预防性保护的缺位,大多数的保护行为具有严重的滞后性,旅游资源保护现状仍堪忧。例如,当前我国旅游资源保护立法虽在不断完善,但仍存在旅游基本法缺位,法出多门,执行效力效率低,立法笼统,操作性不强,立法的公众参与程度不够,配套制度不健全等滞后的现象。

15.3 开发与保护的伦理困境

开发与保护的关系贯穿旅游业的整个发展过程,并随着旅游业的蓬勃发展,其重要性日益突出。从某种意义上说,旅游资源开发程度与旅游资源破坏正相关,如无切实可行的保护措施,旅游资源深度开发也就意味着更大程度的破坏。通过本章一、二节的表述可看出旅游资源开发与保护的现实不容乐观;虽然目前从政府、协会组织、旅游企业以及社会层面都可以看到针对旅游资源保护的努力,但从根本上说,旅游资源开发和保护之间依然矛盾重重。在旅游发展实践中,如何正确处理好旅游资源的开发与保护之间的关系,也即如何把握开发与保护的平衡点,值得我们认真思考。

对于如何处理开发与保护的关系,目前,公认的处理方式是:不能将开发与保护两者对立起来,片面强调旅游业的发展需要而不顾其他后果,过分坚持自然主义的观点均不足取①。要真正反映开发与保护的辩证关系,并从根本上着眼长远地解决开发与保护矛盾,引入伦理思考势在必行。但是,由于道德与利益诉求的非一致性,导致旅游伦理作用范围有限,旅游伦理自身具有极大的局限性,要想发挥作用还需各方在很长一段时间内继续努力:首先是对需求方而言,通过旅游消费伦理,强化旅游消费者对旅游资源、旅游地居民等的责任意识,更多地约束旅游者的行为,把其对旅游资源、社区、原住居民的不良影响尽可能地减少;其次,对供给方而言,通过旅游市场伦理,配合市场管理的相关法律法规,约束旅游经营者的行为,在他们开发利用资源时,遵循旅游本真,从集约开发和投入产出的角度引导他们尽可能避免对当地造成负面影响,同时强化他们的"企业公民意识",促进他们把自己对当地资源开发利用行为与社区居民及其原住民的切身利益联系起来,使旅游经营真正变成一种富民惠民的行为,也同时实现自己的利益诉求,实现共享共赢的和谐发展。

当然,仅通过旅游伦理建设达到开发与保护的平衡是不够的,事实上,旅游伦理意识形成及其约束作用的发挥是一个漫长的过程,而且其作用的发挥也必须配以其他手段和力量。在未来旅游发展实践中,可以在加强旅游伦理教育,使旅游伦理深入人心,强化其约束作用的同时,积极探索其与行政和法制的结合。

思考题

1.结合实际和所学知识,试辨析旅游资源开发与保护的关系。

2.试阐述旅游伦理难题是否可以解决,并讨论未来旅游伦理建设的重点和解决旅游伦理难题的出路。

---

① 李天元.旅游学概论[M].6 版.天津:南开大学出版社,2009:140.

【综合案例分析】

旅游资源开发与保护中的制衡机制失衡与政府规制优化

　　旅游资源开发与保护中发生的种种矛盾,归根到底是相关利益者之间利益的冲突。在中国现实生活中,与旅游资源开发与保护相关的利益方主要有以下6方:地方政府、投资与经营方(以下简称旅游企业)、原居民、旅游者、旅游从业者、社会组织。这6方在旅游资源开发与保护方面的利益趋向有同更有异,利益诉求力更是有强有弱,矛盾冲突就在所难免。因此在这样一个利益相关系统中,就必须建立平衡各方利益的机制,我们称这种机制为制衡机制,而相关利益各方的利益诉求力就是其所拥有的制衡力。

　　旅游资源的开发与保护之间存在着必然的矛盾,任何一种形式的旅游开发对于旅游资源的原真态都是破坏。但两者之间又存在着天然的耦合关系,一方面,旅游资源只有通过一定程度的开发,才能实现其应有的各种价值,也才能为旅游资源的保护提供必不可少的人力、物力与财力;另一方面,旅游资源只有保护好了,才能永葆旅游魅力,为旅游开发提供最基本的资源条件。理想的境界当然是旅游资源的低度开发与高度保护相结合,但我国实际运作中偏偏多是旅游资源的高度开发与低度保护,以致许多风景区出现商业化、园林化、城镇化现象,许多人文景点出现表演化、移植化、时尚化趋势。这些"乱象"的出现,归根到底,与利益相关者的利益制衡失效有关。试分析如下:

　　其一,政府方。根据属地管理原则,我国旅游资源都归地方政府管理,故本文只论及地方政府。政府是公众权益的法定代理人,在上述旅游资源开发与保护制衡体系中,地方政府无疑居于核心位置,发挥着关键性的主导作用。地方政府,一方面必须履行政府职能,超越各方利益,根据各项保护性法律法规去保护各种旅游资源。必须指出,这种保护也是地方政府规避行政风险的一种手段,毕竟地方政府也不愿意承担资源保护不力的责任。但另一方面,政府存在经济人行为,即地方政府从部门或官员自身利益出发,争相获取对资源的处置权,无论是取得经济、社会收益还是获取政绩收益,其过程都可能诱导对旅游资源的高强度开发。因此,地方政府既有保护的压力,也有开发的追求。问题是,在现行政绩考核制度中,市级以下畸重经济GDP而忽视绿色GDP,于是招商引资、产值、税收成为决策的重点,就难免出现管理天平的失衡,偏向投资方,偏向旅游资源的高强度开发。景区开发中被新闻媒体曝光的重大环境事件,几乎都有政府官员或明或暗的支持,如张家界百龙天梯事件。

　　其二,旅游企业方。新时期旅游资源开发的主体起初都是地方政府,黄山、泰山等都是由政府投资与管理,然而国有单位"要牌子、定班子、找银子、抢位子、做老子"只能是特殊历史条件下的产物,现在旅游资源开发的投资来源已经主要是社会资金,而各类景区景点(包括政府管辖的)多数已经实行企业化经营管理。企业的本性是追求利润最大化,势必高强度开发旅游资源,如建设索道、宾馆、别墅以增加旅游收入,同时降低旅游资源保护投入,以减少经营成本。至于那些租赁景区的企业,以短期行为疯狂逐利更是普遍现象。

　　其三,原居民。旅游资源不管是属于国家的(如黄山),还是属于集体的、个人的(如皖南古村落),最希望保护好这些资源的是所在地的原居民,因为他们祖祖辈辈生活于这方水土,这些旅游资源是他们的骄傲。尽管这些地方多数是穷山僻壤,原居民也希望借旅游大潮改善生活,所以多数觉醒者会适应形势变化,支持政府与企业变旅游资源为旅游产品,自己也积极融入旅游开发过程中,以获得一定的经济收益;但他们更强烈地要求保护旅游资源,并且要求旅游收益尽量少外溢。事实上,各种开发模式下原居民的收益分配相差悬殊,还有一些人几乎没有收益。所以,总还有一些思维单纯、以守护者自诩的原居民对于旅游开发持反对立场,采取各种方式抵制旅游者。据我们前几年对黄山202位市民的调查,"您对黄山市发展旅游业总的态度"选项,有171人赞成,7人反对,24人无所谓;"您对旅游者的态度"选项,有106人欢迎,14人反感,82人无所谓。

其四,旅游者方。企业开发旅游资源的目的是吸引旅游者,在中国旅游市场由卖方市场转化为买方市场后,旅游者的需求更成为旅游资源开发的推动力。理性的旅游者是比较成熟的旅游者,在满足自身基本需求的同时,关注对旅游资源的保护状况,支持对旅游资源的适度开发;而冲动的旅游者对旅游资源的保护没有明确的认识,为满足自身舒适而过分要求交通的便捷、宾馆的豪华、餐饮的丰盛,这为某些景区提供了高强度开发的理由,如黄山的山上近年就建成了4家四星级宾馆。在旅游先行发达国家,理性的旅游者越来越多,正是他们提倡了生态旅游、步行旅游、无垃圾旅游。我国也有越来越多的旅游者认识到自己的社会责任,关注旅游资源的可持续利用,反对盲目的上规模、上档次式的过度开发,这是可喜的现象,也是必然的趋势。

其五,旅游从业人员方。旅游从业人员包括企事业单位的管理者与普通员工,他们的意识与利益决定着旅游资源保护与开发的走向。强权社会决定了旅游企事业的强权性质,企事业的决策权集中在少数上层领导乃至个别领导人的手中,他们是单位逐利意愿的代表,关注旅游资源的开发普遍甚于保护。广大企事业员工,一无权力,没处说话;二文化素养偏低,环保意识不强;三以"打工仔"自居,公民意识淡薄;所以多数人也希望提高资源开发水平,因为开发水平直接决定了服务人员的经济收入、工作环境以及社会地位。

其六,社会组织方。从西方看,社会组织是促进旅游业和谐发展的重要力量,特别是绿色环境保护组织代表着知识的先知、社会的公益,他们声势浩大,具有干预媒体舆论与政党选情的能量,成为公民社会里民众集体表达环境保护意愿的重要组织。在我国,社会组织发展尚处于起步阶段,数量不多,影响力不大,但绿色环境保护组织已经开始对旅游开发提供专业性的保护评价,旅游行业组织也在为旅游资源的科学保护与开发提供智力支持。

综上所述,相关利益者各方内部与之间存在着利益需求的差异,这必然导致其对旅游资源开发与保护的立场、态度、行动也出现强烈反差,最终导致制衡机制失衡。

(章尚正,马贤胜.旅游资源开发与保护中的制衡机制失衡与政府规制优化[J].旅游科学,2009(5).)

案例分析思考:

1.阅读上述案例并结合所学知识,试分析如何处理开发与保护的关系。

2.如何利用旅游伦理缓解案例中制衡机制失衡的现状?结合实际谈谈未来旅游伦理建设的重点。

第 16 章
旅游伦理实践展望

【学习目标】

本章以旅游者以及其他利益相关者与旅游活动之间的相互影响为切入点,指出旅游伦理教育的重要性以及具体内容,并提出行政手段与法律法规等同样具有行为约束力。通过对本章节的学习,学生应理解并掌握只有在旅游伦理建设中将旅游伦理教育与行政、法治完美结合,才能更好地推进旅游活动的可持续发展。

【重点难点】

- 旅游伦理教育的具体内容。
- 旅游伦理教育与行政法治约束的关系。

【关键词】

旅游伦理教育

16.1 旅游伦理教育

在旅游活动为旅游者以及其他利益相关者带来一定的伦理影响的同时,作为旅游活动主体的旅游者以及各利益相关者也对旅游活动的进行产生重大影响,特别是在旅游者出现不合理行为的情况下,将不可避免地发生违背旅游伦理道德的事件,这在一定程度上阻碍了旅游业的发展。开展旅游伦理实践,目的是实现"伦理的旅游",而这一目标的实现还有待于整个社会人类的文化素养与道德修养的提高,还有很长一段路要走,因为旅游活动的经济属性与旅游伦理实践构成一定的矛盾。但是,伦理作为约束人类活动的道德准则,与法律法规、行政手段等同样具有行为约束力,且更有人文关怀性意义和作用。

在前文中,我们分析了旅游伦理作用范围有限的 3 个原因,我们认为旅游伦理教育缺乏是影响旅游伦理作用范围有限的最基本原因。我们强调"伦理的旅游"仍然要建立在高文明素质的社会之上,公民道德素质的提高可以为文明旅游奠定良好的基础,但我们不能只寄希望于旅游者和各个利益相关者道德素质的自我跃升,还要大力加强旅游伦理教育,进行社会文明建设,逐渐提升旅游者以及各个利益相关者的道德素质,才能更好地推进旅游活动的可持续发展以及整个经济生活与社会生活的和谐发展。开展专业旅游伦理教育,主要从以下3个方面着手。

16.1.1　加强旅游环境伦理教育

加强旅游环境伦理教育的目的在于推动人与自然、人与历史、人与人以及人与自我身心之间的和谐共处,以这种和谐共处的生态模式去引导人们树立保护自然生态与文化生态,推动旅游可持续发展的意识,从而促进旅游的良性发展。在旅游环境伦理教育下,要求旅游者和其他利益相关者都应该坚持正义原则,积极保护自然生态和文化生态,坚持代价平等,以不损害后代人的利益为前提,秉承"前人种树,后人乘凉"的思想,尊重自然,尊重他人与社会,推进社会的和谐发展。之所以将加强旅游环境伦理教育作为开展专业旅游伦理教育的首要着手点,主要是因为旅游环境与旅游业的关系的特殊性,因为破坏了良好的旅游环境,旅游业的生命周期也就不可避免地走向尽头,更谈不上实现"和谐"的营造。

16.1.2　加强旅游主体伦理文化建设

旅游主体伦理文化建设是培育一种具有责任感、公平性、平等性、宽容、和谐以及保护意识的,存在于旅游活动中的伦理价值观以及接受此价值观指导的旅游者。伦理价值观影响着旅游者的思维和感觉,是旅游者的行动指南,体现着旅游者对善恶、对错、好坏判断和选择所坚持的标准,可以作为一种规范和控制机制,引导和塑造旅游者的伦理文化观念、态度和行为的选择。旅游伦理文化包含着旅游主体超越性的价值,它将真善美作为最高追求,将人类的生存状态作为自身最高关注对象并建构人类的基本价值;将提升人类精神境界、润泽人类的心灵作为最终目的。通过加强旅游主体文化建设,能够克服旅游活动的盲目性,降低出于狭隘功利目的的旅游对自然生态、社会文化以及目的地居民生活的损害,从而维持旅游的良好运转;培养旅游个体对旅游存在和发展所应尽的义务和责任,超越单纯的、具体的、分散的功利追求。旅游伦理文化建设要求旅游主体坚持负责任的旅游观,坚持同代人之间以及代际间享受和利用资源的公平性,坚持宽以待人、和谐共处的文化理念;坚持保护原则,树立保护意识,推进旅游活动的可持续进行。

16.1.3　强化对其他旅游利益相关者进行伦理教育

伦理道德是"普遍的营养",是社会生活的主要支配力,它渗透于社会生活的方方面面。德国思想家包尔生在《伦理学体系》中指出:"正像身体和生活从根源上说是由外在生理之外的本能和不自觉的习惯所支配的一样,整个人类生活,尤其是社会活动,从根源上说也是一种由处在科学之外得到的本能支配的。"旅游活动是由多个利益相关者参与完成的社会活动,对于在旅游活动中出现的伦理问题应该加强对旅游利益相关者旅游伦理的教育,强化其旅游伦理意识。针对旅游利益相关者群体的复杂性,可以从两个视角考虑旅游伦理教育策略。一方面,充分调动宣传媒介的社会力量,大力加强社会公德教育,强化人们相互尊重、互相帮助、诚实守信、文明礼貌、遵守公共秩序、维护环境等社会公德行为。社区居民、旅游从业人员甚至是投资方、竞合者都是生活在社会当中,社会公共道德教育的开展使得旅游活动面临的伦理问题统一了“语境”,是否合乎社会公德就成为判别旅游活动的一项重要参照。另一方面,旅游伦理的教育要进入课堂,让正在学习旅游专业知识、将要走向旅游业管理岗位的学生懂得旅游伦理规范的重要性。同时改变灌输式教育,创新教育方式,如可以重视体验式练习、角色扮演、情景分析及案例教学,促使学生能够自觉运用旅游伦理学的原理来分析遭遇到的伦理道德问题,实现伦理道德观念的内化。

16.2　旅游伦理约束

在功利主义价值观引导下的经济大环境中充斥着以利益最大化为目标的各经济行业,旅游经济发展也不例外地以经济利益最大化为自身发展方向,旅游经济发展过程中常常出现各种与旅游生态保护相背离的问题。旅游伦理规范虽然是解决这一问题的根本方法,但是从旅游伦理道德地位与价值的确立,到进入人们的视野并被人们所接受,再到发挥社会与个人内在自觉的约束作用是一个长时间积累的过程,并且旅游伦理仅仅从道德层面上对各利益主体的违规行为进行约束,并无强制措施,有一定局限性,无法充分发挥理论设计的作用。因此,要在伦理规范的层面上加之以法律法规和行政手段,做到伦理规范、法律规范与行政手段的结合,才能做到标本兼治。伦理规范、法律规范、行政手段是维持自然生存和人类社会生存所不可或缺的手段,旅游伦理为旅游环境立法提供了理论基础,政府相关行政部门完善及落实旅游环境保护的法律法规,则是其落实旅游环境伦理思想,促进旅游环境健康发展的基本前提。

2013 年 10 月 1 日起施行的《旅游法》是中国旅游业发展史上的第一部法律,其中对损害旅游环境以及侵害别人合法权益的行为作了明确的责任界定以及采取相应的惩处措施。切实落实旅游环境保护法规是一个长期的系统工程,尤其是在旅游环境保护对于大众还是一个较为新鲜的观念的情况下,政府相关行政部门要想执行相关旅游环境保护法律法规更是困难重重。从目前的情况来看,《旅游法》中的相关法律条文并没有完全落实,因此还需要多方力量的支持与推动。

首先,政府相关行政部门要切实落实《旅游法》,并在此基础上进一步健全旅游环境资源保护法规制度。政府在审批旅游景区规划的时候,要充分听取环保、卫生、水利、林业等相关主管部门和专家学者的意见,进而建立有效的环境保护责任机制。此外,还要建立收取环境破坏者环境补偿费用的制度,要加大对企业破坏旅游环境的惩处力度,提高其破坏旅游环境的代价,不能让旅游开发者存有只要交钱就可以肆意破坏环境的心理。

第二,政府相关行政部门要加强监督与管理,这也是旅游环境保护法规有效落实的关键。现在的景区普遍存在着受政府“多头管理”的问题,没有明确的管理主体必将导致管理混乱或无人管理的局面。为了避免这种现象,政府相关部门应组成管理委员会,统一管理景区,而且在此基础上要明确权责,加强监督管理,做到有法可依,有法必依,执法必严,违法必究。上级政府部门要加强对下级政府部门执法情况的监督检查,同时,当地政府要加强对旅游企业执行旅游规划、建设项目标准达标状况、旅游环境保护措施落实情况的监督检查,定期进行环境测评,要第一时间发现问题,及时督促整改。

第三,政府部门除了加强行政、法治约束以外,还要给予一定的财政支持。尤其在对待一些地处偏远、贫穷地区的保护区时,上级政府应该从当地实际出发进行科学管理,因为此类地区既要依靠旅游产业增加收入摆脱贫困,又要筹集资金落实环保规划,压力较大。面对这种情况,上级政府应该增加对当地的财政投入,加大扶持力度。政府相关行政部门要逐渐提高自身管理水平,切实落实旅游环境保护法律法规,使旅游业和自然环境和谐共生,实现其可持续发展。

旅游伦理作为规范人们在旅游活动中的行为的道德规范,在调节人与人、人与自然关系中的作用是举足轻重的。通过加强旅游伦理建设,能够引导人们不断形成可持续发展的共同理想、价值观念和道德规范。但长期以来,在旅游活动中也不断产生代内问题与代际问题,究其原因主要在于人作为一种"经济动物",不可避免是趋利的、逐利的。基于此,我们必须一方面加强旅游伦理道德教育,从根源上解决旅游发展过程中产生的诸多问题,引导利益相关群体树立可持续发展的发展理念;另一方面也必不可少地要发挥行政力量干预和法律法规约束的作用。我们相信,综合发挥多方面的合力,必将推动旅游的可持续发展。

思考题

1.结合实际和所学知识,试阐述旅游主体伦理教育的内容有哪些。

2.试阐述通过伦理教育是否能够解决旅游伦理问题。

3.结合实际,阐述如何将伦理教育与行政、法治约束相结合发挥作用。

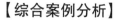

【综合案例分析】

案例1:基于旅游伦理维度的大学生旅游行为研究

——以丽江为例

一、研究背景

青年旅游者(主要是指大学生)已经成为整个旅游市场的重要组成部分之一。从旅游者行为研究来看,国内已有了较深入的研究。李丽梅、保继刚对大学生旅游行为从旅游动机、偏好、决策等方面进行了综合研究。刘嘉纬、蒙睿对中日大学生旅游行为进行了比较研究。李丽、王丽华对大学生旅游行为从行为特征、行为差异、从众行为、心理行为等方面进行了研究。许明浩从大学生旅游行为及其动机方面进行了研究。从旅游伦理研究方面来看，夏赞才研究了旅游伦理的概念及理论架构。李健对旅游伦理进行了研究。张义等对生态旅游与生态伦理教育进行了研究。通过 CNKI 对 1981—2011 年《旅游学刊》《旅游科学》等代表我国旅游研究学术动向的期刊发表的关于大学生旅游行为的研究论文进行了检索，共有 38 条记录。以"旅游伦理、大学生旅游行为"为主题在"中国学术期刊出版总库"中检索，无记录，说明现有文献中缺乏从旅游伦理视角研究大学生旅游行为的文献。本文针对较少有人从旅游伦理维度研究过的大学生旅游行为进行系统研究，试图找出大学生旅游伦理行为存在的问题，并提出解决对策，旨在为旅游企业进行大学生细分市场营销提供可靠的决策依据。另外，为我国在该领域尚不十分成熟的研究提供一定的参考和借鉴。

二、调查结果分析

本次调查选择丽江师范高等专科学校和云南大学旅游文化学院 2008—2010 这 3 个年级的专科生作为调查对象。共发出问卷 1 000 份，收回 974 份，有效问卷 916 份。本次问卷进行了旅游动机专项调查，罗列了 18 种旅游动机，让大学生对列举的每个动机进行选择。

（一）理论解释

调查显示，精神文化动机是大学生外出旅游的主要动机之一，社会交际动机居于从属地位。"游览风景名胜""了解民族风情或艺术文化""游览历史古迹""体验新的生活方式""放松心情"的比例均超过 80%，说明丽江大学生比较偏爱这 5 类旅游景区。在 18 项旅游动机中，"上补习班""温泉疗养""宗教朝圣"遭到较强的反对，说明当代大学生旅游主要是观光旅游，属于基本旅游层次。丽江大学生的旅游动机呈现多元化趋势，列举的 18 项可能的旅游动机都符合他们出游的目的，说明丽江大学生对旅游持有比较肯定的态度。根据深度访谈得出，98% 的被访者认为旅游费用、时间和感知距离是影响目的地选择的主要因素，旅游目的地主要在云南省内（占 96%）和国内（占 52%）。两校的学生选择旅游目的地时均倾向于选择知名度较高、空间尺度较大的旅游地，出行选择符合距离衰减原则。

（二）旅游伦理行为

本次问卷设计了大学生旅游伦理行为专项调查，为了获得相对可信的数据，调查人员告知被访者数据只用于研究，对被访者的个人信息严格保密。分 4 个等级进行评价：4 代表经常，3 代表不经常，2 代表偶尔，1 代表无。均值越高，表明该项旅游行为的负面影响越大。

大学生旅游伦理行为统计表

旅游道德弱化行为	均值	标准差	旅游道德弱化行为	均值	标准差
拍照时是否会征得别人的同意	3.92	0.94	认为自己的事总是急事	3.17	0.74
在旅游地品尝美味时是否会暴饮暴食	3.92	0.94	在排队时是否会插队	3.15	0.73
用餐时喧哗	3.91	0.94	购买濒危动植物制品	3.05	0.72

续表

旅游道德弱化行为	均值	标准差	旅游道德弱化行为	均值	标准差
逗猴子等动物玩	3.87	0.84	乱扔废物	2.71	0.79
在植物、墙壁等景观上刻上一些字迹	3.53	0.87	折树枝、摘鲜花	2.54	0.68

从上表可以看出,前5项均值比较接近4,说明大学生游览时并不十分清楚在旅游景区应该注意什么,自己的责任和义务是什么,自己的权利何在。在访谈中,只有3%的被访者阅读过《全球旅游伦理规范》。也就是说,大部分旅游者是盲目的、不成熟的,"跟风"现象比较普遍。大学生的旅游行为呈现道德弱化趋势,列举的10项旅游伦理行为没有1项是100%的大学生认为没有的。

三、大学生在旅游伦理道德方面存在的问题

旅游活动是旅游者在离开居住地、离开其日常生活和工作的环境而进行的,这就意味着日常的道德规范可能对其行为失去效力,大学生在旅游中能否恪守其优良道德,只能依靠其自觉性。因此,很多大学生由于缺乏自我约束,导致情境性道德失范现象(如不负责任地购买、偷渡、不尊重当地风俗习惯、非法滞留),在旅游过程中有意无意地破坏生态环境。另外,大学生注重欣赏自然景观,对人文景观的历史文化价值认识不够,使得旅游活动的发展仅限于消费带动性较低的自然观光旅游产品层面。并且,在旅游过程中,人与人之间的交流沟通较少,人际关系的和谐与融洽也难以实现。随着"大众旅游"的高速发展,旅游成为一种群众性的社会经济活动,随之而来的旅游伦理问题越来越多地引发了各国政府、旅游组织和学术界的关注。在旅游者的行为中,部分旅游者的行为陋习严重损害了中国文明古国、礼仪之邦的形象,其中一些不道德行为甚至造成了旅游资源不可逆转的破坏。提升旅游者旅游伦理素质,治理旅游行为陋习成为进一步发展旅游业的当务之急。

四、主要对策

旅游伦理是指人们在旅游活动中形成的,用于调节这一领域中各种道德关系的道德观念、道德原则和道德规范的总和。在旅游活动中,旅游者必须处理一系列复杂的关系,即人与自然的关系、人与人之间的关系、人的身心关系等。道德规范就是处理这些关系必不可少的准则。芬内尔是我们这个时代对旅游伦理问题研究最为深入的学者之一,在其名著《旅游伦理学》中,他认为之所以人们意识到旅游业中道德问题的重要性,是因为长期以来旅游业中存在"伦理方面的巨大真空",在更大程度上则是旅游活动中与日俱增的负面影响及对这些问题日益重视的结果。

(一)加强大学生旅游伦理教育,培养大学生的旅游伦理意识

大学生旅游伦理教育是一个复杂的系统工程,开展旅游伦理教育的途径也非常广泛,主要有学校教育、家庭教育和自我教育。实施旅游伦理教育的第一课堂是学校。学校应普及《全球旅游伦理规范》,使学生树立良好的生态意识和环保观念。通过生态环境教育,使学生正确认识到人类只是自然的一部分,形成新的人与自然和谐共生的思想。家庭教育,就是发

挥家庭旅游生活中父母对子女耳濡目染的教育功能,养成爱护自然、保护生态、关心他人、乐于助人、奉公守法、洁身自爱的旅游道德习惯。自我教育,就是依靠自身旅游实践和旅游伦理知识的学习,提高对环境、资源、生态的权利和责任意识,做大自然和人类文化的保护者、弘扬者。

(二)加强社会舆论监督,倡导伦理的旅游

个体道德的形成和发展渐次经历他律、自律和他律与自律统一3个阶段,他律是大学生旅游伦理建设的第一步,具有广泛性和外在强制性的社会舆论对大学生旅游伦理建设有着不可替代的作用。旅游黄金周目前业已成为媒体关注的焦点,但媒体很少涉及旅游伦理问题。对大学生旅游行为缺少伦理评价,更多的是关于大学生旅游权利的辩护,通过媒介倡导符合伦理的旅游,谴责不符合伦理的旅游行为,让大学生在旅游过程中熟知什么样的旅游行为是"对的",什么样的旅游行为是"不对的",这是大学生旅游伦理"他律"的基础,也是旅游伦理内化到自律阶段的前提。当然,旅游法制建设、旅游行业自律、旅游服务人员的道德示范效应等方面都与大学生旅游伦理建设密切相关。大学生旅游伦理建设虽然只是旅游伦理的一个部分,却是"大众旅游"时代所留下的一个"盲区",我国旅游业的可持续发展,需要更多的旅游伦理关注。

总之,通过旅游伦理教育和社会舆论监督,为大学生践行伦理的旅游指明了道德方向,能消除对抗,实现人与自然的和谐统一。旅游伦理是大学生旅游行为规范的航标,是大学生在旅游活动中提升道德水平的有力杠杆之一,是旅游产业发展所依赖的核心软件。

(王成.基于旅游伦理维度的大学生旅游行为研究——以丽江为例[J].前沿,2012(8):96-97.)

案例分析思考:

1.结合案例,试说明大学生应如何提高自身的旅游伦理道德。

2.结合现实,试说明应该采取何种措施解决大学生旅游行为中发生的伦理道德问题。

案例2:文化旅游"审丑"现象伦理思考

21世纪以来,在社会经济繁荣发展之下,在政府的大力支持下,我国文化旅游业发展迅猛,为弘扬传统文化,促进社会经济发展作出了巨大贡献。但是在当今的文化旅游大潮之中,一股"低俗之风"愈演愈烈,如"西门庆故里"争夺战、"奸臣纪念馆"、"土匪抢亲"、"鬼子进村"、"C罩杯采茶处女招聘"等"三俗"旅游现象频生,上演了一幕幕文化旅游开发的"审丑"闹剧,严重影响了我国旅游业的健康有序发展。本文从旅游伦理学的视角,围绕文化旅游"审丑"现象的表现、根源及应对措施展开论述,以探寻文化旅游"审丑"现象伦理失范问题的正本清源之道。

一、文化旅游"审丑"现象的表现

当前,我国文化旅游"审丑"现象主要表现在历史负面名人的旅游炒作,红色旅游项目的过度娱乐化,以及文化旅游"涉黄"问题等方面,具体如下:

(一)历史负面名人的旅游炒作

从道德评判的角度,历史名人可分为两类,即历史正面名人与历史负面名人。所谓历史负面名人，指在历史上真实存在的或文学作品中虚构的负面名人。历史名人旅游开发存在着是非曲直、善恶美丑的选择问题。所以，应尊重公众的历史观、道德观，向旅游者传递健康积极的文化信息。这既有助于弘扬传统文化，提高国民素质，又可提升地方美誉度，拉动社会经济发展。但是，许多地方追名逐利心切，打着"文物保护""历史文化教育"的幌子，肆意炒作一些负面的历史人物和文艺形象，利用其眼球效应获取不正当的经济收益。第一，历史负面名人故里之争，究其原因难逃一个"利"字。在经济大棒的指挥下，历史名人所具有的眼球效应，使其成为旅游开发所看重的"名特绝"资源。不管这些"名人"是"实"的还是"虚"的，是"善"的还是"恶"的，只要能增收创收，势必成为各方争夺的焦点。第二，为历史负面名人修墓（故居）、立馆。例如，福建莆田拟投巨资修复北宋奸相蔡京墓，并以蔡京墓为核心打造旅游风景区，作为当地旅游业的一道金字招牌；河南项城宣称要投资 6 500 万元对袁世凯旧居进行维修保护、开发旅游，使文物资源优势转化为经济优势；山东荣成市成山头的福如东海景区竟建有一座"奸臣纪念馆"，馆内竖立着诸多古往今来的"奸臣"塑像，游客可以付费扮演判官判罚下跪奸臣。为蔡京、袁世凯等历史负面名人修墓（故居）、立馆问题的关键，不在于该不该修建的问题，而在于修建目的何在的问题。如果从文物保护、历史教育的目的出发，福建莆田、河南项城、威海荣成等地修复（建）蔡京、袁世凯等历史负面名人的墓葬、故居、展览馆，从文化意义上保护这种特殊的历史遗存并无可厚非，但福建莆田、河南项城、威海荣成修复（建）蔡京墓、袁世凯故居、奸臣纪念馆的真实目的，却是以文物保护、历史教育为幌子，借助这些历史负面名人的眼球效应进行恶俗的旅游炒作，以此牟利。因此，利用历史负面名人大张旗鼓地搞旅游开发，其社会危害不容小觑，这种具有炫耀、褒扬色彩的旅游开发行为不尊重历史，冲击、颠覆了社会的主流价值观，会造成公众历史观、价值观的错乱。

（二）红色旅游项目的过度娱乐化

相对于静态观览式的红色旅游项目，互动体验式的红色旅游项目，可以通过游客参与互动式的方式再现历史情境，寓教于乐，深受游客欢迎。但是，红色旅游项目的娱乐体验式开发应坚持正确的价值导向，以爱国主义教育为根本宗旨，将历史性、文化性、教育性置于首位，否则就会误入歧途，贻害无穷。很多地方怀着急功近利的经济利益诉求，利用红色旅游之名，打着爱国主义教育的幌子，不惜采用媚俗手段，将公众、社会、民族的屈辱史、血泪史进行娱乐化开发，以牟取不正当的商业利益，导致红色旅游低俗化、过度娱乐化现象愈演愈烈，其中"土匪抢亲""鬼子进村"便是此类旅游项目的典型代表。这种低俗的以国耻家辱取乐赚钱的娱乐"审丑"闹剧，彻底偏离了红色旅游的宗旨主题。

（三）文化旅游"涉黄"问题

文化旅游策划、宣传"涉黄"是文化旅游"审丑"现象的一大典型表现，尤以民俗旅游开发为甚。我国民俗文化资源丰富多彩，为旅游开发提供了优质的文化资源。民俗文化旅游开发要科学定位，选择那些内容积极健康的民俗文化进行旅游开发，保证民俗旅游的可持续发展。但是，为了追求经济利益，有些旅游开发者竞相打着民俗旅游的幌子，将各种宣扬色情迷信、暴力恐怖的丑民俗、伪民俗视为至宝，有的甚至卖起了巫蛊用具———针刺偶人。至于像以"温泉裸浴民俗""人体艺术"为幌子，打"黄色"擦边球的低俗旅游项目也是不胜枚举。有的旅游宣传广告中性暗示、双关语等低俗内容频现，如江西宜春的城市旅游宣传口号"宜春：一座叫春的城市"，湖北利川在重庆的旅游广告词"我靠重庆，凉城利川"，其实就是抱着打"黄色"擦边球的想法，故意利用"叫春""我靠"等文字歧义所引发的不雅联想吸引公众眼球，以提升地方知名度。又如河南固始西九华山风景区开发有限公司的"C罩杯采茶处女招聘"活动，也是打着"传承历史习俗"的幌子进行恶俗炒作，其真实意图就是借助低俗噱头所引发的舆论争议提升景区知名度。总之，文化是旅游业发展的灵魂和生命，但这并不意味着可以无视旅游伦理道德规范，以低俗文化来"兴奋"旅游。如果任由文化旅游"审丑"怪象发展下去，或许会暂时取得游客量及旅游收入的增长，但这只能是一种饮鸩止渴、杀鸡取卵之举，违背了社会的公序良俗，扰乱了旅游市场的正常秩序，旅游业的可持续发展也就无从谈起。

二、文化旅游"审丑"现象的根源

文化旅游"审丑"现象在实质上是文化旅游相关利益主体（旅游者、旅游企业、政府），基于不同利益诉求而导致的各种伦理失范行为综合作用的结果，即由于旅游者低俗的旅游趣味，旅游企业盲目、片面的逐利动机，以及政府躁动的"GDP主义"导致的各种伦理失范行为综合作用的结果。

（一）旅游者消费伦理失范：低俗的旅游趣味

旅游者作为文化旅游产品的需求主体，其消费需求引导着文化旅游产品的生产和供给。从需求角度来讲，文化旅游"审丑"现象可以说是旅游者低俗的旅游趣味和猎奇心态的产物。旅游者在文化旅游"审丑"消费中的伦理失范行为，是内外部推拉因素共同作用的结果。第一，内部心理推动因素多与旅游者在日常生活中生理或心理的不平衡状态有关。在诸如低级趣味、猎奇心态、压力解脱、行为模仿、角色扮演等内在心理因素的推动下，能缓解旅游者身心不平衡或紧张状态的伦理失范行为就有可能发生。由于旅游消费具有异地性、暂时性的特点，这使得旅游者暂时摆脱了客源地社会对他的角色期待，客源地原有社会规范对旅游者的约束作用弱化，加之旅游者在旅游地伦理失范行为的违德成本通常较低，从而导致旅游者行为具有明显的"责任约束松弛"特征（尤其是旅游者道德感的弱化）。这使得旅游者日常生活中潜藏的"审丑"心理需求，由于缺乏有效的自我和外部约束而表现出来。第二，外部环境拉动因素。在旅游者"审丑"消费需求的推动下，如若政府监管不到位，旅游企业为利所惑，就会通过开发各类低俗旅游项目，迎合、刺激旅游者低俗的"审丑"趣味，以此牟利。在此外部环境因素的作用下，旅游者的伦理失范行为便易于发生，旅游者、旅游企业的上述互动一定程度上营造了一种"审丑"的旅游文化氛围。

（二）旅游企业商业伦理失范分析

旅游企业是文化旅游产品的生产和供给主体，为了旅游企业自身及旅游业的可持续发展，旅游企业不能仅仅考虑其作为"经济人"应该履行的相应责任，更应该考虑其作为"企业公民"对社会应尽的责任。这两方面责任的履行既是旅游企业生存发展的前提，也是社会对旅游企业的要求。旅游企业在旅游伦理规范、原则的指导下，应约束、规范自身开发经营行为，向旅游者提供内容积极健康的文化旅游产品。

（三）政府行政伦理失范分析

改革开放以来，经济建设成为政府部门的工作重心，经济建设成就成为考核地方政府政绩的重要方面。随着以 GDP 为核心的国民收入核算体系的确立，各级政府官员陷入了集体的 GDP 崇拜，GDP 主义逐渐成为中国经济发展的主导意识和最主要的政策根源。GDP 主义反映到我国政府官员考核评价机制中，就是 GDP 及其增速成为衡量各级政府官员政绩的主要评价标准。为求政绩，各级政府官员将 GDP 奉若神明，片面追求 GDP 数字的高速增长，为此甚至不择手段，不顾民生与环境，对社会、经济、文化、资源、环境造成了一系列的负面影响。具体到旅游业而言，地方政府将旅游经济发展片面地等同于游客量、旅游收入及就业人数等经济统计数据的增加，而忽视了提高民众素质、增加民众幸福指数这一旅游发展的终极目标。因此，地方政府甚至不择手段，开山毁林、拆旧建新、低俗旅游开发等现象层出不穷，对自然资源环境、人文旅游资源造成了极大的破坏与冲击。在政府主导型旅游发展背景下，政府同时扮演着旅游监管者和旅游开发者的双重角色。作为旅游发展的监管者，政府是规范旅游市场生产经营及消费主体行为，维护旅游市场正常秩序的"公共人"；作为旅游开发者来说，政府是按照成本—收益原则追求利益最大化的"经济人"。第一，旅游开发者角色。在旅游经济大潮下，在区域特色文化资源贫乏，或差异化优势不明显的情况下，有些地方政府为了发展所谓的"旅游经济"，不顾旅游伦理道德规范，利用低俗文化，争打"低俗"牌，利用其所产生的轰动效应提升地方知名度，从而成为低俗旅游开发行为的"始作俑者"。第二，旅游监管者角色。担负着旅游监管者角色的地方政府，本应依据相关法律、法规，履行其旅游市场监管职能，对各类违法、违规旅游开发行为进行严格的监控和惩戒，维护文化旅游市场的正常秩序。但是，有些地方政府面对各类低俗旅游开发行为，多持默许、纵容和包庇的态度，有法不依，执法不严，以致各类低俗旅游开发行为往往都是在被媒体曝光、遭到公众质疑批评之后，才被相关政府主管部门以未经审批、涉嫌低俗等理由紧急叫停。此外，当前我国的旅游法制建设尚不完善，旅游监督管理机制尚不健全，缺乏对文化旅游相关利益主体行为强有力的监督、约束与规范，这也在一定程度上加剧了文化旅游相关利益主体行为伦理失范的程度，客观上助长了文化旅游"审丑"之风的盛行。

（王济远.文化旅游"审丑"现象伦理思考[J].商业研究,2013(5).）

案例分析思考：

1.结合案例，试说明应如何消除文化旅游"审丑"现象。

2.结合案例，试说明如何处理提高旅游主体伦理道德意识与完善旅游法律法规体系之间的关系。

附 录

1. 世界人权宣言

2. 经济、社会及文化权利国际公约

3. 公民权利和政治权利国际公约

4. 旅游权利法案

5. 全球旅游伦理规范

6. 保护世界文化和自然遗产公约

7. 中华人民共和国旅游法

8. 导游领队引导文明旅游规范

注:以上宣言、公约和法规,可以通过百度搜索,从相关官方网站、百度文库等获得准确版本。

结语：
旅游伦理建设与现代旅游发展

长期以来，旅游活动作为一种经济活动，其产生的经济效益被当作衡量旅游发展的重要指标。但我们认为，在现代旅游发展过程中，在追求经济效益的同时，必须寻求多种利益间的一种平衡，用经济"质的发展"代替"量的增长"，否则单纯地以货币形式表现的增长来衡量，很可能掩盖了自然、文化环境和人性的破坏。因为旅游业在蓬勃发展，在为旅游经营者和旅游目的地带来巨大经济效益的同时，也给该旅游目的地的社会、经济、环境、文化等各方面带来诸多不利影响。特别是对旅游资源掠夺式开发、对景区景点粗放式管理等，使当地的旅游生态环境破坏严重，传统文化加速变异，旅游业可持续发展受到威胁，旅游业的发展前景堪忧。要解决这些生态问题、环境问题、旅游可持续发展问题，固然需要依靠科学技术、经济手段、法律手段的支持，但实际上是远远不够的，还必须进行伦理教育与文化价值观的调适。

就现代旅游发展而论，少不了旅游伦理建设。首先，作为旅游经济活动的重要主体之一，旅游消费者在旅游活动过程中，要加强个人伦理约束与伦理教育，培育良好的旅游行为习惯，提升自我人格，自觉保护生态环境，与他人和谐共处，更好地实现旅游目的。其次，现代旅游可持续发展必须考虑"正义"的道德问题，即在旅游活动中责、权、利的分配以及与此分配相关的制度是否公平的问题，不管是旅游经营者还是旅游消费者，都必须遵守旅游伦理，尊重人权，遵循自然规律，同时注重传统文化的保护与传承。最后是经济利益的问题，我们认为经济必须保持适度增长，因为伦理建设目的的实现必须依赖于一定经济利益的获得。同时，还应以行政管理和法律规制为手段，充分发挥相关机构的监督、执行作用，对违反旅游伦理的行为加大打击力度；充分利用社会舆论对旅游主体的行为进行有效引导，引导旅游企业与旅游从业人员进行诚信经营、诚信服务，倡导旅游者文明旅游。

太史公曾在《史记·货殖列传》中道："天下熙熙，皆为利来；天下攘攘，皆为利往。"用这句话来形容经济活动的动机不为过，但是如果用其来形容人的整个社会活动，就显得过于偏颇。作为对人的整个社会活动的评价，我们认为用"善"来代替这句话中的"利"可能更为贴切。这样一来，"天下熙熙，皆为善来；天下攘攘，皆为善往"，不仅可以作为"经济人"活动的基本假设，还可以作为"社会人"活动的基本假设。旅游活动不只是经济活动，还是社会活动，因此应该在旅游经济活动中对相关主体加以一定的伦理约束，在保障人类发展权利的同时，强调自然、文化、社会环境的健康延续，实现生态系统的平衡以及人与自然环境的和谐统一。

希望本书在以上方面的思考能为大家提供一些启发性的帮助。由于作者水平有限，不足之处在所难免，敬请各位读者批评指正。